JN121371

家計消費状況調査年報

令和5年

ANNUAL REPORT ON THE
SURVEY OF HOUSEHOLD ECONOMY
2023

総務省統計局
STATISTICS BUREAU
MINISTRY OF INTERNAL AFFAIRS AND COMMUNICATIONS
JAPAN

ま え が き

　家計消費状況調査は、家計調査を補完し、購入頻度が少ない高額商品・サービスの消費等の実態を安定的に捉えるとともに、ICT関連の消費やインターネットを利用した購入状況を把握することを目的として実施している統計調査です。

　本書は、2023年（令和５年)の家計消費状況調査の結果の概況、統計表及び家計消費状況調査の概要等の参考資料で構成されています。2023年の特徴としては、二人以上の世帯におけるネットショッピングの支出金額が過去最多となっています。項目別に2022年と比べると、新型コロナウイルス感染症が５類に移行したこともあり、旅行関係費の増加率が最も高く49.5％の増加となっています。

　本書が関係各方面に広く利用され、大いに活用されることを期待しています。
　本書を刊行するに当たり、調査に御回答いただいた世帯及び調査関係者の方々に深く感謝いたします。

2024 年 6 月

総務省統計局長

岩佐　哲也

PREFACE

The Survey of Household Economy, a statistical survey which aims to complement the Family Income and Expenditure Survey, and to grasp conditions surrounding consumption of expensive products and services with low frequency of consumption, and in terms of products related to information and communication technology, and goods and services ordered over the Internet.

This annual report consists of "Summary Results" of 2023, "Statistical Tables", "Outline of the Survey" and so on. In 2023, monthly expenditure on goods and services ordered over the internet per two-or-more-person household was the highest ever. Looking at this by item, partly due to COVID-19 being reclassified as a Class 5 disease, Travel-related costs increased by 49.5% in 2023 from the previous year, the highest increase among all items.

I hope that this report will be useful for various users.

Taking this opportunity, I would also like to express my sincere gratitude to those who offered their enduring cooperation for the successful implementation of this survey.

June 2024

IWASA Tetsuya
Director-General
Statistics Bureau
Ministry of Internal Affairs and Communications
Japan

目　　次

※第1-1表～第1-8表とは異なり、調査1か月目の世帯のみ回答する調査票Aから集計した結果表

家計消費状況調査の概要

（注）ページ番号が（web）となっている統計表及び単身世帯結果については、本報告書への掲載はなく、インターネットでのみ掲載している。
　　　https://www.stat.go.jp/data/joukyou/12.html

CONTENTS

＊Table 4 is calculated by results of questionnaire A that survey household

answer at first month, different from Table 1.

[Distribution of Households]

[Monthly Expenditure per Household Expended on Items and The Ratio of Household
Expended on Items]

Outline of the Survey of Household Economy

Notes:

For the tables whose page numbers are "web", please refer to the following URL.

https://www.stat.go.jp/english/data/joukyou/12.html

2023年　家計消費状況調査　結果の概況

目　　次

＜参考＞ 2023年の家計をめぐる主な動き

所得・消費関係

- 「電気・ガス価格激変緩和対策事業」で１月以降の使用分から電気・都市ガス料金の値引き支援を開始（１月）
- 主要な携帯電話事業者各社が提供する、従来に比べて低廉な料金プランの契約数が約5000万に（１月）
- 経団連がまとめた、2023年春季労使交渉の大企業の賃上げ幅は１万3362円、賃上げ率は3.99％と、それぞれ5800円、1.72ポイントの増加。増加幅は、共に、現行の集計方法となった1976年以降最高（８月）
- 新型コロナウイルス感染症の５類移行後初のお盆の旅客数は、鉄道・航空共に前年超（８月）
- 改正酒税法の施行により、350ml当たり、ビール・発泡酒（麦芽比率50％以上）が約７円値下げ、発泡酒（麦芽比率25％以上50％未満）が約４円値下げ、新ジャンルが約９円値上げ（10月）
- 全国加重平均の最低賃金は、43円引き上げられ、1004円に改定。初めて1000円を超え、比較可能な2002年度以降最大の引上げ幅（10月）
- 「年収の壁」への当面の対応として、厚生年金や健康保険の加入に併せて、手取り収入を減らさない取組を実施する企業に対し支援するほか、事業主の証明による被扶養者認定の円滑化を実施（10月）
- 日本銀行は、イールドカーブ・コントロールの運用を更に柔軟化し、長期金利の上限のめどを1.0％に（10月）
- 「デフレ完全脱却のための総合経済対策」を閣議決定。物価高への対応として、令和６年度税制改正による所得税・個人住民税の定額減税等の実施や燃料油価格、電気・都市ガス料金の激変緩和措置の継続を決定（11月）
- 約32年ぶりの円安ドル高となった前年に続き、東京外国為替市場で、円相場が１ドル＝151円台後半に（11月）
- 日経平均株価は、一時３万3853円と、1990年３月以来約33年ぶりの水準で、バブル崩壊後の高値を更新（11月）
- 消費者物価指数（総務省）のサービスの指数は、中間投入の財の価格と人件費の上昇を背景に、11月の前年同月比が2.3％上昇。消費税率改定の影響を除くと、1993年10月以来約30年ぶりの上昇幅に（11月）
- ニューヨーク株式市場で、ダウ工業株30種平均が終値３万7710ドルと、史上最高値を更新（12月）

直接税・社会保険料関係

- 介護保険第２号保険料率の引上げ（４月）
- 国民年金保険料の引下げ（４月）
- 雇用保険料率の引上げ（４月）
- 自動車やバイクの所有者に加入が義務付けられている自賠責保険の保険料が平均で11.4％引下げ（４月）

その他

- マスクの着用は、個人の判断が基本に（３月）
- 車いすの部男子シングルスで初めて四大大会、パラリンピックを全制覇したテニスの国枝慎吾氏が、国民栄誉賞を受賞（３月）
- ワールド・ベースボール・クラシック（ＷＢＣ）で日本が３大会ぶりの優勝。大谷翔平選手がＭＶＰに（３月）
- こども家庭庁が発足（４月）
- 改正道路交通法の施行により、全ての自転車利用者のヘルメット着用が努力義務化（４月）
- 東京ディズニーリゾートが開業40周年（４月）。最も混雑する時期の大人１日券が初の１万円超（10月）
- 石川県能登地方を震源とする地震が発生。石川県で震度６強の揺れを観測（５月）
- 新型コロナウイルス感染症の感染症法上の位置付けが、いわゆる２類相当から５類感染症に（５月）
- Ｇ７広島サミット開催（５月）
- 台風13号の影響により関東甲信地方や東北太平洋側で大雨。福島県、茨城県、東京都、千葉県で１時間降水量が観測史上１位の値を更新（９月）
- 10月の訪日外国人旅行者数は、2019年同月比0.8％増（推計値）で、新型コロナウイルス感染症拡大後初めて2019年の水準超（10月）
- 将棋の藤井聡太棋士が、史上初の八冠（10月）
- プロ野球の日本シリーズに阪神タイガースとオリックス・バファローズが出場。59年ぶりに関西の球団同士が対決し、阪神タイガースが38年ぶり２度目の優勝（10月及び11月）
- Ｇ７は、生成ＡＩの開発者から利用者までを含む世界初の包括ルールを承認（12月）
- １年を通した日本の平均気温は、統計を開始した1898年以降最高。最も暑い年に

2023年　家計消費状況調査　結果の概況

I　ネットショッピング[※1]の状況

  1　ネットショッピング利用世帯の割合は過去最高

    2023年の二人以上の世帯におけるネットショッピングを利用した世帯の割合は53.5%となり、2002年の調査開始以来、過去最高水準だった前年（52.7%）を上回った（図I－1）。

図I－1　ネットショッピング利用世帯の割合の推移（二人以上の世帯）

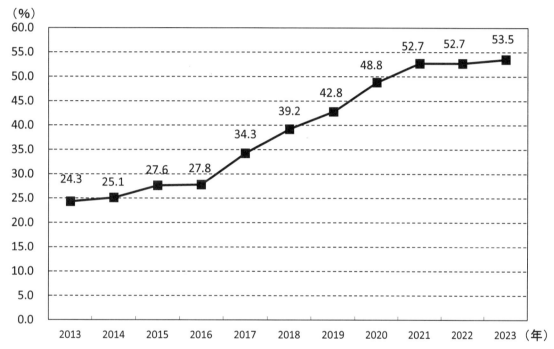

※1　ネットショッピングとは、世帯におけるインターネットを通じた財（商品）やサービスの購入をいう。

2 ネットショッピング支出金額は過去最多

　2023年の二人以上の世帯におけるネットショッピングの支出金額は、1か月平均23,021円、利用世帯当たりの支出金額は42,937円と、いずれも2002年の調査開始以来、過去最多となった。

　前年と比べると、ネットショッピングの支出金額は名目10.6%の増加となった。これは物価上昇分[注]を上回る結果となっている。項目別にみると、「旅行関係費」が49.5%の増加、「チケット」が20.7%の増加となった一方、「贈答品」が5.4%の減少となった（表I－2－1）。

　また、項目別の支出割合をみると、「食料」の支出が21.3%と最も高く、次いで「旅行関係費」が19.5%、「衣類・履物」が10.4%、「家電・家具」が7.4%、「チケット以外の教養関係費」が5.4%などとなっている（図I－2－1）。

　注「消費者物価指数（持家の帰属家賃を除く総合）」の2023年の前年比は＋3.8%

表I－2－1　ネットショッピング支出金額
（二人以上の世帯）

年次	合計	旅行関係費[注1]	チケット	衣類・履物	食料	保健・医療[注2]	保険	家電・家具	チケット以外の教養関係費[注3]	贈答品	その他[注4]	〈参考〉教養関係費[注5]	利用世帯当たりの支出金額
月平均額（円）													
2022年	20,810	3,008	787	2,247	4,643	982	988	1,674	1,265	942	4,275	2,052	39,443
2023年	23,021	4,498	950	2,393	4,911	1,035	1,012	1,710	1,250	891	4,371	2,200	42,937
対前年名目増減率（%）													
2022年	11.1	95.1	73.0	1.3	9.9	1.1	10.9	-13.0	-2.7	-0.9	0.5	16.9	11.2
2023年	10.6	49.5	20.7	6.5	5.8	5.4	2.4	2.2	-1.2	-5.4	2.2	7.2	8.9
対前年名目増減率に対する寄与度（%）													
2023年	－	7.16	0.78	0.70	1.29	0.25	0.12	0.17	-0.07	-0.25	0.46	0.71	－

注1　旅行関係費：「宿泊料」、「運賃」及び「パック旅行費」の合計

注2　保健・医療：「医薬品」及び「健康食品」の合計

注3　チケット以外の教養関係費：「書籍」、「音楽・映像ソフト、パソコン用ソフト、ゲームソフト」及び「デジタルコンテンツ（「電子書籍」及び「ダウンロード版の音楽・映像、アプリなど」を含む）」の合計

注4　その他：「化粧品」、「自動車等関係用品」及び「上記に当てはまらない商品・サービス」の合計

注5　教養関係費：「チケット以外の教養関係費」及び「チケット」の合計

図Ⅰ－2－1　ネットショッピング支出割合

（二人以上の世帯）－2023 年

　項目別に、新型コロナウイルス感染症の影響がなかった 2019 年と比べてみると、2023
年は「食料」が 147.3％の増加と最も増加率が高く、次いで「保険」が 74.2％の増加と
なった。逆に、「チケット」は 2020 年及び 2021 年に、「旅行関係費」は 2020 年から 2022
年まで、いずれも新型コロナウイルス感染症拡大の影響により減少となっていたが、2023
年はそれぞれ 38.9％増加、32.0％増加となった（図Ⅰ－2－2）。

図Ⅰ－2－2　ネットショッピング支出金額の対 2019 年名目増減率

（二人以上の世帯）

　世帯主の年齢階級別に前年と比べてみると、全ての年齢階級で増加となった。特に、比較的ネットショッピングの支出金額が少ない、60歳以上の年齢階級において、増加幅が大きくなっていることがうかがえる（表Ⅰ－2－2、図Ⅰ－2－3）。

表Ⅰ－2－2　世帯主の年齢階級別ネットショッピング支出金額

（二人以上の世帯）

年次	平均	40歳未満	40～49歳	50～59歳	60～69歳	70歳以上
月平均額（円）						
2022年	20,810	30,741	29,007	26,962	20,260	10,867
2023年	23,021	33,154	31,235	29,655	23,861	12,065
対前年名目増減率（%）						
2023年	10.6	7.8	7.7	10.0	17.8	11.0

図Ⅰ－2－3　世帯主の年齢階級別ネットショッピング支出金額の対前年名目増減率

（二人以上の世帯）－2023年

3 「旅行関係費」の支出金額は、全ての年齢階級で増加

2023 年の二人以上の世帯におけるネットショッピングによる支出のうち、項目別にみて最も増加率が高かった「旅行関係費」について、内訳ごとに前年と比べてみると、「宿泊料、運賃、パック旅行費（インターネット上での決済）」が56.4％の増加、「宿泊料、運賃、パック旅行費（インターネット以外での決済）」は32.0％の増加となった（表Ⅰ－3－1）。

また、「旅行関係費」の支出金額について、月別に前年と比べてみると、2023 年は全ての月において前年同月を上回った。これは、2022 年 10 月からの全国旅行支援や 2023 年5 月の新型コロナウイルス感染症の 5 類移行により、外出機会が増加したことなどが要因と考えられる（図Ⅰ－3－1）。

さらに、世帯主の年齢階級別に前年と比べてみると、70 歳以上が 77.1％の増加と最も増加率が高く、次いで 60～69 歳が 60.1％の増加となるなど、全ての年齢階級で増加となった（表Ⅰ－3－2、図Ⅰ－3－2）。

表Ⅰ－3－1　ネットショッピング支出金額 －旅行関係費－

（二人以上の世帯）

年次	合計	宿泊料、運賃、パック旅行費（インターネット上での決済）	宿泊料、運賃、パック旅行費（インターネット以外での決済）
月平均額（円）			
2022年	3,008	2,159	849
2023年	4,498	3,377	1,121
対前年名目増減率(%)			
2022年	95.1	107.6	69.5
2023年	49.5	56.4	32.0
対前年名目増減率に対する寄与度(%)注			
2023年	7.16	5.85	1.31

注　寄与度はネットショッピング支出金額合計の名目増減率に対するもの

図Ⅰ－3－1　旅行関係費の月別支出金額の推移（二人以上の世帯）

表Ⅰ－3－2　世帯主の年齢階級別ネットショッピング支出金額 －旅行関係費－

（二人以上の世帯）

年次	平均	40歳未満	40～49歳	50～59歳	60～69歳	70歳以上
月平均額（円）						
2022年	3,008	3,827	4,064	4,240	3,323	1,274
2023年	4,498	5,437	5,615	5,917	5,319	2,256
対前年名目増減率（%）						
2023年	49.5	42.1	38.2	39.6	60.1	77.1

図Ⅰ－3－2　世帯主の年齢階級別ネットショッピング支出金額の対前年名目増減率 －旅行関係費－

（二人以上の世帯）－2023 年

4　「教養関係費」の支出金額は、「チケット」、「電子書籍」などで増加

　2023年の二人以上の世帯におけるネットショッピングによる支出のうち、増加率が2番目に高かった「チケット」を含む「教養関係費」について、内訳ごとに前年と比べてみると、「チケット」が20.7%の増加、次いで「電子書籍」が5.5%の増加となった。一方、「音楽・映像ソフト、パソコン用ソフト、ゲームソフト」が6.4%の減少、「ダウンロード版の音楽・映像、アプリなど」が2.1%の減少となった（表Ⅰ－4－1）。

　また、「チケット」の支出金額について、月別に前年と比べてみると、2023年は全ての月において前年同月を上回った（図Ⅰ－4－1）。

　さらに、世帯主の年齢階級別に前年と比べてみると、60～69歳が14.2%の増加、次いで40歳未満が7.5%の増加となるなど、全ての年齢階級で増加となった（表Ⅰ－4－2、図Ⅰ－4－2）。

表Ⅰ－4－1　ネットショッピング支出金額 －教養関係費－
（二人以上の世帯）

年次	合計	チケット	電子書籍	書籍	ダウンロード版の音楽・映像、アプリなど	音楽・映像ソフト、パソコン用ソフト、ゲームソフト
月平均額（円）						
2022年	2,052	787	199	408	239	420
2023年	2,200	950	210	413	234	393
対前年名目増減率(%)						
2022年	16.9	73.0	8.2	-6.8	0.0	-4.3
2023年	7.2	20.7	5.5	1.2	-2.1	-6.4
対前年名目増減率に対する寄与度(%)注						
2023年	0.71	0.78	0.05	0.02	-0.02	-0.13

　　注　寄与度はネットショッピング支出金額合計の名目増減率に対するもの

図Ⅰ－4－1　チケットの月別支出金額の推移（二人以上の世帯）

表Ⅰ－4－2　世帯主の年齢階級別ネットショッピング支出金額　－教養関係費－
（二人以上の世帯）

年次	平均	40歳未満	40～49歳	50～59歳	60～69歳	70歳以上
月平均額（円）						
2022年	2,052	3,020	2,986	2,996	1,931	856
2023年	2,200	3,248	3,184	3,162	2,205	891
対前年名目増減率（%）						
2023年	7.2	7.5	6.6	5.5	14.2	4.1

図Ⅰ－4－2　世帯主の年齢階級別ネットショッピング支出金額の対前年名目増減率　－教養関係費－
（二人以上の世帯）－2023 年

Ⅱ 電子マネーの保有・利用状況
1 電子マネー※2保有・利用世帯の割合は共に過去最高

　2023年の二人以上の世帯における電子マネーを保有している世帯員がいる世帯（以下「電子マネー保有世帯」という。）の割合は73.0%と、前年に比べ4.2ポイントの上昇となり、過去最高となった。

　また、電子マネーを利用した世帯員がいる世帯（以下「電子マネー利用世帯」という。）の割合は63.4%と、電子マネー保有世帯の割合と連動し、前年に比べ4.4ポイントの上昇となり、同じく過去最高となった（表Ⅱ－1、図Ⅱ－1）。

表Ⅱ－1　電子マネー保有・利用世帯の割合の推移（二人以上の世帯）

年次	電子マネー保有世帯(%)	電子マネー利用世帯(%)
2013年	45.8	39.1
2014	49.9	43.2
2015	49.6	41.5
2016	51.9	43.9
2017	54.3	45.5
2018	59.2	50.4
2019	62.4	53.2
2020	69.2	57.5
2021	69.1	58.0
2022	68.8	59.0
2023	73.0	63.4

図Ⅱ－1　電子マネー保有・利用世帯の割合の推移（二人以上の世帯）

※2　この調査での「電子マネー」とは、事前に現金と引換えに金銭的価値が発行されたＩＣカードやプリペイドカード等（次の例を参照）をいう。
　　例）Suica、ICOCA、PASMO、nanaco、WAON、楽天Edy、WebMoney、BitCash、クオカードなど
　　なお、デビットカードや、クレジットカードのような後払い方式の決済サービスは含まない。
　　また、図書カードなどのように特定の商品・サービスしか購入できないプリペイドカード等も含まない。

2 電子マネー利用世帯の割合は、世帯主が 40 歳代の世帯で最も高い

　2023 年の二人以上の世帯における電子マネー利用世帯の割合を世帯主の年齢階級別に
みると、40〜49 歳が 75.3％と最も高く、次いで 50〜59 歳（75.1％）、40 歳未満（73.3％）
などとなった。

　前年と比べてみると、40 歳未満が 5.1 ポイントの上昇、次いで 60〜69 歳が 4.9 ポイン
トの上昇となるなど、全ての年齢階級で上昇となった（表Ⅱ－2、図Ⅱ－2）。

表Ⅱ－2　世帯主の年齢階級別電子マネー利用世帯の割合（二人以上の世帯）

年次	平均	40歳未満	40〜49歳	50〜59歳	60〜69歳	70歳以上
割合（％）						
2022年	59.0	68.2	72.8	71.0	61.5	40.6
2023年	63.4	73.3	75.3	75.1	66.4	45.2
対前年増減（ポイント）						
2023年	4.4	5.1	2.5	4.1	4.9	4.6

図Ⅱ－2　世帯主の年齢階級別電子マネー利用世帯の割合（二人以上の世帯）

3 電子マネー利用金額は増加

　2023 年の電子マネー利用世帯（二人以上の世帯）における電子マネーの利用金額は、1 か月平均 30,282 円で、前年に比べ名目 7.0％の増加となった。これは物価上昇分[注]を上回る結果となっている。

　内訳の推移をみると、2023 年の鉄道及びバスの利用金額は 1 か月平均 4,059 円と、前年に比べ 11.9％増加となった。新型コロナウイルス感染症の 5 類移行などにより、外出機会が増加したことが要因と考えられる。

　また、物価の上昇や新型コロナウイルス感染症の感染拡大が始まる前の 2019 年頃から、鉄道及びバス以外の利用金額が年々増加している状況がうかがえる。2023 年は、鉄道及びバス以外の利用金額は 1 か月平均 26,223 円と、前年に比べ 6.3％増加となった（表Ⅱ－3、図Ⅱ－3）。

　注「消費者物価指数（持家の帰属家賃を除く総合）」の 2023 年の前年比は＋3.8％

表Ⅱ－3　電子マネー利用世帯の 1 か月間の平均利用金額の推移（二人以上の世帯）

年次	平均利用金額（円）	鉄道及びバスの利用金額（円）	鉄道及びバス以外の利用金額（円）	平均利用金額に占める鉄道及びバスの利用金額割合（％）
2015年	16,382	4,468	11,914	27.3
2016	17,318	4,553	12,765	26.3
2017	17,644	4,603	13,041	26.1
2018	18,256	4,746	13,510	26.0
2019	20,567	4,487	16,080	21.8
2020	24,790	3,098	21,692	12.5
2021	26,568	3,088	23,480	11.6
2022	28,295	3,627	24,668	12.8
2023	30,282	4,059	26,223	13.4
2023年の対前年名目増減率（％）及び対前年増減（ポイント）	7.0	11.9	6.3	0.6

図Ⅱ－3　電子マネー利用世帯の 1 か月間の平均利用金額の推移（二人以上の世帯）

14

4 電子マネー利用金額は、世帯主が40歳代の世帯で最も増加率が高い

　2023年の電子マネー利用世帯（二人以上の世帯）における電子マネーの利用金額を世帯主の年齢階級別にみると、40〜49歳が1か月平均32,195円で最も多く、次いで50〜59歳（31,142円）、60〜69歳（31,125円）などとなった。

　前年と比べてみると、40〜49歳が15.8%の増加、次いで70歳以上が6.7%の増加となるなど、40歳未満を除く各年齢階級で増加となった（表Ⅱ−4、図Ⅱ−4）。

表Ⅱ−4　世帯主の年齢階級別電子マネー利用世帯の平均利用金額（二人以上の世帯）

年次	平均	40歳未満	40〜49歳	50〜59歳	60〜69歳	70歳以上
月平均額（円）						
2022年	28,295	28,186	27,810	29,667	29,393	26,191
2023年	30,282	27,985	32,195	31,142	31,125	27,937
対前年名目増減率(%)						
2023年	7.0	−0.7	15.8	5.0	5.9	6.7

図Ⅱ−4　世帯主の年齢階級別電子マネー利用世帯の平均利用金額（二人以上の世帯）

Summary Results of the 2023 Survey of Household Economy

I Expenditure on Goods and Services Ordered over the Internet (Two-or-more-person households)

1   The proportion of households that ordered goods or services on the internet to all two-or-more-person households was 53.5% in 2023. This figure was higher than the previous year (52.7%), which represented a record high since the start of the survey in 2002.

2   Average expenditure on goods and services ordered over the internet per household was 23,021 yen a month in 2023. It increased by 10.6% in 2023 in nominal terms from the previous year.

   Looking at this by item, Travel-related costs increased by 49.5% and Tickets increased by 20.7% in 2023 from the previous year. On the other hand, gift items decreased by 5.4% in 2023 in nominal terms from the previous year.

   Looking at expenditure proportion by item, Food was the highest at 21.3% of the total, followed by Travel-related costs at 19.5%, Clothing and footwear at 10.4%, Home electronics and furniture at 7.4% in 2023.

   Looking at this by age group of the head of household, 60-69 years old group increased by 17.8% in 2023 in nominal terms from the previous year. All of the age groups showed increases.

3   Looking at Travel-related costs by item, Accommodation services, fares, package tours (payment on the Internet) increased by 56.4%, Accommodation services, fares, package tours (payment on-site) increased by 32.0% in 2023 in nominal terms from the previous year.

   Looking at this by age group of the head of household, the 70 years old and over group increased by 77.1% and the 60-69 years old group increased by 60.1% in 2023 from the previous year. All of the age groups showed increases.

   Looking at Travel-related costs, every monthly expenditure during 2023 increased from the same month of the previous year.

4   Looking at Culture-related costs*[1] by item, Tickets increased by 20.7% and Digital books increased by 5.5% in 2023 in nominal terms from the previous year. On the other hand, Software (music, video, personal computer, TV game) decreased by 6.4% and Download music, video, applications decreased by 2.1% in 2023 from the previous year.

   *[1] Total expenditure on "Books and other reading materials", "Software (music, video, personal computer, TV game)", "Digital books", "Downloaded music, video, applications" and "Tickets".

II   Ownership and Utilization of Electronic Money (Two-or-more-person households)

1   The proportion of households with members who owned electronic money was 73.0% in 2023. It increased by 4.2 percentage points in 2023 from the previous year.

The proportion of households with members who used electronic money was 63.4% in 2023. It increased by 4.4 percentage points in 2023 from the previous year.

2   Looking at the proportion of households with members who used electronic money by age group of the head of household, it was the highest in the 40-49 years old group at 75.3%, followed by the 50-59 years old group at 75.1% and the under 40 years old group at 73.3% in 2023.

The under 40 years old group increased by 5.1 percentage points in 2023 and the 60-69 years old group increased by 4.9 percentage points in 2023. All of the age groups showed increases.

3   Average amount of money per household using electronic money was 30,282 yen a month in 2023. It increased by 7.0% in 2023 in nominal terms from the previous year.

With regard to the breakdown, the average amount of money per household using electronic money for railway and bus was 4,059 yen a month in 2023. It increased by 11.9% in 2023 in nominal terms from the previous year.

In addition, the average amount of money per household using electronic money for purposes other than use for railway or bus was 26,223 yen a month in 2023. It increased by 6.3% in 2023 in nominal terms from the previous year.

4   Looking at average expenditure per household using electronic money by age group of the head of household, it was the highest in the 40-49 years old group at 32,195 yen, followed by the 50-59 years old group at 31,142 yen and the 60-69 years old group at 31,125 yen a month in 2023.

The 40-49 years old group increased by 15.8% and the 70 years old and over group increased by 6.7% in 2023 in nominal terms from the previous year. All of the age groups showed increases except for the under 40 years old group.

統　　計　　表
Statistical Tables

統計表利用上の注意

(1)　本資料の数値は、農林漁家世帯を含む結果である。
(2)　各項目の内容に不詳があるため、内訳の合算は必ずしも総数に一致しない。
(3)　統計表中の「－」は、該当数字がないものである。
(4)　統計表中の「…」は、調査又は集計していないものである。

Notes on the statistical tables

(1) The data of this report includes agricultural, forestry and fisheries households.
(2) Because there are unknowns in some items, figures given in the tables may not necessarily add up to total.
(3) "－"　: not applicable
(4) "…"　: data not available

時系列表　インターネットを利用した1世帯当たり

2021年

項　　目	年平均 2021 Average	1月 Jan.	2月 Feb.	3月 Mar.	4月 Apr.	5月 May	6月 Jun.
世帯数分布（抽出率調整）	10,000	10,000	10,000	10,000	10,000	10,000	10,000
集計世帯数	19,770	19,761	19,632	19,895	19,975	20,017	19,860
世帯人員（人）	2.94	2.95	2.95	2.95	2.94	2.94	2.94
有業人員（人）	1.51	1.50	1.51	1.51	1.51	1.51	1.51
世帯主の年齢（歳）	60.2	60.1	60.0	60.1	60.1	60.2	60.3
インターネットを利用した支出総額（22品目計）	18,727	16,914	15,781	18,651	17,876	17,275	18,121
贈答用							
51　贈答品	951	702	538	657	688	705	1,094
自宅用							
自宅用計	17,776	16,213	15,244	17,994	17,188	16,570	17,026
52～54計（食料）	4,223	3,748	3,617	3,719	3,740	3,963	4,222
52　食料品	2,929	2,646	2,537	2,545	2,574	2,697	2,908
53　飲料	767	642	642	729	695	757	825
54　出前	526	460	438	445	472	508	489
55　家電	1,413	1,613	1,330	1,683	1,443	1,391	1,403
56　家具	511	518	486	559	549	508	446
57～59計（衣類・履物）	2,218	2,273	1,891	2,150	2,257	2,143	2,212
57　紳士用衣類	541	581	415	511	520	496	506
58　婦人用衣類	1,104	1,147	969	1,054	1,129	1,070	1,108
59　履物・その他の衣類	573	545	507	585	607	576	599
60～61計（保健・医療）	971	941	926	983	955	957	980
60　医薬品	234	228	217	244	221	227	217
61　健康食品	738	714	710	740	734	730	764
62　化粧品	768	752	770	811	752	737	775
63　自動車等関係用品	456	359	358	510	461	454	376
64　書籍	438	458	421	435	478	421	412
65　音楽・映像ソフト、パソコン用ソフト、ゲームソフト	439	442	427	450	465	404	446
66～67計（デジタルコンテンツ）	423	422	418	412	450	408	390
66　電子書籍	184	179	196	191	222	177	165
67　ダウンロード版の音楽・映像、アプリなど	239	243	222	221	228	231	225
68　保険	891	810	831	1,016	1,005	911	852
69～70計（旅行関係費）	1,542	717	820	1,569	1,171	984	1,091
69　宿泊料、運賃、パック旅行費（インターネット上での決済）	1,040	419	528	1,097	747	599	755
70　宿泊料、運賃、パック旅行費（上記以外の決済）	501	298	292	472	424	385	336
71　チケット	455	244	266	474	414	322	393
72　上記に当てはまらない商品・サービス	3,029	2,916	2,683	3,223	3,049	2,967	3,027
(参考)							
インターネットを通じて注文をした世帯数	10,129	9,990	9,823	10,161	10,167	10,156	10,183
インターネットを通じて注文をした世帯（1万分比）	5,267	5,190	5,147	5,246	5,235	5,212	5,268
インターネットを通じて注文をした世帯当たりの支出総額	35,470	32,588	30,662	35,551	34,146	33,144	34,396

1か月間の支出（二人以上の世帯）
the Internet per Household (Two-or-more-person Households)

単位 円 In Yen

7月 Jul.	8月 Aug.	9月 Sep.	10月 Oct.	11月 Nov.	12月 Dec.	Item
10,000	10,000	10,000	10,000	10,000	10,000	Distribution of households
19,840	19,853	19,705	19,693	19,537	19,474	Number of tabulated households
2.94	2.94	2.94	2.93	2.93	2.93	Number of persons per household (persons)
1.51	1.52	1.52	1.51	1.51	1.51	Number of earners per household (persons)
60.3	60.4	60.3	60.2	60.2	60.2	Age of household head (years old)
18,223	17,353	17,919	19,247	21,858	25,507	Total expenditure on goods and services ordered over the Internet(22 items)
						For gift
1,347	907	637	592	1,241	2,301	51 gift items
						For home
16,876	16,446	17,282	18,655	20,617	23,205	Total expenditure for home
4,120	4,188	4,426	4,309	4,730	5,888	52-54 Total (Food)
2,787	2,861	3,096	3,013	3,290	4,199	52 Foods
822	776	809	757	830	922	53 Beverages
511	552	521	538	610	766	54 Deliveries
1,275	1,222	1,284	1,249	1,350	1,714	55 Home electronics
493	395	501	541	560	570	56 Furniture
2,031	1,761	1,896	2,274	2,698	3,028	57-59 Total (Clothing, footwear)
455	417	413	553	736	890	57 Men's clothing
1,060	867	947	1,115	1,316	1,463	58 Women's clothing
516	477	536	605	646	675	59 Footwear and other clothing
961	976	1,019	955	999	1,004	60-61 Total (Medical care)
224	227	253	246	250	248	60 Medicines
736	750	766	709	749	755	61 Health foods
699	704	786	745	829	857	62 Cosmetics
425	341	469	611	506	604	63 Private transportation
380	417	457	433	436	510	64 Books and other reading materials
427	443	415	383	439	530	65 Software (music, video, personal computer, TV game)
399	404	412	443	419	496	66-67 Total (Digital contents)
165	176	169	184	175	211	66 Digital books
234	228	244	259	244	285	67 Download music, video, applications
782	855	916	875	887	950	68 Insurance
1,530	1,574	1,251	2,255	2,826	2,710	69-70 Total (Travel-related costs)
1,013	982	922	1,533	1,945	1,944	69 Accommodation services, fares, package tours(payment on the Internet)
517	593	329	722	881	767	70 Accommodation services, fares, package tours(payment on-site)
444	444	450	609	689	708	71 Tickets
2,910	2,720	2,999	2,972	3,248	3,636	72 Other goods and services
						(Reference)
9,968	9,945	10,056	10,141	10,345	10,609	Number of households ordering over the Internet
5,176	5,148	5,245	5,291	5,444	5,600	(a)
35,206	33,707	34,165	36,378	40,151	45,550	(b)

(a) Distribution of households ordering over the Internet(rate to the Whole = 10,000)
(b) Total expenditure per household by on goods and services ordered over the Internet

時系列表　インターネットを利用した1世帯当たり
Time Series Table　　Monthly Expenditure on Goods and Services Ordered over

2022年

項　目	年平均 2022 Average	1月 Jan.	2月 Feb.	3月 Mar.	4月 Apr.	5月 May	6月 Jun.
世帯数分布（抽出率調整）	10,000	10,000	10,000	10,000	10,000	10,000	10,000
集計世帯数	19,797	19,662	19,693	19,696	19,775	19,829	19,686
世帯人員（人）	2.92	2.93	2.93	2.93	2.92	2.92	2.92
有業人員（人）	1.49	1.50	1.50	1.49	1.49	1.50	1.49
世帯主の年齢（歳）	60.8	60.4	60.5	60.6	60.5	60.6	60.7
インターネットを利用した支出総額（２２品目計）	20,810	19,509	17,199	20,166	19,841	20,612	20,510
贈答用							
51　贈答品	942	726	540	749	727	745	1,088
自宅用							
自宅用計	19,868	18,783	16,659	19,417	19,114	19,867	19,423
52～54計（食料）	4,643	4,653	4,345	4,545	4,269	4,546	4,348
52　食料品	3,246	3,249	3,078	3,185	2,983	3,150	2,998
53　飲料	812	759	715	788	777	812	843
54　出前	586	645	551	572	509	583	507
55　家電	1,237	1,405	1,142	1,505	1,314	1,105	1,140
56　家具	437	445	380	528	405	410	405
57～59計（衣類・履物）	2,247	2,446	1,871	2,134	2,249	2,181	2,183
57　紳士用衣類	556	646	458	520	567	504	503
58　婦人用衣類	1,131	1,224	971	1,060	1,108	1,083	1,117
59　履物・その他の衣類	560	576	442	554	574	594	563
60～61計（保健・医療）	982	963	947	998	921	981	979
60　医薬品	252	266	228	273	234	244	240
61　健康食品	730	696	719	725	687	737	739
62　化粧品	771	756	767	792	709	756	766
63　自動車等関係用品	456	386	410	609	516	527	369
64　書籍	408	453	388	421	446	386	392
65　音楽・映像ソフト、パソコン用ソフト、ゲームソフト	420	435	380	419	416	397	394
66～67計（デジタルコンテンツ）	437	451	424	438	443	457	438
66　電子書籍	199	193	201	197	204	224	199
67　ダウンロード版の音楽・映像、アプリなど	239	258	223	241	240	233	239
68　保険	988	862	1,039	991	1,025	1,090	928
69～70計（旅行関係費）	3,008	1,719	1,358	2,383	2,773	3,241	3,188
69　宿泊料、運賃、パック旅行費（インターネット上での決済）	2,159	1,198	976	1,688	2,010	2,288	2,337
70　宿泊料、運賃、パック旅行費（上記以外の決済）	849	521	382	696	764	953	850
71　チケット	787	549	476	690	741	849	923
72　上記に当てはまらない商品・サービス	3,048	3,260	2,734	2,965	2,887	2,941	2,969
（参考）							
インターネットを通じて注文をした世帯数	10,115	10,058	9,907	9,988	10,036	10,144	10,105
インターネットを通じて注文をした世帯（1万分比）	5,271	5,270	5,186	5,227	5,237	5,278	5,297
インターネットを通じて注文をした世帯当たりの支出総額	39,443	37,015	33,166	38,584	37,890	39,052	38,722

1か月間の支出（二人以上の世帯）（続き）

the Internet per Household (Two-or-more-person Households) — Continued

単位 円 In Yen

7月 Jul.	8月 Aug.	9月 Sep.	10月 Oct.	11月 Nov.	12月 Dec.	Item
10,000	10,000	10,000	10,000	10,000	10,000	Distribution of households
19,767	19,920	20,035	19,930	19,845	19,731	Number of tabulated households
2.91	2.91	2.91	2.91	2.91	2.91	Number of persons per household (persons)
1.49	1.49	1.49	1.49	1.49	1.49	Number of earners per household (persons)
60.8	60.8	60.9	61.2	61.4	61.3	Age of household head (years old)
21,940	20,950	20,058	20,397	22,668	25,866	Total expenditure on goods and services ordered over the Internet(22 items)
						For gift
1,382	865	585	522	1,221	2,156	51 gift items
						For home
20,557	20,085	19,473	19,875	21,447	23,710	Total expenditure for home
4,623	4,535	4,555	4,349	4,792	6,159	52-54 Total (Food)
3,194	3,078	3,126	3,040	3,393	4,474	52 Foods
839	808	874	766	830	932	53 Beverages
591	649	555	544	569	753	54 Deliveries
1,275	1,090	978	1,010	1,352	1,524	55 Home electronics
420	350	453	396	473	579	56 Furniture
2,135	1,848	1,983	2,415	2,631	2,884	57-59 Total (Clothing,footwear)
523	436	399	592	686	837	57 Men's clothing
1,068	949	1,029	1,226	1,341	1,393	58 Women's clothing
544	463	555	597	604	654	59 Footwear and other clothing
985	986	1,001	967	1,010	1,044	60-61 Total (Medical care)
259	254	247	221	267	293	60 Medicines
726	732	754	746	744	752	61 Health foods
754	737	777	739	821	876	62 Cosmetics
431	422	426	356	455	563	63 Private transportation
384	375	406	388	404	447	64 Books and other reading materials
421	393	448	387	453	499	65 Software (music, video, personal computer, TV game)
440	432	439	412	414	460	66-67 Total (Digital contents)
213	212	184	176	180	203	66 Digital books
227	221	254	236	234	257	67 Download music, video, applications
1,032	1,032	953	976	932	1,001	68 Insurance
3,595	4,028	3,127	3,710	3,629	3,341	69-70 Total (Travel-related costs)
2,641	2,790	2,275	2,684	2,555	2,461	69 Accommodation services, fares, package tours(payment on the Internet)
953	1,238	852	1,026	1,073	880	70 Accommodation services, fares, package tours(payment on-site)
851	865	908	920	838	834	71 Tickets
3,212	2,992	3,019	2,851	3,243	3,498	72 Other goods and services
						(Reference)
10,168	10,258	10,097	9,996	10,163	10,463	Number of households ordering over the Internet
5,304	5,307	5,203	5,183	5,296	5,464	(a)
41,364	39,474	38,553	39,350	42,803	47,339	(b)

(a) Distribution of households ordering over the Internet(rate to the Whole = 10,000)

(b) Total expenditure per household by on goods and services ordered over the Internet

時系列表　インターネットを利用した1世帯当たり

Time Series Table　Monthly Expenditure on Goods and Services Ordered over

2023年

項　　目	年平均 2023 Average	1月 Jan.	2月 Feb.	3月 Mar.	4月 Apr.	5月 May	6月 Jun.
世帯数分布（抽出率調整）	10,000	10,000	10,000	10,000	10,000	10,000	10,000
集計世帯数	19,446	19,832	19,791	19,600	19,506	19,409	19,491
世帯人員（人）	2.90	2.91	2.91	2.91	2.91	2.90	2.90
有業人員（人）	1.50	1.49	1.49	1.49	1.50	1.50	1.50
世帯主の年齢（歳）	61.2	61.3	61.4	61.3	61.2	61.1	61.1
インターネットを利用した支出総額（２２品目計）	23,021	20,753	20,143	22,657	21,975	22,227	22,199
贈答用							
51　贈答品	891	678	458	641	630	730	1,041
自宅用							
自宅用計	22,130	20,075	19,684	22,016	21,345	21,497	21,158
52～54計（食料）	4,911	4,794	4,420	4,500	4,502	4,548	4,568
52　食料品	3,419	3,391	3,153	3,119	3,118	3,066	3,144
53　飲料	878	751	732	799	818	869	924
54　出前	614	651	534	582	566	613	500
55　家電	1,252	1,268	1,192	1,512	1,130	1,005	1,063
56　家具	458	417	470	546	446	374	472
57～59計（衣類・履物）	2,393	2,434	1,964	2,377	2,348	2,348	2,330
57　紳士用衣類	595	614	456	531	540	567	562
58　婦人用衣類	1,200	1,196	1,000	1,197	1,196	1,151	1,168
59　履物・その他の衣類	599	623	507	649	613	630	599
60～61計（保健・医療）	1,035	948	955	962	950	1,032	996
60　医薬品	272	254	243	256	263	267	272
61　健康食品	763	694	712	707	687	764	724
62　化粧品	847	794	774	863	788	801	854
63　自動車等関係用品	459	382	339	541	514	467	422
64　書籍	413	406	380	407	438	405	368
65　音楽・映像ソフト、パソコン用ソフト、ゲームソフト	393	430	379	401	400	388	383
66～67計（デジタルコンテンツ）	444	437	432	441	442	415	404
66　電子書籍	210	180	181	183	193	179	203
67　ダウンロード版の音楽・映像、アプリなど	234	256	251	259	250	236	202
68　保険	1,012	898	961	1,051	1,092	1,089	1,033
69～70計（旅行関係費）	4,498	3,086	3,722	4,423	4,402	4,804	4,360
69　宿泊料、運賃、パック旅行費（インターネット上での決済）	3,377	2,259	2,769	3,264	3,348	3,485	3,476
70　宿泊料、運賃、パック旅行費（上記以外の決済）	1,121	827	953	1,159	1,055	1,319	883
71　チケット	950	719	841	948	908	991	976
72　上記に当てはまらない商品・サービス	3,065	3,064	2,857	3,044	2,985	2,829	2,929
(参考)							
インターネットを通じて注文をした世帯数	10,072	9,868	9,798	9,970	10,020	9,909	10,035
インターネットを通じて注文をした世帯（1万分比）	5,353	5,143	5,115	5,249	5,297	5,277	5,327
インターネットを通じて注文をした世帯当たりの支出総額	42,937	40,353	39,378	43,165	41,487	42,120	41,675

1か月間の支出（二人以上の世帯）（続き）

the Internet per Household (Two-or-more-person Households) — Continued

単位 円 In Yen

7月 Jul.	8月 Aug.	9月 Sep.	10月 Oct.	11月 Nov.	12月 Dec.	Item
10,000	10,000	10,000	10,000	10,000	10,000	Distribution of households
19,026	19,404	19,404	19,408	19,318	19,160	Number of tabulated households
2.90	2.90	2.90	2.90	2.90	2.90	Number of persons per household (persons)
1.51	1.51	1.51	1.51	1.51	1.51	Number of earners per household (persons)
61.1	61.1	61.2	61.1	61.1	61.1	Age of household head (years old)
24,249	23,487	22,389	22,554	25,286	28,334	Total expenditure on goods and services ordered over the Internet(22 items)
						For gift
1,342	933	502	491	1,086	2,160	51 gift items
						For home
22,907	22,554	21,887	22,063	24,200	26,174	Total expenditure for home
4,784	4,919	5,081	5,055	5,282	6,482	52-54 Total (Food)
3,275	3,327	3,528	3,528	3,738	4,643	52 Foods
960	939	936	886	925	998	53 Beverages
549	653	617	641	620	842	54 Deliveries
1,275	1,034	1,182	1,177	1,457	1,724	55 Home electronics
448	357	423	492	549	500	56 Furniture
2,335	1,917	2,084	2,496	3,005	3,083	57-59 Total (Clothing,footwear)
590	472	463	636	826	885	57 Men's clothing
1,184	979	1,083	1,276	1,461	1,503	58 Women's clothing
561	466	538	585	717	695	59 Footwear and other clothing
1,066	1,068	1,103	1,086	1,113	1,140	60-61 Total (Medical care)
284	269	273	284	295	302	60 Medicines
782	798	830	802	818	838	61 Health foods
805	777	858	860	952	1,036	62 Cosmetics
437	359	443	488	598	513	63 Private transportation
398	397	413	405	436	507	64 Books and other reading materials
370	340	319	354	426	529	65 Software (music, video, personal computer, TV game)
397	435	440	472	468	542	66-67 Total (Digital contents)
202	217	215	245	251	265	66 Digital books
195	218	225	227	217	277	67 Download music, video, applications
1,022	961	934	943	1,075	1,089	68 Insurance
5,414	6,071	4,508	4,319	4,473	4,393	69-70 Total (Travel-related costs)
4,245	4,173	3,507	3,334	3,279	3,384	69 Accommodation services, fares, package tours(payment on the Internet)
1,168	1,898	1,002	985	1,194	1,008	70 Accommodation services, fares, package tours(payment on-site)
1,065	1,115	970	942	965	956	71 Tickets
3,089	2,803	3,128	2,973	3,402	3,681	72 Other goods and services
						(Reference)
9,955	9,947	10,076	10,128	10,454	10,701	Number of households ordering over the Internet
5,403	5,301	5,379	5,397	5,582	5,763	(a)
44,883	44,309	41,625	41,792	45,298	49,162	(b)

(a) Distribution of households ordering over the Internet(rate to the Whole = 10,000)
(b) Total expenditure per household by on goods and services ordered over the Internet

時系列表　電子マネーの
Time Series Table　Use State Related to Electronic

項　目	2021年				2022年			
	1～3月期 Jan.～Mar.	4～6月期 Apr.～Jun.	7～9月期 Jul.～Sep.	10～12月期 Oct.～Dec.	1～3月期 Jan.～Mar.	4～6月期 Apr.～Jun.	7～9月期 Jul.～Sep.	10～12月期 Oct.～Dec.
世帯数分布（抽出率調整）	10,000	10,000	10,000	10,000	10,000	10,000	10,000	10,000
集計世帯数	1,726	1,831	1,772	1,842	1,857	1,881	1,889	1,878
世帯人員（人）	3.00	2.99	2.96	2.96	2.97	2.95	2.92	2.93
有業人員（人）	1.55	1.54	1.54	1.50	1.50	1.52	1.51	1.50
世帯主の年齢（歳）	59.2	59.7	60.0	59.9	60.2	60.2	60.9	61.5
電子マネーを持っている世帯員がいる	70.7	69.9	67.5	68.4	68.7	68.9	68.4	69.2
1人	16.9	17.1	16.4	15.6	16.0	15.6	15.1	14.8
2人	37.3	34.8	35.2	36.6	35.7	35.8	34.9	35.2
3人以上	16.5	17.8	15.8	16.1	16.8	17.3	18.3	19.0
電子マネーを持っている世帯員がいない	29.3	30.1	32.5	31.6	31.3	31.1	31.6	30.8
電子マネーを利用した世帯員がいる	59.3	58.3	56.6	57.9	58.1	59.1	59.4	59.4
電子マネーを利用した1世帯当たり平均利用金額（円）	25,389	27,329	26,276	27,278	27,463	27,249	28,008	30,461
1,000円未満	2.0	1.2	1.7	1.3	1.4	1.3	1.1	0.9
1,000円以上 3,000円未満	6.2	5.7	5.6	5.2	5.5	5.4	5.6	4.7
3,000　～　5,000	3.9	4.6	4.6	4.1	3.9	4.4	3.7	4.1
5,000　～ 10,000	8.3	7.9	8.0	7.6	8.4	8.1	7.8	7.4
10,000　～ 30,000	19.9	18.7	18.2	19.3	18.3	19.4	19.8	20.0
30,000　～ 50,000	8.9	9.6	8.6	9.6	9.3	9.5	9.4	9.7
50,000円以上	10.2	10.6	9.8	10.7	11.2	11.0	12.0	12.5
電子マネーを利用した世帯員がいない	11.4	11.6	10.8	10.3	10.4	9.7	8.9	9.6
電子マネーの利用金額のうち鉄道及びバスでの1世帯当たり平均利用金額（円）	2,782	3,058	2,961	3,549	3,388	3,725	3,454	3,944
1,000円未満	4.5	3.9	3.7	3.6	3.9	4.0	3.3	3.0
1,000円以上 3,000円未満	8.3	8.1	8.5	8.4	8.1	9.1	9.5	9.8
3,000　～　5,000	4.9	4.6	5.2	5.0	5.0	5.7	5.6	5.6
5,000　～ 10,000	5.8	5.5	5.0	7.8	6.3	6.8	7.0	7.3
10,000円以上	5.9	6.2	5.8	7.1	6.9	8.0	7.0	8.5

利用状況（二人以上の世帯）
Money (Two-or-more-person Households)

(%)

2023年 1～3月期 Jan.～Mar.	4～6月期 Apr.～Jun.	7～9月期 Jul.～Sep.	10～12月期 Oct.～Dec.	2021年	2022年	2023年	Item
10,000	10,000	10,000	10,000	10,000	10,000	10,000	Distribution of households
3,609	3,612	1,826	1,822	1,793	1,876	2,717	Number of tabulated households
2.94	2.91	2.94	2.92	2.98	2.94	2.93	Number of persons per household (persons)
1.52	1.51	1.55	1.52	1.53	1.51	1.52	Number of earners per household (persons)
60.6	61.0	60.6	60.9	59.7	60.7	60.8	Age of household head (years old)
72.9	72.8	73.8	72.4	69.1	68.8	73.0	Households some members of which own electronic money
14.0	15.0	14.0	13.6	16.5	15.4	14.2	One-person
39.1	38.9	38.7	38.5	36.0	35.4	38.8	Two-persons
19.7	18.8	21.0	20.2	16.6	17.9	19.9	Three-or-more-persons
27.1	27.2	26.2	27.6	30.9	31.2	27.0	Households any members of which don't own electronic money
63.4	63.2	64.1	62.8	58.0	59.0	63.4	Households some members of which used electronic money
28,901	29,853	30,605	31,770	26,568	28,295	30,282	Average amount of money per household using electronic money (yen)
1.2	1.1	1.0	1.3	1.6	1.2	1.2	－ 999 yen
5.3	5.1	5.3	5.1	5.7	5.3	5.2	1,000- 2,999
4.0	4.1	3.9	4.1	4.3	4.0	4.0	3,000- 4,999
8.2	7.9	8.5	8.6	8.0	7.9	8.3	5,000- 9,999
21.6	21.3	20.3	19.3	19.0	19.4	20.6	10,000- 29,999
10.5	10.0	10.5	10.7	9.2	9.5	10.4	30,000- 49,999
12.6	13.7	14.5	13.8	10.3	11.7	13.7	50,000-
9.4	9.6	9.7	9.5	11.0	9.7	9.6	Households any members of which didn't use electronic money
3,832	3,973	4,308	4,122	3,088	3,627	4,059	Average amount of money per household using electronic money by railway and bus (yen)
3.5	3.3	3.5	3.7	3.9	3.6	3.5	－ 999 yen
9.5	9.9	9.7	9.7	8.3	9.1	9.7	1,000- 2,999
5.7	6.1	6.7	6.0	4.9	5.5	6.2	3,000- 4,999
8.3	8.5	8.3	8.4	6.1	6.9	8.4	5,000- 9,999
8.6	8.8	10.2	9.6	6.2	7.6	9.3	10,000-

時系列表　特定の財（商品）・サービスの1世帯当たり
Time Series Table　Monthly Expenditure per Household

2021年

項　目	年平均 2021 Average	1月 Jan.	2月 Feb.	3月 Mar.	4月 Apr.	5月 May	6月 Jun.
世帯数分布（抽出率調整）	10,000	10,000	10,000	10,000	10,000	10,000	10,000
集計世帯数	19,770	19,761	19,632	19,895	19,975	20,017	19,860
世帯人員（人）	2.94	2.95	2.95	2.95	2.94	2.94	2.94
有業人員（人）	1.51	1.50	1.51	1.51	1.51	1.51	1.51
世帯主の年齢（歳）	60.2	60.1	60.0	60.1	60.1	60.2	60.3
通信							
01　スマートフォン・携帯電話などの通信、通話使用料	12,748	13,252	13,127	13,080	13,157	12,998	12,771
02　インターネット接続料	4,417	4,400	4,390	4,455	4,434	4,451	4,400
03　スマートフォン・携帯電話の本体価格	1,609	1,728	1,586	2,131	1,728	1,418	1,334
旅行関係							
04　航空運賃	324	110	224	381	270	213	276
05　宿泊料	1,512	822	788	1,543	1,153	900	756
06　パック旅行費（国内）	603	224	246	634	292	240	384
07　パック旅行費（外国）	4	–	–	–	0	–	15
教育、教養娯楽							
08　国公立授業料等（幼稚園～大学、専修学校）	1,895	962	955	2,337	3,325	3,639	1,543
09　私立授業料等（幼稚園～大学、専修学校）	8,112	4,175	5,255	12,053	23,891	6,992	2,968
10　補習教育費	3,721	3,616	3,193	4,328	3,865	3,133	3,390
11　自動車教習料	662	794	733	832	536	661	490
12　スポーツ施設使用料	1,021	924	909	1,021	1,087	990	1,026
衣類等							
13　背広服	494	475	530	1,109	569	356	359
14　婦人用スーツ・ワンピース	525	493	595	937	588	392	483
15　和服	201	151	161	147	157	198	229
16　腕時計	308	248	243	409	228	231	257
17　装身具（アクセサリー類）	507	582	422	684	452	396	435
医療							
18　出産入院料	257	182	335	232	210	267	83
19　出産以外の入院料	1,810	1,846	1,654	1,873	1,801	1,799	1,668
家具等							
20　たんす	116	113	123	160	151	119	87
21　ベッド	273	260	308	337	279	269	265
22　布団	394	382	439	299	332	302	308
23　机・いす（事務用・学習用）	194	244	229	285	273	208	156
24　食器戸棚	111	106	112	128	122	123	102
25　食卓セット	168	161	197	180	132	183	149
26　応接セット	232	199	104	240	192	193	251
27　楽器（部品を含む）	166	124	181	226	129	235	245
家電等							
28　冷蔵庫	819	799	597	882	566	740	1,087
29　掃除機	386	460	388	396	327	340	319
30　洗濯機	786	1,021	790	1,045	633	648	756
31　エアコン	1,430	605	642	1,068	1,167	2,187	2,624
32　パソコン（タブレット型を含む。周辺機器・ソフトは除く）	1,196	1,333	1,268	2,184	1,778	878	1,074
33　テレビ	885	996	752	882	713	814	1,000
34　ビデオデッキ	180	265	136	203	157	203	214
35　ゲーム機（ソフトは除く）	155	173	151	195	209	154	111
36　カメラ（交換レンズのみを含む。使い捨てのカメラは除く）	143	131	148	184	133	155	127
37　ビデオカメラ	22	30	11	23	12	16	16
住宅関係							
38　家屋に関する設備費・工事費・修理費	7,249	4,906	5,539	7,716	9,120	6,854	7,124
39　給排水関係工事費	2,262	1,947	1,901	2,680	2,004	2,141	2,278
40　庭・植木の手入れ代	537	453	385	326	345	471	562
自動車等関係							
41　自動車（新車）	13,494	14,819	14,523	18,851	14,087	11,679	12,400
42　自動車（中古車）	4,383	4,388	4,912	6,510	4,090	4,825	3,432
43　自動車保険料（自賠責）	724	765	840	1,037	698	794	740
44　自動車保険料（任意）	3,495	3,198	3,378	4,136	4,099	4,131	3,537
45　自動車以外の原動機付輸送機器	354	114	470	428	519	471	294
46　自動車整備費	3,691	3,775	3,970	4,678	3,540	3,620	3,738
その他							
47　挙式・披露宴費用	699	297	310	449	442	438	505
48　葬儀・法事費用	2,328	2,037	2,288	2,912	2,147	2,066	1,688
49　信仰関係費	1,293	725	1,063	1,377	1,067	1,111	1,098
50　仕送り金	2,448	2,385	2,321	2,475	2,528	2,394	2,461

1か月間の支出（二人以上の世帯）
(Two-or-more-person Households)

単位　円　In Yen

7月 Jul.	8月 Aug.	9月 Sep.	10月 Oct.	11月 Nov.	12月 Dec.	Item
10,000	10,000	10,000	10,000	10,000	10,000	Distribution of households
19,840	19,853	19,705	19,693	19,537	19,474	Number of tabulated households
2.94	2.94	2.94	2.93	2.93	2.93	Number of persons per household (persons)
1.51	1.52	1.52	1.51	1.51	1.51	Number of earners per household (persons)
60.3	60.4	60.3	60.2	60.2	60.2	Age of household head (years old)
						Communication
12,510	12,600	12,455	12,304	12,390	12,336	01 Mobile telephones charges
4,394	4,372	4,455	4,385	4,436	4,429	02 Internet connection charges
1,278	1,321	1,730	1,801	1,572	1,677	03 Mobile telephones unit prices
						Travel-related costs
243	320	288	437	547	583	04 Airplane fares
1,654	2,058	1,078	2,189	2,652	2,545	05 Accommodation services
678	502	501	1,104	1,341	1,089	06 Package tour costs (domestic)
–	–	15	–	–	13	07 Package tour costs (overseas)
						Education, Culture and recreation
1,240	938	1,217	2,915	2,511	1,159	08 Tuition (kindergarten-university) (public)
2,689	3,557	12,287	13,690	4,394	5,389	09 Tuition (kindergarten-university) (private)
3,990	3,925	3,445	3,586	3,804	4,378	10 Tutorial fees
621	570	600	502	593	1,017	11 Lesson fees, driving school
991	986	1,038	1,080	1,132	1,067	12 Rental fees for sports facilities
						Clothing
247	196	308	503	581	693	13 Men's suits
393	339	412	506	539	617	14 Women's one-piece dresses and suits
169	251	190	195	251	311	15 Japanese clothing
319	217	281	427	382	451	16 Wrist watches
449	385	487	500	605	691	17 Accessories
						Medical care
288	379	271	286	328	223	18 Delivery fees
1,872	1,774	1,693	1,788	2,147	1,808	19 Hospital charges (excluding delivery)
						Furniture, etc.
84	94	132	78	117	138	20 Chests of drawers
158	268	274	333	291	239	21 Beds
361	324	302	505	604	569	22 Quilts
123	140	137	197	132	198	23 Desks and chairs (for work or study)
100	85	72	135	105	145	24 Sideboards
215	162	177	166	153	142	25 Dining tables and chairs
220	182	314	193	288	409	26 Drawing room suites
210	120	116	153	94	158	27 Musical instruments (including parts of instruments)
						Home electric appliances, etc.
1,267	914	835	666	622	849	28 Refrigerators
402	387	347	378	377	510	29 Vacuum cleaners
842	768	719	662	698	855	30 Washing machines
3,173	2,297	948	692	743	1,018	31 Air conditioners
802	841	943	1,037	864	1,350	32 Personal computers (a)
1,104	889	927	745	740	1,060	33 TV
183	131	116	171	166	210	34 Video recorders (DVD or Blu-ray recorder, player, etc.)
110	86	83	147	135	300	35 Video game hardware (excluding software)
172	102	126	153	121	165	36 Cameras (including lenses only, excluding disposable cameras)
13	17	25	46	25	30	37 Video cameras
						Housing
6,833	7,226	7,314	7,506	8,501	8,348	38 House-related equipping/ construction/ repair costs
2,538	1,912	2,144	2,208	2,005	3,383	39 Water supply and drainage construction costs
585	474	497	754	751	838	40 Gardens, trees and plants tending costs
						Motor cars-related costs
13,543	11,607	14,138	11,829	11,044	13,406	41 Automobiles (new)
5,068	3,599	3,604	3,646	4,975	3,543	42 Automobiles (second-hand)
695	613	623	629	647	607	43 Automotive insurance premium (compulsion)
3,113	3,188	3,369	3,316	3,174	3,304	44 Automotive insurance premium (option)
206	313	384	503	165	377	45 Motorized vehicles other than automobiles
3,668	3,263	3,637	3,472	3,550	3,375	46 Automotive maintenance and repairs
						Others
675	536	2,037	1,392	895	406	47 Wedding ceremony and reception costs
2,214	2,140	2,457	1,966	3,195	2,826	48 Funeral service costs
1,654	1,601	1,304	1,171	1,301	2,045	49 Religion-related costs
2,542	2,430	2,418	2,451	2,339	2,631	50 Remittance

(a)including tablet devices, excluding peripherals and software

時系列表　特定の財（商品）・サービスの1世帯当たり
Time Series Table　Monthly Expenditure per Household

2022年

項　　目	年平均 2022 Average	1月 Jan.	2月 Feb.	3月 Mar.	4月 Apr.	5月 May	6月 Jun.
世帯数分布（抽出率調整）	10,000	10,000	10,000	10,000	10,000	10,000	10,000
集計世帯数	19,797	19,662	19,693	19,696	19,775	19,829	19,686
世帯人員（人）	2.92	2.93	2.93	2.93	2.92	2.92	2.92
有業人員（人）	1.49	1.50	1.50	1.49	1.49	1.50	1.49
世帯主の年齢（歳）	60.8	60.4	60.5	60.6	60.5	60.6	60.7
通信							
01　スマートフォン・携帯電話などの通信、通話使用料	11,971	12,210	12,178	11,983	11,979	12,033	11,920
02　インターネット接続料	4,413	4,462	4,400	4,409	4,433	4,442	4,365
03　スマートフォン・携帯電話の本体価格	1,480	1,663	1,392	1,795	1,505	1,340	1,126
旅行関係							
04　航空運賃	754	359	394	638	630	872	906
05　宿泊料	2,484	1,732	1,125	2,013	2,298	2,751	2,322
06　パック旅行費（国内）	1,472	604	521	1,185	1,136	1,580	1,799
07　パック旅行費（外国）	120	111	18	4	54	86	12
教育、教養娯楽							
08　国公立授業料等（幼稚園～大学、専修学校）	1,777	982	852	2,014	3,044	3,438	1,393
09　私立授業料等（幼稚園～大学、専修学校）	7,746	4,146	6,003	10,181	23,089	6,756	2,888
10　補習教育費	3,662	3,598	3,403	4,190	3,931	3,324	3,383
11　自動車教習料	596	961	723	573	420	490	500
12　スポーツ施設使用料	1,014	1,002	887	973	1,073	1,066	1,030
衣類等							
13　背広服	484	503	516	980	477	433	399
14　婦人用スーツ・ワンピース	549	470	602	812	611	440	515
15　和服	255	209	244	294	235	188	300
16　腕時計	373	317	387	370	231	364	543
17　装身具（アクセサリー類）	475	405	327	514	483	503	443
医療							
18　出産入院料	226	205	131	261	116	322	431
19　出産以外の入院料	1,869	1,678	1,735	1,729	1,962	1,826	2,038
家具等							
20　たんす	108	113	98	126	119	113	93
21　ベッド	261	396	298	292	251	164	197
22　布団	360	385	244	360	255	325	285
23　机・いす（事務用・学習用）	178	224	224	266	203	181	151
24　食器戸棚	119	114	110	111	169	162	63
25　食卓セット	162	173	109	109	193	155	190
26　応接セット	223	214	200	202	155	305	183
27　楽器（部品を含む）	162	183	145	201	227	230	173
家電等							
28　冷蔵庫	848	700	671	876	697	535	908
29　掃除機	366	434	316	375	327	291	307
30　洗濯機	742	790	591	922	804	795	781
31　エアコン	1,587	943	747	1,071	1,382	2,046	3,309
32　パソコン（ﾀﾌﾞﾚｯﾄ型を含む。周辺機器・ｿﾌﾄは除く）	1,136	1,239	1,116	2,257	1,382	809	853
33　テレビ	791	971	601	936	607	701	702
34　ビデオデッキ	132	204	116	146	106	132	105
35　ゲーム機（ソフトは除く）	132	191	104	89	95	74	79
36　カメラ（交換ﾚﾝｽﾞのみを含む。使い捨てのｶﾒﾗは除く）	130	141	117	154	159	81	132
37　ビデオカメラ	25	31	9	36	6	23	25
住宅関係							
38　家屋に関する設備費・工事費・修理費	7,353	4,757	4,444	5,691	7,620	7,233	8,603
39　給排水関係工事費	2,268	1,577	1,706	2,007	2,255	2,116	2,631
40　庭・植木の手入れ代	520	319	250	395	413	478	447
自動車等関係							
41　自動車（新車）	12,931	14,163	13,696	17,170	10,619	8,500	11,223
42　自動車（中古車）	3,923	4,038	4,530	5,447	2,978	4,060	3,223
43　自動車保険料（自賠責）	673	667	728	869	587	687	639
44　自動車保険料（任意）	3,332	3,181	3,248	3,789	4,007	4,000	3,245
45　自動車以外の原動機付輸送機器	301	262	162	515	311	300	380
46　自動車整備費	3,684	3,554	3,816	4,317	3,422	3,209	3,614
その他							
47　挙式・披露宴費用	629	313	357	357	671	1,241	357
48　葬儀・法事費用	2,476	3,136	2,188	2,546	2,240	2,700	2,218
49　信仰関係費	1,136	1,119	1,001	814	1,322	707	1,018
50　仕送り金	2,149	2,411	1,973	2,268	2,415	2,121	2,128

1か月間の支出（二人以上の世帯）（続き）
(Two-or-more-person Households) — Continued

単位　円　In Yen

7月 Jul.	8月 Aug.	9月 Sep.	10月 Oct.	11月 Nov.	12月 Dec.	Item
10,000	10,000	10,000	10,000	10,000	10,000	Distribution of households
19,767	19,920	20,035	19,930	19,845	19,731	Number of tabulated households
2.91	2.91	2.91	2.91	2.91	2.91	Number of persons per household (persons)
1.49	1.49	1.49	1.49	1.49	1.49	Number of earners per household (persons)
60.8	60.8	60.9	61.2	61.4	61.3	Age of household head (years old)
						Communication
11,839	11,917	11,876	11,980	11,921	11,816	01 Mobile telephones charges
4,418	4,392	4,434	4,406	4,412	4,382	02 Internet connection charges
1,382	908	1,583	2,110	1,421	1,538	03 Mobile telephones unit prices
						Travel-related costs
1,150	891	862	763	811	775	04 Airplane fares
2,622	4,052	2,694	2,775	2,799	2,625	05 Accommodation services
1,892	1,802	1,463	2,056	2,083	1,543	06 Package tour costs (domestic)
153	136	117	268	170	312	07 Package tour costs (overseas)
						Education, Culture and recreation
1,043	1,046	1,343	2,505	2,463	1,197	08 Tuition (kindergarten-university) (public)
2,609	3,500	12,022	11,581	4,530	5,642	09 Tuition (kindergarten-university) (private)
3,872	4,051	3,603	3,419	3,261	3,910	10 Tutorial fees
601	684	529	503	483	682	11 Lesson fees, driving school
1,031	999	1,018	1,055	984	1,049	12 Rental fees for sports facilities
						Clothing
320	299	335	544	508	497	13 Men's suits
548	486	472	550	535	542	14 Women's one-piece dresses and suits
176	334	516	148	193	217	15 Japanese clothing
480	422	300	379	281	397	16 Wrist watches
509	470	522	399	505	620	17 Accessories
						Medical care
212	141	225	148	168	349	18 Delivery fees
1,803	1,831	1,833	1,961	1,847	2,189	19 Hospital charges (excluding delivery)
						Furniture, etc.
100	104	73	115	69	170	20 Chests of drawers
187	185	291	338	262	270	21 Beds
328	242	304	565	468	564	22 Quilts
170	124	131	128	117	214	23 Desks and chairs (for work or study)
88	60	147	133	119	153	24 Sideboards
142	149	217	159	193	159	25 Dining tables and chairs
257	243	193	269	168	291	26 Drawing room suites
118	106	67	89	172	237	27 Musical instruments (including parts of instruments)
						Home electric appliances, etc.
1,367	1,177	1,103	701	588	857	28 Refrigerators
344	370	372	287	410	557	29 Vacuum cleaners
762	759	754	609	574	762	30 Washing machines
3,353	2,349	1,120	834	853	1,035	31 Air conditioners
1,055	832	969	920	953	1,251	32 Personal computers (a)
764	816	841	716	833	1,004	33 TV
125	109	100	129	144	172	34 Video recorders (DVD or Blu-ray recorder, player, etc.)
92	134	129	132	187	282	35 Video game hardware (excluding software)
142	126	113	99	102	189	36 Cameras (including lenses only, excluding disposable cameras)
29	31	49	27	27	10	37 Video cameras
						Housing
7,561	7,290	7,378	9,675	8,395	9,585	38 House-related equipping/ construction/ repair costs
2,091	2,467	2,136	2,573	2,768	2,885	39 Water supply and drainage construction costs
515	556	511	698	796	864	40 Gardens, trees and plants tending costs
						Motor cars-related costs
13,402	9,877	13,930	13,037	14,353	15,198	41 Automobiles (new)
4,112	4,096	4,657	3,619	3,290	3,025	42 Automobiles (second-hand)
696	600	700	633	651	624	43 Automotive insurance premium (compulsion)
3,249	3,103	3,179	3,153	2,805	3,029	44 Automotive insurance premium (option)
248	261	468	258	290	161	45 Motorized vehicles other than automobiles
3,695	3,335	3,980	3,468	3,812	3,990	46 Automotive maintenance and repairs
						Others
1,007	224	1,227	517	840	433	47 Wedding ceremony and reception costs
1,722	2,147	2,324	2,744	2,950	2,800	48 Funeral service costs
1,502	1,421	1,056	1,135	904	1,634	49 Religion-related costs
2,204	2,122	2,040	2,166	1,938	2,007	50 Remittance

(a) including tablet devices, excluding peripherals and software

時系列表　特定の財（商品）・サービスの1世帯当たり
Time Series Table　Monthly Expenditure per Household

2023年

項　目	年平均 2023 Average	1月 Jan.	2月 Feb.	3月 Mar.	4月 Apr.	5月 May	6月 Jun.
世帯数分布（抽出率調整）	10,000	10,000	10,000	10,000	10,000	10,000	10,000
集計世帯数	19,446	19,832	19,791	19,600	19,506	19,409	19,491
世帯人員（人）	2.90	2.91	2.91	2.91	2.91	2.90	2.90
有業人員（人）	1.50	1.49	1.49	1.49	1.50	1.50	1.50
世帯主の年齢（歳）	61.2	61.3	61.4	61.3	61.2	61.1	61.1
通信							
01　スマートフォン・携帯電話などの通信、通話使用料	11,600	11,870	11,710	11,551	11,608	11,597	11,613
02　インターネット接続料	4,282	4,437	4,324	4,307	4,267	4,262	4,177
03　スマートフォン・携帯電話の本体価格	1,721	1,601	1,517	2,114	1,452	1,296	1,370
旅行関係							
04　航空運賃	1,265	758	1,011	1,175	1,179	1,375	1,392
05　宿泊料	3,384	2,281	2,621	3,438	2,809	3,655	2,678
06　パック旅行費（国内）	2,026	1,301	1,815	2,549	2,076	2,025	2,219
07　パック旅行費（外国）	710	562	524	354	667	1,024	593
教育、教養娯楽							
08　国公立授業料等（幼稚園～大学、専修学校）	1,796	919	821	1,918	3,201	3,482	1,602
09　私立授業料等（幼稚園～大学、専修学校）	7,920	4,442	5,340	11,195	22,761	7,936	3,351
10　補習教育費	3,638	3,270	3,110	4,048	3,741	3,261	3,281
11　自動車教習料	638	745	1,141	710	378	419	522
12　スポーツ施設使用料	1,052	941	911	1,015	1,019	1,052	1,041
衣類等							
13　背広服	584	587	548	1,141	640	617	579
14　婦人用スーツ・ワンピース	622	610	644	1,111	597	535	564
15　和服	263	163	183	139	294	346	264
16　腕時計	307	321	198	308	378	360	211
17　装身具（アクセサリー類）	470	446	384	578	444	375	234
医療							
18　出産入院料	243	231	322	362	168	166	350
19　出産以外の入院料	1,872	1,567	1,758	1,828	1,938	2,002	1,685
家具等							
20　たんす	96	114	79	122	109	82	97
21　ベッド	282	326	242	383	288	224	230
22　布団	351	357	231	346	237	254	379
23　机・いす（事務用・学習用）	151	172	156	229	180	165	166
24　食器戸棚	97	106	60	113	109	102	162
25　食卓セット	149	162	128	143	130	193	159
26　応接セット	187	271	103	92	218	167	150
27　楽器（部品を含む）	173	178	111	162	157	276	202
家電等							
28　冷蔵庫	870	932	668	858	683	695	997
29　掃除機	325	418	269	324	242	221	246
30　洗濯機	782	967	716	914	788	718	657
31　エアコン	1,647	810	718	897	1,204	1,889	2,476
32　パソコン（タブレット型を含む。周辺機器・ソフトは除く）	1,133	1,496	1,344	2,413	1,261	921	843
33　テレビ	744	906	542	846	647	559	671
34　ビデオデッキ	123	130	97	145	85	100	132
35　ゲーム機（ソフトは除く）	125	217	200	119	94	74	82
36　カメラ（交換レンズのみを含む。使い捨てのカメラは除く）	128	82	111	108	134	162	141
37　ビデオカメラ	24	23	12	21	14	17	40
住宅関係							
38　家屋に関する設備費・工事費・修理費	7,400	5,146	5,222	6,975	7,918	7,078	8,282
39　給排水関係工事費	2,371	2,164	2,626	2,420	2,397	2,584	2,033
40　庭・植木の手入れ代	451	392	204	320	377	365	450
自動車等関係							
41　自動車（新車）	13,704	10,370	12,641	17,985	16,879	11,558	14,752
42　自動車（中古車）	4,372	3,989	3,351	5,052	5,155	4,144	4,362
43　自動車保険料（自賠責）	634	660	720	906	662	747	644
44　自動車保険料（任意）	3,136	2,966	3,123	3,759	3,673	4,023	3,339
45　自動車以外の原動機付輸送機器	302	83	241	388	291	295	436
46　自動車整備費	3,584	3,689	3,734	4,767	3,375	3,491	3,453
その他							
47　挙式・披露宴費用	595	702	170	359	516	470	439
48　葬儀・法事費用	2,746	2,866	2,875	3,641	2,775	2,048	1,954
49　信仰関係費	1,137	1,024	691	1,291	1,299	886	1,199
50　仕送り金	2,278	2,029	1,990	2,373	2,506	2,269	2,311

1か月間の支出（二人以上の世帯）（続き）
(Two-or-more-person Households) — Continued

単位　円　In Yen

7月 Jul.	8月 Aug.	9月 Sep.	10月 Oct.	11月 Nov.	12月 Dec.	Item
10,000	10,000	10,000	10,000	10,000	10,000	Distribution of households
19,026	19,404	19,404	19,408	19,318	19,160	Number of tabulated households
2.90	2.90	2.90	2.90	2.90	2.90	Number of persons per household (persons)
1.51	1.51	1.51	1.51	1.51	1.51	Number of earners per household (persons)
61.1	61.1	61.2	61.1	61.1	61.1	Age of household head (years old)
						Communication
11,440	11,549	11,546	11,611	11,597	11,503	01 Mobile telephones charges
4,214	4,227	4,258	4,270	4,300	4,338	02 Internet connection charges
1,345	1,457	2,182	2,289	1,898	2,132	03 Mobile telephones unit prices
						Travel-related costs
1,673	1,433	1,266	1,283	1,207	1,429	04 Airplane fares
3,833	5,843	3,117	3,403	3,477	3,449	05 Accommodation services
2,183	2,319	2,253	2,165	2,016	1,387	06 Package tour costs (domestic)
604	682	980	865	983	678	07 Package tour costs (overseas)
						Education, Culture and recreation
961	960	1,070	2,767	2,750	1,102	08 Tuition (kindergarten-university) (public)
2,762	3,347	11,628	12,680	4,456	5,141	09 Tuition (kindergarten-university) (private)
3,804	3,999	3,251	3,622	3,843	4,424	10 Tutorial fees
666	662	518	516	608	775	11 Lesson fees, driving school
1,052	1,037	1,096	1,148	1,146	1,167	12 Rental fees for sports facilities
						Clothing
415	373	391	524	626	561	13 Men's suits
557	581	489	621	599	551	14 Women's one-piece dresses and suits
310	288	263	269	318	313	15 Japanese clothing
234	295	241	342	381	410	16 Wrist watches
431	442	553	543	521	690	17 Accessories
						Medical care
275	221	283	248	112	182	18 Delivery fees
1,931	2,152	1,864	1,919	1,893	1,921	19 Hospital charges (excluding delivery)
						Furniture, etc.
79	79	82	83	108	123	20 Chests of drawers
295	194	234	399	355	214	21 Beds
353	246	238	517	484	564	22 Quilts
127	102	133	96	143	143	23 Desks and chairs (for work or study)
60	89	81	57	107	116	24 Sideboards
108	125	82	198	168	191	25 Dining tables and chairs
224	150	260	192	154	259	26 Drawing room suites
125	187	157	154	231	139	27 Musical instruments (including parts of instruments)
						Home electric appliances, etc.
1,277	1,269	1,069	554	623	816	28 Refrigerators
319	349	351	343	375	447	29 Vacuum cleaners
987	758	780	675	677	751	30 Washing machines
4,157	2,795	1,862	897	1,002	1,054	31 Air conditioners
907	814	746	878	883	1,091	32 Personal computers (a)
850	748	764	594	847	951	33 TV
145	104	78	112	156	186	34 Video recorders (DVD or Blu-ray recorder, player, etc.)
78	56	70	93	160	252	35 Video game hardware (excluding software)
125	130	177	145	99	119	36 Cameras (including lenses only, excluding disposable cameras)
38	16	15	26	33	30	37 Video cameras
						Housing
8,478	7,010	7,371	7,631	8,299	9,388	38 House-related equipping/ construction/ repair costs
1,963	2,477	2,174	2,918	2,152	2,549	39 Water supply and drainage construction costs
512	421	420	563	651	740	40 Gardens, trees and plants tending costs
						Motor cars-related costs
14,190	10,821	12,326	15,177	14,729	13,017	41 Automobiles (new)
6,187	4,394	3,869	4,083	3,791	4,085	42 Automobiles (second-hand)
612	481	591	552	530	507	43 Automotive insurance premium (compulsion)
3,005	2,729	2,760	2,673	2,738	2,847	44 Automotive insurance premium (option)
373	487	290	256	284	198	45 Motorized vehicles other than automobiles
3,377	3,222	3,548	3,574	3,412	3,367	46 Automotive maintenance and repairs
						Others
602	705	870	895	833	581	47 Wedding ceremony and reception costs
2,512	2,459	2,407	3,200	3,250	2,959	48 Funeral service costs
959	1,726	824	1,112	1,272	1,366	49 Religion-related costs
2,133	2,009	2,448	2,220	2,365	2,686	50 Remittance

(a) including tablet devices, excluding peripherals and software

2023年平均
2023 Average

項　　目	全国	地方						
		北海道	東北	関東	北陸	東海	近畿	中国
	All Japan	Hokkaido	Tohoku	Kanto	Hokuriku	Tokai	Kinki	Chugoku
世帯数分布（抽出率調整）	10,000	438	738	3,721	404	1,176	1,541	595
集計世帯数	21,512	1,029	1,717	7,184	970	2,526	3,436	1,397
世帯人員（人）	2.20	2.02	2.14	2.18	2.26	2.27	2.26	2.15
有業人員（人）	1.17	1.07	1.13	1.20	1.25	1.20	1.13	1.13
世帯主の年齢（歳）	59.8	60.7	59.6	57.5	60.2	60.9	61.9	60.6
インターネットを利用した支出総額（22品目計）	20,132	14,566	15,482	26,023	14,477	17,982	19,974	14,248
贈答用								
51　贈答品	769	574	600	955	454	559	857	578
自宅用								
自宅用計	19,363	13,993	14,882	25,068	14,024	17,423	19,117	13,670
52〜54計（食料）	4,096	3,375	2,973	5,427	2,488	3,750	4,193	2,427
52　食料品	2,796	2,294	1,997	3,643	1,631	2,709	2,910	1,655
53　飲料	744	700	558	985	593	574	738	520
54　出前	556	380	417	799	264	468	545	252
55　家電	1,182	687	1,164	1,513	1,089	1,231	1,106	791
56　家具	405	231	283	568	227	307	381	258
57〜59計（衣類・履物）	1,935	1,485	1,716	2,322	1,616	1,800	1,971	1,723
57　紳士用衣類	527	421	512	655	535	445	440	596
58　婦人用衣類	955	702	824	1,117	701	947	1,053	792
59　履物・その他の衣類	453	362	379	551	381	409	478	336
60〜61計（保健・医療）	879	563	687	1,015	641	907	928	815
60　医薬品	233	152	230	292	140	197	234	209
61　健康食品	646	411	458	723	501	710	695	606
62　化粧品	701	479	576	770	478	840	767	533
63　自動車等関係用品	376	357	333	399	355	405	293	412
64　書籍	399	201	304	516	230	342	375	366
65　音楽・映像ソフト、パソコン用ソフト、ゲームソフト	451	339	374	658	292	347	371	303
66〜67計（デジタルコンテンツ）	651	414	522	972	525	565	506	350
66　電子書籍	280	124	178	433	295	217	211	148
67　ダウンロード版の音楽・映像、アプリなど	371	289	343	540	230	349	295	202
68　保険	809	618	632	946	584	774	897	653
69〜70計（旅行関係費）	3,691	2,758	2,662	4,921	2,429	2,791	3,666	2,396
69　宿泊料、運賃、パック旅行費（インターネット上での決済）	2,829	2,109	2,081	3,852	1,721	2,092	2,634	1,681
70　宿泊料、運賃、パック旅行費（上記以外の決済）	862	649	581	1,068	708	699	1,033	715
71　チケット	868	515	400	1,301	486	727	873	447
72　上記に当てはまらない商品・サービス	2,921	1,971	2,257	3,738	2,584	2,637	2,790	2,199
(参考)								
インターネットを通じて注文をした世帯数	10,691	445	717	4,093	443	1,224	1,768	628
インターネットを通じて注文をした世帯（1万分比）	4,909	184	310	2,131	169	536	759	256
インターネットを通じて注文をした世帯当たりの支出総額	40,917	34,678	36,585	45,365	34,701	39,445	40,468	33,081

（注）
1　地方
・北海道
・東北（青森県、岩手県、宮城県、秋田県、山形県、福島県）
・関東（茨城県、栃木県、群馬県、埼玉県、千葉県、東京都、神奈川県、山梨県、長野県）
・北陸（新潟県、富山県、石川県、福井県）
・東海（岐阜県、静岡県、愛知県、三重県）
・近畿（滋賀県、京都府、大阪府、兵庫県、奈良県、和歌山県）
・中国（鳥取県、島根県、岡山県、広島県、山口県）
・四国（徳島県、香川県、愛媛県、高知県）
・九州・沖縄（福岡県、佐賀県、長崎県、熊本県、大分県、宮崎県、鹿児島県、沖縄県）
2　都市階級
・大都市（政令指定都市及び東京都区部）
・中都市（大都市を除く人口15万以上の市）
・小都市A（人口5万以上15万未満の市）
・小都市B（人口5万未満の市）
・町村

単位 円　In Yen

Districts 四国 Shikoku	九州・沖縄 Kyushu & Okinawa	都市階級 City Groups 大都市 Major cities	中都市 Middle cities	小都市A Small cities A	小都市B・町村 Small cities B, Towns & villages	Item
289	1,099	3,049	3,091	2,325	1,535	Distribution of households
711	2,542	5,675	6,807	5,335	3,695	Number of tabulated households
2.18	2.23	2.20	2.21	2.20	2.20	Number of persons per household (persons)
1.11	1.15	1.21	1.15	1.14	1.17	Number of earners per household (persons)
62.2	61.9	57.6	60.0	60.9	62.0	Age of household head (years old)
14,352	14,788	27,053	19,628	16,530	12,842	Total expenditure on goods and services ordered over the Internet(22 items)
						For gift
549	704	947	765	707	515	51 gift items
						For home
13,803	14,084	26,105	18,863	15,824	12,327	Total expenditure for home
2,648	2,729	5,684	3,930	3,237	2,565	52-54 Total (Food)
1,902	1,873	3,736	2,734	2,289	1,817	52 Foods
458	505	1,088	698	525	480	53 Beverages
289	351	861	499	422	269	54 Deliveries
723	685	1,541	1,250	942	696	55 Home electronics
255	325	598	363	318	242	56 Furniture
1,573	1,370	2,480	1,895	1,589	1,457	57-59 Total (Clothing, footwear)
376	347	656	514	421	456	57 Men's clothing
843	682	1,247	947	768	672	58 Women's clothing
354	341	577	433	400	329	59 Footwear and other clothing
841	704	1,063	859	807	661	60-61 Total (Medical care)
159	170	299	218	212	162	60 Medicines
682	534	763	641	596	499	61 Health foods
683	578	781	754	641	528	62 Cosmetics
261	435	325	366	419	428	63 Private transportation
303	344	498	406	365	239	64 Books and other reading materials
256	258	675	361	388	284	65 Software (music, video, personal computer, TV game)
425	303	939	630	489	365	66-67 Total (Digital contents)
250	128	448	244	180	173	66 Digital books
175	175	492	386	309	193	67 Download music, video, applications
703	656	975	792	734	629	68 Insurance
2,228	3,134	5,576	3,424	2,699	1,985	69-70 Total (Travel-related costs)
1,745	2,529	4,308	2,648	2,036	1,454	69 Accommodation services, fares, package tours(payment on the Internet)
482	605	1,268	776	662	531	70 Accommodation services, fares, package tours(payment on-site)
432	472	1,325	809	681	360	71 Tickets
2,472	2,091	3,646	3,024	2,516	1,888	72 Other goods and services
						(Reference)
317	1,057	3,299	3,486	2,434	1,472	Number of households ordering over the Internet
123	441	1,786	1,545	1,015	564	(a)
33,521	36,761	46,146	39,183	37,739	34,874	(b)

Notes:
1. Districts
- Hokkaido
- Tohoku (Aomori-ken, Iwate-ken, Miyagi-ken, Akita-ken, Yamagata-ken, Fukushima-ken)
- Kanto (Ibaraki-ken, Tochigi-ken, Gumma-ken, Saitama-ken, Chiba-ken, Tokyo-to, Kanagawa-ken, Yamanashi-ken, Nagano-ken)
- Hokuriku (Niigata-ken, Toyama-ken, Ishikawa-ken, Fukui-ken)
- Tokai (Gifu-ken, Shizuoka-ken, Aichi-ken, Mie-ken)
- Kinki (Shiga-ken, Kyoto-fu, Osaka-fu, Hyogo-ken, Nara-ken, Wakayama-ken)
- Chugoku (Tottori-ken, Shimane-ken, Okayama-ken, Hiroshima-ken, Yamaguchi-ken)
- Shikoku (Tokushima-ken, Kagawa-ken, Ehime-ken, Kochi-ken)
- Kyushu&Okinawa (Fukuoka-ken, Saga-ken, Nagasaki-ken, Kumamoto-ken, Oita-ken, Miyazaki-ken, Kagoshima-ken, Okinawa-ken)
2. City groups
- Major cities (Designated cities under article 252-19 of the Local Autonomy Law and Ku-area of Tokyo)
- Middle cities (Population of 150,000 or more, excluding Major cities)
- Small cities A (Population of 50,000 or more but less than 150,000)
- Small cities B (Population of less than 50,000)
- Towns and villages

(a) Distribution of households ordering over the Internet(rate to the Whole = 10,000)
(b) Total expenditure per household by on goods and services ordered over the Internet

2023年平均
2023 Average

項　　目	全国	地方						
		北海道	東北	関東	北陸	東海	近畿	中国
	All Japan	Hokkaido	Tohoku	Kanto	Hokuriku	Tokai	Kinki	Chugoku
世帯数分布（抽出率調整）	10,000	419	666	3,702	393	1,190	1,654	571
集計世帯数	19,446	920	1,540	6,537	883	2,265	3,118	1,255
世帯人員（人）	2.90	2.70	3.01	2.88	3.05	2.98	2.86	2.90
有業人員（人）	1.50	1.40	1.55	1.51	1.63	1.57	1.43	1.51
世帯主の年齢（歳）	61.2	60.9	62.1	60.6	61.8	60.8	61.7	61.6
インターネットを利用した支出総額（２２品目計）	23,021	17,620	16,554	29,423	17,368	20,361	22,877	16,950
贈答用								
５１　贈答品	891	653	742	1,094	568	709	919	649
自宅用								
自宅用計	22,130	16,967	15,812	28,329	16,800	19,652	21,958	16,301
５２～５４計（食料）	4,911	3,821	3,355	6,629	3,042	4,019	5,085	2,964
５２　食料品	3,419	2,632	2,273	4,595	2,153	2,864	3,607	2,051
５３　飲料	878	753	694	1,180	593	650	865	601
５４　出前	614	436	388	854	297	505	613	311
５５　家電	1,252	785	882	1,544	1,193	1,190	1,265	968
５６　家具	458	347	398	554	332	436	451	355
５７～５９計（衣類・履物）	2,393	1,954	1,860	2,873	2,059	2,329	2,419	1,919
５７　紳士用衣類	595	486	521	718	522	571	587	415
５８　婦人用衣類	1,200	948	908	1,447	998	1,174	1,230	1,011
５９　履物・その他の衣類	599	520	431	708	538	584	602	494
６０～６１計（保健・医療）	1,035	744	810	1,214	850	1,010	1,071	882
６０　医薬品	272	211	209	345	198	229	267	194
６１　健康食品	763	533	601	870	652	781	803	688
６２　化粧品	847	653	606	981	626	898	881	696
６３　自動車等関係用品	459	475	489	474	437	531	406	529
６４　書籍	413	239	310	559	327	328	398	295
６５　音楽・映像ソフト、パソコン用ソフト、ゲームソフト	393	297	316	520	385	325	357	296
６６～６７計（デジタルコンテンツ）	444	270	293	637	397	329	399	276
６６　電子書籍	210	117	140	312	164	157	176	112
６７　ダウンロード版の音楽・映像、アプリなど	234	153	152	325	233	172	223	164
６８　保険	1,012	815	814	1,203	649	1,000	1,090	670
６９～７０計（旅行関係費）	4,498	3,559	2,607	6,040	2,981	3,624	4,308	3,361
６９　宿泊料、運賃、パック旅行費（インターネット上での決済）	3,377	2,749	1,860	4,592	1,993	2,671	3,097	2,537
７０　宿泊料、運賃、パック旅行費（上記以外の決済）	1,121	810	747	1,448	988	953	1,211	824
７１　チケット	950	593	517	1,331	670	868	977	624
７２　上記に当てはまらない商品・サービス	3,065	2,415	2,556	3,771	2,853	2,766	2,852	2,467
（参考）								
インターネットを通じて注文をした世帯数	10,072	416	669	3,858	422	1,156	1,670	590
インターネットを通じて注文をした世帯（１万分比）	5,353	194	296	2,237	188	620	907	273
インターネットを通じて注文をした世帯当たりの支出総額	42,937	37,858	37,058	48,623	36,139	39,009	41,670	35,420

単位　円　In Yen

Districts 四国 Shikoku	九州・沖縄 Kyushu & Okinawa	都市階級 City Groups 大都市 Major cities	中都市 Middle cities	小都市Ａ Small cities A	小都市Ｂ・町村 Small cities B, Towns & villages	Item
292	1,115	3,097	3,132	2,281	1,491	Distribution of households
640	2,288	5,135	6,169	4,816	3,326	Number of tabulated households
2.84	2.92	2.87	2.89	2.93	2.95	Number of persons per household (persons)
1.47	1.48	1.51	1.48	1.50	1.55	Number of earners per household (persons)
61.6	61.8	60.0	61.1	61.8	62.9	Age of household head (years old)
17,122	17,345	29,762	22,439	19,250	16,006	Total expenditure on goods and services ordered over the Internet(22 items)
						For gift
727	829	1,105	865	771	684	51 gift items
						For home
16,395	16,516	28,657	21,574	18,479	15,322	Total expenditure for home
3,043	3,385	6,623	4,722	3,971	3,189	52-54 Total (Food)
2,025	2,319	4,475	3,358	2,829	2,258	52 Foods
595	611	1,238	810	662	603	53 Beverages
423	455	911	554	480	329	54 Deliveries
1,037	944	1,419	1,339	1,144	886	55 Home electronics
272	394	570	456	383	343	56 Furniture
2,148	1,741	3,113	2,250	2,002	1,797	57-59 Total (Clothing,footwear)
555	440	749	548	525	482	57 Men's clothing
1,106	822	1,604	1,136	960	860	58 Women's clothing
488	478	760	566	518	455	59 Footwear and other clothing
855	845	1,226	1,021	945	804	60-61 Total (Medical care)
221	220	336	261	242	208	60 Medicines
634	625	890	760	704	596	61 Health foods
756	692	999	866	723	679	62 Cosmetics
315	395	423	444	465	553	63 Private transportation
360	276	539	384	378	268	64 Books and other reading materials
274	266	464	374	375	315	65 Software (music, video, personal computer, TV game)
355	273	598	420	372	283	66-67 Total (Digital contents)
167	128	289	199	172	126	66 Digital books
188	145	310	222	200	157	67 Download music, video, applications
893	805	1,159	1,029	918	815	68 Insurance
2,915	3,606	6,521	4,295	3,312	2,534	69-70 Total (Travel-related costs)
2,248	2,867	4,961	3,233	2,442	1,818	69 Accommodation services, fares, package tours(payment on the Internet)
667	739	1,560	1,062	871	716	70 Accommodation services, fares, package tours(payment on-site)
448	518	1,338	929	748	495	71 Tickets
2,722	2,376	3,665	3,044	2,743	2,360	72 Other goods and services
						(Reference)
298	992	3,093	3,286	2,297	1,395	Number of households ordering over the Internet
137	500	1,905	1,699	1,112	636	(a)
36,397	38,591	48,325	41,264	39,413	37,433	(b)

(a) Distribution of households ordering over the Internet(rate to the Whole = 10,000)
(b) Total expenditure per household by on goods and services ordered over the Internet

2023年平均
2023 Average

項　目	平均 Average	〜29歳 years old	30〜39歳 years old	40〜49歳 years old	50〜59歳 years old	60〜69歳 years old
世帯数分布（抽出率調整）	10,000	538	773	1,250	1,930	2,194
集計世帯数	21,512	171	1,266	2,956	4,151	5,332
世帯人員（人）	2.20	1.16	2.43	3.10	2.45	2.14
有業人員（人）	1.17	1.02	1.38	1.64	1.65	1.30
世帯主の年齢（歳）	59.8	25.8	34.6	45.2	54.6	64.8
インターネットを利用した支出総額（22品目計）	20,132	29,986	32,983	29,058	25,646	19,908
贈答用						
51　贈答品	769	872	1,174	902	838	859
自宅用						
自宅用計	19,363	29,114	31,810	28,156	24,808	19,049
52〜54計（食料）	4,096	5,075	5,863	5,839	4,898	3,967
52　食料品	2,796	2,809	3,617	3,886	3,342	2,787
53　飲料	744	906	960	1,037	990	784
54　出前	556	1,360	1,285	917	566	396
55　家電	1,182	2,259	2,218	1,666	1,507	1,012
56　家具	405	967	785	646	434	351
57〜59計（衣類・履物）	1,935	2,293	2,890	3,650	2,771	1,743
57　紳士用衣類	527	646	821	950	816	469
58　婦人用衣類	955	1,239	1,077	1,674	1,407	930
59　履物・その他の衣類	453	408	992	1,026	548	344
60〜61計（保健・医療）	879	729	677	952	1,067	1,124
60　医薬品	233	323	260	300	267	258
61　健康食品	646	406	417	652	800	866
62　化粧品	701	1,139	787	1,065	918	748
63　自動車等関係用品	376	134	443	593	624	433
64　書籍	399	578	660	624	516	362
65　音楽・映像ソフト、パソコン用ソフト、ゲームソフト	451	1,500	781	596	613	346
66〜67計（デジタルコンテンツ）	651	1,954	2,429	1,017	665	315
66　電子書籍	280	599	1,061	496	304	133
67　ダウンロード版の音楽・映像、アプリなど	371	1,355	1,368	521	361	182
68　保険	809	524	1,229	1,271	1,036	837
69〜70計（旅行関係費）	3,691	3,495	6,101	4,963	4,785	4,342
69　宿泊料、運賃、パック旅行費（インターネット上での決済）	2,829	3,181	5,367	3,831	3,628	3,124
70　宿泊料、運賃、パック旅行費（上記以外の決済）	862	314	734	1,132	1,157	1,218
71　チケット	868	1,655	1,401	1,179	1,332	831
72　上記に当てはまらない商品・サービス	2,921	6,812	5,547	4,093	3,642	2,641
(参考)						
インターネットを通じて注文をした世帯数	10,691	119	941	2,121	2,713	2,734
インターネットを通じて注文をした世帯（1万分比）	4,909	403	578	884	1,194	1,065
インターネットを通じて注文をした世帯当たりの支出総額	40,917	39,936	44,118	41,060	41,399	40,902

を利用した１世帯当たり１か月間の支出（総世帯）
the Internet per Household by Age Group of Household Head (Total Households)

単位　円　In Yen

70～79歳	80歳～	Item
years old	years old	
2,500	815	Distribution of households
5,767	1,868	Number of tabulated households
1.88	1.87	Number of persons per household (persons)
0.67	0.39	Number of earners per household (persons)
74.0	83.6	Age of household head (years old)
9,920	6,595	Total expenditure on goods and services ordered over the Internet(22 items)
		For gift
540	413	51 gift items
		For home
9,380	6,182	Total expenditure for home
2,587	2,213	52-54 Total (Food)
1,952	1,691	52 Foods
413	302	53 Beverages
223	221	54 Deliveries
561	309	55 Home electronics
166	105	56 Furniture
725	425	57-59 Total (Clothing,footwear)
164	108	57 Men's clothing
407	234	58 Women's clothing
154	83	59 Footwear and other clothing
668	601	60-61 Total (Medical care)
146	165	60 Medicines
523	436	61 Health foods
343	228	62 Cosmetics
136	126	63 Private transportation
185	158	64 Books and other reading materials
132	94	65 Software (music, video, personal computer, TV game)
109	71	66-67 Total (Digital contents)
52	41	66 Digital books
56	30	67 Download music, video, applications
468	324	68 Insurance
1,924	679	69-70 Total (Travel-related costs)
1,385	415	69 Accommodation services, fares, package tours(payment on the Internet)
540	265	70 Accommodation services, fares, package tours(payment on-site)
273	185	71 Tickets
1,103	665	72 Other goods and services
		(Reference)
1,697	367	Number of households ordering over the Internet
650	137	Distribution of households ordering over the Internet(rate to the Whole = 10,000)
38,043	39,229	Total expenditure per household by on goods and services ordered over the Internet

2023年平均
2023 Average

項　　目	平均 Average	～29歳 years old	30～39歳 years old	40～49歳 years old	50～59歳 years old	60～69歳 years old
世帯数分布（抽出率調整）	10,000	66	662	1,548	2,060	2,400
集計世帯数	19,446	122	1,203	2,843	3,885	4,787
世帯人員（人）	2.90	3.02	3.65	3.69	3.16	2.65
有業人員（人）	1.50	1.76	1.75	1.85	2.04	1.64
世帯主の年齢（歳）	61.2	27.4	35.6	45.0	54.4	64.7
インターネットを利用した支出総額（22品目計）	23,021	32,212	33,248	31,235	29,655	23,861
贈答用						
51　贈答品	891	1,480	1,264	999	971	984
自宅用						
自宅用計	22,130	30,732	31,984	30,237	28,684	22,877
52～54計（食料）	4,911	6,775	7,164	6,314	5,845	4,840
52　食料品	3,419	4,345	4,710	4,281	4,002	3,356
53　飲料	878	995	1,088	1,081	1,117	977
54　出前	614	1,435	1,367	951	725	508
55　家電	1,252	1,339	1,771	1,705	1,702	1,210
56　家具	458	705	926	705	538	448
57～59計（衣類・履物）	2,393	2,815	3,964	4,164	3,283	2,101
57　紳士用衣類	595	488	784	1,023	867	549
58　婦人用衣類	1,200	1,172	1,632	1,929	1,725	1,138
59　履物・その他の衣類	599	1,156	1,548	1,213	691	414
60～61計（保健・医療）	1,035	799	812	993	1,218	1,262
60　医薬品	272	418	290	325	313	293
61　健康食品	763	381	523	668	906	969
62　化粧品	847	888	1,134	1,207	1,107	908
63　自動車等関係用品	459	478	575	605	712	472
64　書籍	413	395	488	581	535	417
65　音楽・映像ソフト、パソコン用ソフト、ゲームソフト	393	635	588	541	569	396
66～67計（デジタルコンテンツ）	444	814	1,026	739	596	365
66　電子書籍	210	335	539	375	263	154
67　ダウンロード版の音楽・映像、アプリなど	234	478	487	364	333	212
68　保険	1,012	1,466	1,547	1,488	1,221	992
69～70計（旅行関係費）	4,498	6,655	5,316	5,615	5,917	5,319
69　宿泊料、運賃、パック旅行費（インターネット上での決済）	3,377	5,167	4,251	4,381	4,507	3,922
70　宿泊料、運賃、パック旅行費（上記以外の決済）	1,121	1,488	1,065	1,234	1,410	1,397
71　チケット	950	1,446	1,142	1,323	1,462	1,027
72　上記に当てはまらない商品・サービス	3,065	5,523	5,531	4,256	3,978	3,119
（参考）						
インターネットを通じて注文をした世帯数	10,072	82	896	2,049	2,575	2,541
インターネットを通じて注文をした世帯（1万分比）	5,353	44	499	1,131	1,389	1,307
インターネットを通じて注文をした世帯当たりの支出総額	42,937	47,843	43,985	42,705	43,966	43,730

を利用した1世帯当たり1か月間の支出（二人以上の世帯）
the Internet per Household by Age Group of Household Head (Two-or-more-person Households)

単位　円　In Yen

70～79歳 years old	80歳～ years old	Item
2,458	807	Distribution of households
4,992	1,614	Number of tabulated households
2.41	2.38	Number of persons per household (persons)
0.93	0.57	Number of earners per household (persons)
73.9	83.7	Age of household head (years old)
13,150	8,807	Total expenditure on goods and services ordered over the Internet(22 items)
		For gift
670	526	51 gift items
		For home
12,479	8,281	Total expenditure for home
3,361	2,790	52-54 Total (Food)
2,508	2,121	52 Foods
553	396	53 Beverages
301	273	54 Deliveries
759	427	55 Home electronics
213	150	56 Furniture
969	618	57-59 Total (Clothing,footwear)
238	158	57 Men's clothing
527	343	58 Women's clothing
203	117	59 Footwear and other clothing
838	777	60-61 Total (Medical care)
194	212	60 Medicines
644	565	61 Health foods
440	316	62 Cosmetics
201	185	63 Private transportation
253	200	64 Books and other reading materials
173	148	65 Software (music, video, personal computer, TV game)
154	102	66-67 Total (Digital contents)
72	61	66 Digital books
82	41	67 Download music, video, applications
595	426	68 Insurance
2,688	947	69-70 Total (Travel-related costs)
1,907	553	69 Accommodation services, fares, package tours(payment on the Internet)
781	394	70 Accommodation services, fares, package tours(payment on-site)
370	263	71 Tickets
1,468	933	72 Other goods and services
		(Reference)
1,581	348	Number of households ordering over the Internet
804	179	Distribution of households ordering over the Internet(rate to the Whole = 10,000)
40,018	39,723	Total expenditure per household by on goods and services ordered over the Internet

第１－３表　世帯主の勤めか自営かの別インターネット
Table 1-3　Monthly Expenditure on Goods and Services Ordered over the Internet

2023年平均
2023 Average

項　　目	平均 Average	就業　　Occupation			非就業 （無職） No- occupation
		雇用されて いる人 （勤労者） Employee	会社などの 役員 Corporative administrators	自営業主 ・その他 (a)	
世帯数分布（抽出率調整）	10,000	5,146	445	1,022	3,387
集計世帯数	21,512	10,780	1,098	2,429	7,204
世帯人員（人）	2.20	2.41	2.59	2.36	1.79
有業人員（人）	1.17	1.60	1.78	1.73	0.26
世帯主の年齢（歳）	59.8	51.0	58.4	62.3	72.6
インターネットを利用した支出総額（２２品目計）	20,132	25,827	31,048	19,743	10,162
贈答用					
５１　贈答品	769	889	1,405	864	470
自宅用					
自宅用計	19,363	24,938	29,644	18,880	9,691
５２～５４計（食料）	4,096	4,890	7,105	4,059	2,506
５２　食料品	2,796	3,246	4,842	2,737	1,863
５３　飲料	744	904	1,367	818	396
５４　出前	556	741	896	504	248
５５　家電	1,182	1,577	1,310	1,200	560
５６　家具	405	551	568	361	175
５７～５９計（衣類・履物）	1,935	2,614	3,344	1,885	732
５７　紳士用衣類	527	717	951	498	189
５８　婦人用衣類	955	1,263	1,660	979	386
５９　履物・その他の衣類	453	633	732	410	156
６０～６１計（保健・医療）	879	959	1,559	1,047	616
６０　医薬品	233	275	341	256	148
６１　健康食品	646	684	1,217	791	468
６２　化粧品	701	878	1,180	709	368
６３　自動車等関係用品	376	511	384	363	173
６４　書籍	399	510	484	435	207
６５　音楽・映像ソフト、パソコン用ソフト、ゲームソフト	451	608	497	501	194
６６～６７計（デジタルコンテンツ）	651	968	871	548	170
６６　電子書籍	280	435	237	182	81
６７　ダウンロード版の音楽・映像、アプリなど	371	533	635	366	90
６８　保険	809	1,023	1,167	794	443
６９～７０計（旅行関係費）	3,691	4,531	6,481	3,778	2,023
６９　宿泊料、運賃、パック旅行費（インターネット上での決済）	2,829	3,544	4,705	2,985	1,448
７０　宿泊料、運賃、パック旅行費（上記以外の決済）	862	987	1,776	793	576
７１　チケット	868	1,250	1,152	691	303
７２　上記に当てはまらない商品・サービス	2,921	4,068	3,543	2,510	1,222
(参考)					
インターネットを通じて注文をした世帯数	10,691	6,743	674	1,096	2,179
インターネットを通じて注文をした世帯（1万分比）	4,909	3,226	266	472	946
インターネットを通じて注文をした世帯当たりの支出総額	40,917	41,123	52,059	42,591	36,294

(a) Individual proprietors and others

を利用した1世帯当たり1か月間の支出（総世帯）
per Household by Occupation of Household Head (Total Households)

Item

Distribution of households
Number of tabulated households
Number of persons per household (persons)
Number of earners per household (persons)
Age of household head (years old)

Total expenditure on goods and services ordered over the Internet(22 items)
For gift
 51 gift items
For home
 Total expenditure for home
 52-54 Total (Food)
 52 Foods
 53 Beverages
 54 Deliveries
 55 Home electronics
 56 Furniture
 57-59 Total (Clothing,footwear)
 57 Men's clothing
 58 Women's clothing
 59 Footwear and other clothing
 60-61 Total (Medical care)
 60 Medicines
 61 Health foods
 62 Cosmetics
 63 Private transportation
 64 Books and other reading materials
 65 Software (music, video, personal computer, TV game)
 66-67 Total (Digital contents)
 66 Digital books
 67 Download music, video, applications
 68 Insurance
 69-70 Total (Travel-related costs)
 69 Accommodation services, fares, package tours(payment on the Internet)
 70 Accommodation services, fares, package tours(payment on-site)
 71 Tickets
 72 Other goods and services
(Reference)
 Number of households ordering over the Internet
 Distribution of households ordering over the Internet(rate to the Whole = 10,000)
 Total expenditure per household by on goods and services ordered over the Internet

2023年平均
2023 Average

項　目	平均 Average	就業　Occupation			非就業 （無職） No- occupation
		雇用されて いる人 （勤労者） Employee	会社などの 役員 Corporative administrators	自営業主 ・その他 (a)	
世帯数分布（抽出率調整）	10,000	5,311	543	1,150	2,996
集計世帯数	19,446	10,081	1,046	2,258	6,061
世帯人員（人）	2.90	3.16	3.07	2.92	2.41
有業人員（人）	1.50	1.92	2.01	2.03	0.48
世帯主の年齢（歳）	61.2	53.6	59.1	63.6	74.0
インターネットを利用した支出総額（２２品目計）	23,021	27,917	34,701	20,974	13,016
贈答用					
51　贈答品	891	980	1,555	935	594
自宅用					
自宅用計	22,130	26,937	33,146	20,039	12,421
52～54計（食料）	4,911	5,691	7,965	4,604	3,094
52　食料品	3,419	3,909	5,364	3,144	2,305
53　飲料	878	1,011	1,568	888	513
54　出前	614	771	1,032	572	276
55　家電	1,252	1,551	1,513	1,076	742
56　家具	458	584	617	412	223
57～59計（衣類・履物）	2,393	3,083	3,940	2,258	941
57　紳士用衣類	595	754	1,039	573	241
58　婦人用衣類	1,200	1,509	2,032	1,198	500
59　履物・その他の衣類	599	820	869	486	200
60～61計（保健・医療）	1,035	1,099	1,692	1,091	781
60　医薬品	272	308	378	262	191
61　健康食品	763	790	1,314	829	589
62　化粧品	847	1,026	1,431	819	434
63　自動車等関係用品	459	602	442	426	218
64　書籍	413	502	552	371	247
65　音楽・映像ソフト、パソコン用ソフト、ゲームソフト	393	511	412	296	220
66～67計（デジタルコンテンツ）	444	608	538	308	188
66　電子書籍	210	286	261	145	89
67　ダウンロード版の音楽・映像、アプリなど	234	322	277	163	99
68　保険	1,012	1,250	1,349	877	582
69～70計（旅行関係費）	4,498	5,255	7,475	4,076	2,784
69　宿泊料、運賃、パック旅行費（インターネット上での決済）	3,377	3,979	5,439	3,181	2,016
70　宿泊料、運賃、パック旅行費（上記以外の決済）	1,121	1,276	2,037	895	769
71　チケット	950	1,260	1,263	781	408
72　上記に当てはまらない商品・サービス	3,065	3,916	3,956	2,644	1,559
(参考)					
インターネットを通じて注文をした世帯数	10,072	6,416	650	1,036	1,969
インターネットを通じて注文をした世帯（１万分比）	5,353	3,462	345	545	1,001
インターネットを通じて注文をした世帯当たりの支出総額	42,937	42,774	54,618	44,150	38,844

(a) Individual proprietors and others

を利用した1世帯当たり1か月間の支出（二人以上の世帯）
per Household by Occupation of Household Head (Two-or-more-person Households)

単位　円　　In Yen

Item

Distribution of households
Number of tabulated households
Number of persons per household (persons)
Number of earners per household (persons)
Age of household head (years old)

Total expenditure on goods and services ordered over the Internet(22 items)
For gift
 51 gift items
For home
 Total expenditure for home
 52-54 Total (Food)
 52 Foods
 53 Beverages
 54 Deliveries
 55 Home electronics
 56 Furniture
 57-59 Total (Clothing,footwear)
 57 Men's clothing
 58 Women's clothing
 59 Footwear and other clothing
 60-61 Total (Medical care)
 60 Medicines
 61 Health foods
 62 Cosmetics
 63 Private transportation
 64 Books and other reading materials
 65 Software (music, video, personal computer, TV game)
 66-67 Total (Digital contents)
 66 Digital books
 67 Download music, video, applications
 68 Insurance
 69-70 Total (Travel-related costs)
 69 Accommodation services, fares, package tours(payment on the Internet)
 70 Accommodation services, fares, package tours(payment on-site)
 71 Tickets
 72 Other goods and services
(Reference)
 Number of households ordering over the Internet
 Distribution of households ordering over the Internet(rate to the Whole = 10,000)
 Total expenditure per household by on goods and services ordered over the Internet

2023年平均
2023 Average

項　　目	平均	世帯人員別 by Number of household members					
		1人	2人	3人	4人	5人	6人～
	Average	person	persons	persons	persons	persons	persons
世帯数分布（抽出率調整）	10,000	3,692	2,980	1,634	1,200	360	133
集計世帯数	21,512	2,066	9,778	4,842	3,396	1,044	386
世帯人員（人）	2.20	1.00	2.00	3.00	4.00	5.00	6.35
有業人員（人）	1.17	0.60	0.95	1.77	2.13	2.30	2.84
世帯主の年齢（歳）	59.8	57.4	67.5	59.7	51.5	49.8	55.6
インターネットを利用した支出総額（22品目計）	20,132	15,196	17,613	24,890	31,745	28,835	26,747
贈答用							
51　贈答品	769	560	827	899	1,014	879	1,141
自宅用							
自宅用計	19,363	14,636	16,785	23,990	30,731	27,956	25,607
52～54計（食料）	4,096	2,705	3,887	5,292	6,453	6,177	5,816
52　食料品	2,796	1,733	2,738	3,701	4,408	4,242	4,032
53　飲料	744	514	748	911	1,118	996	918
54　出前	556	458	401	680	928	939	866
55　家電	1,182	1,062	953	1,332	1,749	1,701	1,241
56　家具	405	315	323	510	687	602	384
57～59計（衣類・履物）	1,935	1,152	1,413	2,672	3,881	3,793	3,707
57　紳士用衣類	527	410	364	616	995	966	885
58　婦人用衣類	955	537	766	1,400	1,807	1,683	1,661
59　履物・その他の衣類	453	205	282	656	1,079	1,144	1,161
60～61計（保健・医療）	879	612	963	1,115	1,137	975	912
60　医薬品	233	167	224	299	342	293	305
61　健康食品	646	446	738	816	795	682	607
62　化粧品	701	453	629	976	1,120	1,094	1,006
63　自動車等関係用品	376	233	317	513	650	667	671
64　書籍	399	374	299	471	600	486	387
65　音楽・映像ソフト、パソコン用ソフト、ゲームソフト	451	550	249	464	602	553	451
66～67計（デジタルコンテンツ）	651	1,004	271	564	678	601	319
66　電子書籍	280	401	142	261	306	231	173
67　ダウンロード版の音楽・映像、アプリなど	371	603	129	303	372	371	145
68　保険	809	463	754	1,078	1,460	1,285	1,200
69～70計（旅行関係費）	3,691	2,312	3,856	4,442	6,015	4,899	4,791
69　宿泊料、運賃、パック旅行費（インターネット上での決済）	2,829	1,892	2,792	3,381	4,720	3,677	3,503
70　宿泊料、運賃、パック旅行費（上記以外の決済）	862	420	1,064	1,061	1,295	1,223	1,288
71　チケット	868	727	626	1,036	1,508	1,304	1,161
72　上記に当てはまらない商品・サービス	2,921	2,675	2,247	3,524	4,193	3,819	3,563
(参考)							
インターネットを通じて注文をした世帯数	10,691	619	4,031	2,780	2,349	690	223
インターネットを通じて注文をした世帯（1万分比）	4,909	1,533	1,258	958	842	241	78
インターネットを通じて注文をした世帯当たりの支出総額	40,917	36,436	41,646	42,380	45,200	43,021	45,858

を利用した1世帯当たり1か月間の支出（総世帯）
per Household by Number of Household Members and Employed Persons (Total Households)

単位　円　In Yen

就業者数別	by Employed persons			Item
0人	1人	2人	3人～	
person	person	persons	persons	
2,684	3,961	2,564	791	Distribution of households
5,017	6,424	7,763	2,308	Number of tabulated households
1.49	1.73	3.12	3.96	Number of persons per household (persons)
...	1.00	2.00	3.28	Number of earners per household (persons)
72.7	54.4	54.7	59.5	Age of household head (years old)
8,707	20,932	28,146	28,868	Total expenditure on goods and services ordered over the Internet(22 items)
				For gift
426	783	1,061	906	51 gift items
				For home
8,281	20,149	27,085	27,961	Total expenditure for home
2,279	3,817	5,866	5,915	52-54 Total (Food)
1,717	2,501	3,968	4,135	52 Foods
334	741	1,076	1,064	53 Beverages
227	576	822	716	54 Deliveries
480	1,411	1,476	1,455	55 Home electronics
161	436	570	547	56 Furniture
556	1,794	3,156	3,358	57-59 Total (Clothing,footwear)
149	545	778	904	57 Men's clothing
284	852	1,547	1,827	58 Women's clothing
123	397	832	626	59 Footwear and other clothing
533	865	1,143	1,264	60-61 Total (Medical care)
128	240	301	332	60 Medicines
405	625	842	932	61 Health foods
310	643	1,061	1,155	62 Cosmetics
147	331	588	689	63 Private transportation
178	472	502	445	64 Books and other reading materials
143	614	470	622	65 Software (music, video, personal computer, TV game)
125	1,056	593	595	66-67 Total (Digital contents)
60	440	283	216	66 Digital books
65	616	310	379	67 Download music, video, applications
394	727	1,229	1,273	68 Insurance
1,755	3,505	5,516	5,242	69-70 Total (Travel-related costs)
1,228	2,765	4,232	4,004	69 Accommodation services, fares, package tours(payment on the Internet)
528	740	1,284	1,238	70 Accommodation services, fares, package tours(payment on-site)
214	948	1,162	1,728	71 Tickets
1,007	3,530	3,753	3,675	72 Other goods and services
				(Reference)
1,308	3,140	4,830	1,413	Number of households ordering over the Internet
660	2,123	1,634	493	Distribution of households ordering over the Internet(rate to the Whole = 10,000)
35,298	38,950	44,111	46,266	Total expenditure per household by on goods and services ordered over the Internet

2023年平均
2023 Average

項　目	平均	世帯人員別 by Number of household members					
		1人	2人	3人	4人	5人	6人～
	Average	person	persons	persons	persons	persons	persons
世帯数分布（抽出率調整）	10,000	…	4,724	2,591	1,902	571	211
集計世帯数	19,446	…	9,778	4,842	3,396	1,044	386
世帯人員（人）	2.90	…	2.00	3.00	4.00	5.00	6.35
有業人員（人）	1.50	…	0.95	1.77	2.13	2.30	2.84
世帯主の年齢（歳）	61.2	…	67.5	59.7	51.5	49.8	55.6
インターネットを利用した支出総額（２２品目計）	23,021	…	17,613	24,890	31,745	28,835	26,747
贈答用							
51　贈答品	891	…	827	899	1,014	879	1,141
自宅用							
自宅用計	22,130	…	16,785	23,990	30,731	27,956	25,607
52～54計（食料）	4,911	…	3,887	5,292	6,453	6,177	5,816
52　食料品	3,419	…	2,738	3,701	4,408	4,242	4,032
53　飲料	878	…	748	911	1,118	996	918
54　出前	614	…	401	680	928	939	866
55　家電	1,252	…	953	1,332	1,749	1,701	1,241
56　家具	458	…	323	510	687	602	384
57～59計（衣類・履物）	2,393	…	1,413	2,672	3,881	3,793	3,707
57　紳士用衣類	595	…	364	616	995	966	885
58　婦人用衣類	1,200	…	766	1,400	1,807	1,683	1,661
59　履物・その他の衣類	599	…	282	656	1,079	1,144	1,161
60～61計（保健・医療）	1,035	…	963	1,115	1,137	975	912
60　医薬品	272	…	224	299	342	293	305
61　健康食品	763	…	738	816	795	682	607
62　化粧品	847	…	629	976	1,120	1,094	1,006
63　自動車等関係用品	459	…	317	513	650	667	671
64　書籍	413	…	299	471	600	486	387
65　音楽・映像ソフト、パソコン用ソフト、ゲームソフト	393	…	249	464	602	553	451
66～67計（デジタルコンテンツ）	444	…	271	564	678	601	319
66　電子書籍	210	…	142	261	306	231	173
67　ダウンロード版の音楽・映像、アプリなど	234	…	129	303	372	371	145
68　保険	1,012	…	754	1,078	1,460	1,285	1,200
69～70計（旅行関係費）	4,498	…	3,856	4,442	6,015	4,899	4,791
69　宿泊料、運賃、パック旅行費（インターネット上での決済）	3,377	…	2,792	3,381	4,720	3,677	3,503
70　宿泊料、運賃、パック旅行費（上記以外の決済）	1,121	…	1,064	1,061	1,295	1,223	1,288
71　チケット	950	…	626	1,036	1,508	1,304	1,161
72　上記に当てはまらない商品・サービス	3,065	…	2,247	3,524	4,193	3,819	3,563
(参考)							
インターネットを通じて注文をした世帯数	10,072	…	4,031	2,780	2,349	690	223
インターネットを通じて注文をした世帯（１万分比）	5,353	…	1,994	1,519	1,335	382	123
インターネットを通じて注文をした世帯当たりの支出総額	42,937	…	41,646	42,380	45,200	43,021	45,858

を利用した1世帯当たり1か月間の支出（二人以上の世帯）

per Household by Number of Household Members and Employed Persons (Two-or-more-person Households)

単位　円　In Yen

就業者数別	by Employed persons			Item
0人	1人	2人	3人～	
person	person	persons	persons	
1,882	2,800	4,065	1,254	Distribution of households
3,874	5,501	7,763	2,308	Number of tabulated households
2.12	2.64	3.12	3.96	Number of persons per household (persons)
...	1.00	2.00	3.28	Number of earners per household (persons)
74.9	62.1	54.7	59.5	Age of household head (years old)
11,413	20,761	28,146	28,868	Total expenditure on goods and services ordered over the Internet (22 items)
				For gift
567	854	1,061	906	51 gift items
				For home
10,846	19,906	27,085	27,961	Total expenditure for home
2,928	4,409	5,866	5,915	52-54 Total (Food)
2,238	3,096	3,968	4,135	52 Foods
443	799	1,076	1,064	53 Beverages
247	513	822	716	54 Deliveries
670	1,225	1,476	1,455	55 Home electronics
219	416	570	547	56 Furniture
667	2,015	3,156	3,358	57-59 Total (Clothing, footwear)
180	471	778	904	57 Men's clothing
336	996	1,547	1,827	58 Women's clothing
151	548	832	626	59 Footwear and other clothing
690	1,008	1,143	1,264	60-61 Total (Medical care)
172	269	301	332	60 Medicines
519	738	842	932	61 Health foods
340	739	1,061	1,155	62 Cosmetics
186	350	588	689	63 Private transportation
205	411	502	445	64 Books and other reading materials
121	363	470	622	65 Software (music, video, personal computer, TV game)
96	393	593	595	66-67 Total (Digital contents)
48	208	283	216	66 Digital books
48	185	310	379	67 Download music, video, applications
555	888	1,229	1,273	68 Insurance
2,625	3,942	5,516	5,242	69-70 Total (Travel-related costs)
1,851	2,879	4,232	4,004	69 Accommodation services, fares, package tours (payment on the Internet)
774	1,063	1,284	1,238	70 Accommodation services, fares, package tours (payment on-site)
270	749	1,162	1,728	71 Tickets
1,273	2,999	3,753	3,675	72 Other goods and services
				(Reference)
1,098	2,731	4,830	1,413	Number of households ordering over the Internet
548	1,432	2,591	781	Distribution of households ordering over the Internet (rate to the Whole = 10,000)
39,045	40,497	44,111	46,266	Total expenditure per household by on goods and services ordered over the Internet

2023年平均
2023 Average

項　目	平均 Average	200万円 未満 2 million yen under	200万円 以 上 300万円 未 満 2 million yen - 3 million yen	300～400 3 million yen - 4 million yen	400～500 4 million yen - 5 million yen	500～600 5 million yen - 6 million yen	600～700 6 million yen - 7 million yen	700～800 7 million yen - 8 million yen
世帯数分布（抽出率調整）	10,000	1,910	1,613	1,406	1,094	815	666	561
集計世帯数	21,512	2,514	3,124	3,121	2,436	1,969	1,692	1,480
世帯人員（人）	2.20	1.31	1.67	1.97	2.20	2.53	2.80	2.96
有業人員（人）	1.17	0.43	0.67	0.96	1.27	1.49	1.66	1.79
世帯主の年齢（歳）	59.8	67.0	64.2	60.5	56.2	55.3	54.4	54.6
インターネットを利用した支出総額（22品目計）	20,132	7,408	10,250	16,223	19,479	22,985	27,105	28,402
贈答用								
51　贈答品	769	401	434	596	702	855	930	1,177
自宅用								
自宅用計	19,363	7,007	9,816	15,627	18,777	22,131	26,175	27,225
52～54計（食料）	4,096	1,901	2,105	3,201	4,227	4,341	5,221	5,206
52　食料品	2,796	1,371	1,518	2,221	2,830	2,859	3,492	3,371
53　飲料	744	291	356	619	741	765	993	1,008
54　出前	556	239	231	361	656	717	736	827
55　家電	1,182	373	611	960	1,103	1,720	2,284	1,538
56　家具	405	273	166	242	457	391	652	470
57～59計（衣類・履物）	1,935	569	856	1,328	1,664	2,061	2,478	3,332
57　紳士用衣類	527	132	218	454	444	528	674	896
58　婦人用衣類	955	331	437	619	807	979	1,124	1,688
59　履物・その他の衣類	453	105	202	255	413	553	680	748
60～61計（保健・医療）	879	432	541	699	997	974	1,133	1,209
60　医薬品	233	91	153	189	261	269	325	313
61　健康食品	646	341	388	510	737	704	808	897
62　化粧品	701	318	318	549	673	785	871	1,057
63　自動車等関係用品	376	142	158	299	382	470	634	565
64　書籍	399	164	220	284	402	504	485	627
65　音楽・映像ソフト、パソコン用ソフト、ゲームソフト	451	189	237	596	530	442	573	636
66～67計（デジタルコンテンツ）	651	188	591	515	808	731	967	928
66　電子書籍	280	77	184	196	400	273	382	465
67　ダウンロード版の音楽・映像、アプリなど	371	111	407	319	408	458	585	462
68　保険	809	287	379	741	952	917	1,027	1,140
69～70計（旅行関係費）	3,691	1,006	1,612	2,714	2,718	3,864	4,682	4,832
69　宿泊料、運賃、パック旅行費（インターネット上での決済）	2,829	784	1,241	2,014	2,066	3,015	3,610	3,709
70　宿泊料、運賃、パック旅行費（上記以外の決済）	862	222	371	700	653	850	1,072	1,123
71　チケット	868	174	473	810	909	877	1,058	1,316
72　上記に当てはまらない商品・サービス	2,921	992	1,548	2,691	2,955	4,056	4,109	4,370
（参考）								
インターネットを通じて注文をした世帯数	10,691	576	900	1,213	1,217	1,097	1,057	995
インターネットを通じて注文をした世帯（1万分比）	4,909	455	562	630	606	484	430	387
インターネットを通じて注文をした世帯当たりの支出総額	40,917	30,918	29,397	35,972	35,099	38,662	41,924	41,180

を利用した１世帯当たり１か月間の支出（総世帯）
the Internet per Household by Yearly Income Group (Total Households)

単位　円　In Yen

800～900 8 million yen – 9 million yen	900～1,000 9 million yen – 10 million yen	1,000～1,250 10 million yen – 12.5 million yen	1,250～1,500 12.5 million yen – 15 million yen	1,500～2,000 15 million yen – 20 million yen	2,000万円 以　上 20 million yen or more	Item
436	375	467	227	152	89	Distribution of households
1,174	1,007	1,289	632	409	228	Number of tabulated households
3.13	3.19	3.27	3.30	3.35	3.02	Number of persons per household (persons)
1.92	1.98	2.04	2.17	2.20	1.93	Number of earners per household (persons)
53.7	54.7	54.2	55.3	55.1	58.5	Age of household head (years old)
31,609	33,660	41,300	46,453	57,894	72,099	Total expenditure on goods and services ordered over the Internet(22 items)
						For gift
1,240	1,247	1,388	1,402	2,225	2,662	51 gift items
						For home
30,369	32,413	39,912	45,051	55,669	69,437	Total expenditure for home
5,852	6,287	8,581	9,302	12,568	15,663	52-54 Total (Food)
3,908	4,249	5,822	6,478	8,581	10,334	52 Foods
1,120	1,155	1,504	1,793	2,512	3,285	53 Beverages
824	884	1,255	1,032	1,474	2,045	54 Deliveries
1,678	1,829	2,283	2,412	2,674	2,788	55 Home electronics
601	676	804	957	921	1,340	56 Furniture
3,721	3,579	4,495	5,256	5,781	7,596	57-59 Total (Clothing,footwear)
1,074	1,002	1,161	1,408	1,430	2,260	57 Men's clothing
1,695	1,728	2,296	2,616	3,031	3,977	58 Women's clothing
952	850	1,039	1,232	1,320	1,359	59 Footwear and other clothing
1,237	1,291	1,396	1,900	2,015	2,938	60-61 Total (Medical care)
329	361	392	497	533	621	60 Medicines
908	930	1,004	1,403	1,482	2,316	61 Health foods
1,026	1,199	1,384	1,672	1,746	2,999	62 Cosmetics
625	789	636	944	572	580	63 Private transportation
500	588	851	966	1,196	1,169	64 Books and other reading materials
678	622	652	693	649	1,066	65 Software (music, video, personal computer, TV game)
952	757	1,096	1,077	1,447	1,358	66-67 Total (Digital contents)
554	344	491	502	788	614	66 Digital books
398	413	605	575	659	744	67 Download music, video, applications
1,209	1,447	1,527	1,689	1,995	2,610	68 Insurance
6,548	7,354	9,211	10,576	15,427	17,632	69-70 Total (Travel-related costs)
5,175	5,527	7,216	7,984	11,776	13,329	69 Accommodation services, fares, package tours(payment on the Internet)
1,373	1,827	1,995	2,592	3,650	4,302	70 Accommodation services, fares, package tours(payment on-site)
1,523	1,583	1,656	2,256	2,305	3,345	71 Tickets
4,219	4,412	5,342	5,352	6,375	8,353	72 Other goods and services
						(Reference)
832	719	967	486	326	178	Number of households ordering over the Internet
315	265	356	177	122	67	Distribution of households ordering over the Internet(rate to the Whole = 10,000)
43,686	47,615	54,163	59,690	71,818	96,196	Total expenditure per household by on goods and services ordered over the Internet

2023年平均
2023 Average

項　目	平均 Average	200万円 未　満 2 million yen under	200万円 以　上 300万円 未　満 2 million yen - 3 million yen	300〜400 3 million yen - 4 million yen	400〜500 4 million yen - 5 million yen	500〜600 5 million yen - 6 million yen	600〜700 6 million yen - 7 million yen	700〜800 7 million yen - 8 million yen
世帯数分布（抽出率調整）	10,000	710	1,295	1,447	1,171	981	864	770
集計世帯数	19,446	1,468	2,668	2,921	2,315	1,899	1,647	1,450
世帯人員（人）	2.90	2.32	2.33	2.50	2.78	3.01	3.20	3.27
有業人員（人）	1.50	0.78	0.75	1.02	1.43	1.66	1.83	1.92
世帯主の年齢（歳）	61.2	69.3	70.2	67.2	62.2	58.4	55.9	55.4
インターネットを利用した支出総額（２２品目計）	23,021	8,905	9,340	13,286	18,067	20,683	24,916	26,999
贈答用								
51　贈答品	891	356	465	614	788	890	929	946
自宅用								
自宅用計	22,130	8,548	8,876	12,671	17,279	19,793	23,988	26,054
52〜54計（食料）	4,911	2,532	2,477	3,324	4,036	4,210	5,146	5,050
52　食料品	3,419	1,886	1,859	2,453	2,836	2,925	3,520	3,399
53　飲料	878	399	390	531	706	741	959	877
54　出前	614	247	227	340	493	544	667	774
55　家電	1,252	470	535	802	1,037	1,202	1,322	1,548
56　家具	458	200	172	252	333	411	533	512
57〜59計（衣類・履物）	2,393	733	707	1,061	1,714	2,134	2,698	3,158
57　紳士用衣類	595	185	169	256	398	531	640	736
58　婦人用衣類	1,200	385	367	536	874	1,014	1,288	1,614
59　履物・その他の衣類	599	164	172	269	442	589	770	808
60〜61計（保健・医療）	1,035	584	551	750	949	1,029	1,094	1,215
60　医薬品	272	162	149	191	240	278	266	320
61　健康食品	763	423	403	559	710	752	828	895
62　化粧品	847	342	339	458	654	776	970	1,069
63　自動車等関係用品	459	137	189	298	394	474	582	594
64　書籍	413	151	165	216	317	364	388	506
65　音楽・映像ソフト、パソコン用ソフト、ゲームソフト	393	169	146	203	347	372	515	557
66〜67計（デジタルコンテンツ）	444	147	124	179	303	342	490	570
66　電子書籍	210	79	57	78	124	158	199	257
67　ダウンロード版の音楽・映像、アプリなど	234	68	67	101	180	184	291	312
68　保険	1,012	408	499	675	1,020	991	1,154	1,154
69〜70計（旅行関係費）	4,498	1,289	1,467	2,283	2,968	3,646	4,359	4,882
69　宿泊料、運賃、パック旅行費（インターネット上での決済）	3,377	883	1,056	1,577	2,182	2,758	3,263	3,746
70　宿泊料、運賃、パック旅行費（上記以外の決済）	1,121	406	412	706	786	888	1,097	1,136
71　チケット	950	239	274	410	700	893	990	1,268
72　上記に当てはまらない商品・サービス	3,065	1,148	1,229	1,763	2,506	2,948	3,746	3,973
（参考）								
インターネットを通じて注文をした世帯数	10,072	373	764	1,129	1,150	1,057	1,028	974
インターネットを通じて注文をした世帯（1万分比）	5,353	187	381	571	595	556	548	524
インターネットを通じて注文をした世帯当たりの支出総額	42,937	33,677	31,592	33,558	35,505	36,423	39,226	39,660

を利用した1世帯当たり1か月間の支出（二人以上の世帯）
the Internet per Household by Yearly Income Group (Two-or-more-person Households)

単位　円　In Yen

800〜900 8 million yen − 9 million yen	900〜1,000 9 million yen − 10 million yen	1,000〜1,250 10 million yen − 12.5 million yen	1,250〜1,500 12.5 million yen − 15 million yen	1,500〜2,000 15 million yen − 20 million yen	2,000万円 以　上 20 million yen or more	Item
620	534	704	344	233	128	Distribution of households
1,155	991	1,278	628	407	224	Number of tabulated households
3.37	3.44	3.39	3.40	3.43	3.24	Number of persons per household (persons)
2.03	2.10	2.10	2.22	2.24	2.05	Number of earners per household (persons)
54.1	54.6	54.3	55.5	54.9	58.3	Age of household head (years old)
30,501	34,920	41,372	47,047	57,958	76,696	Total expenditure on goods and services ordered over the Internet(22 items)
						For gift
1,087	1,284	1,435	1,419	2,092	2,893	51 gift items
						For home
29,414	33,636	39,937	45,628	55,866	73,804	Total expenditure for home
5,777	6,774	8,607	9,606	12,707	15,563	52-54 Total (Food)
3,874	4,553	5,927	6,709	8,690	9,914	52 Foods
1,096	1,276	1,501	1,858	2,532	3,438	53 Beverages
807	945	1,179	1,039	1,486	2,211	54 Deliveries
1,751	1,797	2,250	2,468	2,705	3,106	55 Home electronics
659	735	843	991	904	1,484	56 Furniture
3,679	3,754	4,598	5,461	5,892	8,407	57-59 Total (Clothing, footwear)
886	1,038	1,141	1,468	1,461	2,494	57 Men's clothing
1,788	1,789	2,398	2,718	3,097	4,406	58 Women's clothing
1,006	927	1,060	1,276	1,334	1,507	59 Footwear and other clothing
1,243	1,331	1,445	1,926	1,903	3,082	60-61 Total (Medical care)
354	359	401	512	508	669	60 Medicines
889	972	1,044	1,414	1,396	2,413	61 Health foods
1,105	1,304	1,444	1,721	1,764	3,325	62 Cosmetics
633	853	663	946	587	643	63 Private transportation
505	622	817	978	1,191	1,277	64 Books and other reading materials
557	642	620	639	671	1,112	65 Software (music, video, personal computer, TV game)
690	672	933	1,048	1,439	1,504	66-67 Total (Digital contents)
375	331	439	499	792	679	66 Digital books
316	341	493	550	647	826	67 Download music, video, applications
1,210	1,513	1,574	1,741	1,976	2,448	68 Insurance
5,899	7,248	9,335	10,354	15,237	19,441	69-70 Total (Travel-related costs)
4,498	5,586	7,349	7,648	11,467	14,676	69 Accommodation services, fares, package tours(payment on the Internet)
1,401	1,662	1,986	2,706	3,770	4,765	70 Accommodation services, fares, package tours(payment on-site)
1,536	1,666	1,712	2,222	2,340	3,156	71 Tickets
4,171	4,724	5,097	5,529	6,551	9,257	72 Other goods and services
						(Reference)
819	711	960	483	324	177	Number of households ordering over the Internet
444	389	535	269	188	102	Distribution of households ordering over the Internet(rate to the Whole = 10,000)
42,514	47,987	54,345	60,207	71,701	95,786	Total expenditure per household by on goods and services ordered over the Internet

2023年平均
2023 Average

| 項　　目 | 全国 | 地　　方 | | | | | |
| | | 北海道 | 東北 | 関東 | 北陸 | 東海 | 近畿 |
	All Japan	Hokkaido	Tohoku	Kanto	Hokuriku	Tokai	Kinki
世帯数分布（抽出率調整）	10,000	411	701	3,772	421	1,143	1,555
集計世帯数	3,001	140	235	997	136	349	480
世帯人員（人）	2.21	2.06	2.21	2.18	2.24	2.29	2.25
有業人員（人）	1.19	1.06	1.17	1.21	1.26	1.22	1.14
世帯主の年齢（歳）	59.0	60.8	59.7	56.5	58.2	61.1	61.5
電子マネーを持っている世帯員がいる	69.4	67.3	62.5	80.5	58.4	64.8	64.4
1人	32.5	35.9	32.3	35.7	32.8	30.0	27.2
2人	24.3	23.6	21.0	27.4	18.0	23.4	25.2
3人以上	12.5	7.5	8.9	17.3	7.6	11.3	11.9
電子マネーを持っている世帯員がいない	30.6	32.7	37.6	19.5	41.6	35.2	35.6
電子マネーを利用した世帯員がいる	59.6	55.3	52.1	72.1	46.7	53.2	53.9
電子マネーを利用した1世帯当たり平均利用金額（円）	27,034	27,592	32,862	25,406	26,155	29,863	25,776
1,000円未満	1.3	0.4	0.4	1.5	1.9	1.2	1.6
1,000円以上 3,000円未満	5.4	3.3	3.2	7.3	3.8	4.9	4.9
3,000 ～ 5,000	4.1	3.9	1.9	5.7	2.9	2.9	4.2
5,000 ～ 10,000	8.6	6.9	5.1	11.8	5.2	6.1	8.2
10,000 ～ 30,000	20.4	19.9	19.6	24.7	15.8	17.6	17.6
30,000 ～ 50,000	9.0	11.0	9.4	9.3	8.8	8.7	8.7
50,000円以上	10.9	10.0	12.5	11.9	8.2	11.9	8.7
電子マネーを利用した世帯員がいない	9.6	12.0	10.1	8.3	11.6	11.4	10.4
電子マネーの利用金額のうち鉄道及びバスでの1世帯当たり平均利用金額（円）	3,809	1,812	1,219	5,696	1,016	2,271	3,894
1,000円未満	3.9	2.2	4.1	4.8	4.2	2.8	3.7
1,000円以上 3,000円未満	9.9	4.8	4.9	14.2	4.0	9.5	10.5
3,000 ～ 5,000	6.5	3.6	2.4	10.2	4.0	4.2	6.6
5,000 ～ 10,000	8.1	3.5	1.9	14.1	1.6	4.1	8.3
10,000円以上	7.8	3.8	1.5	14.8	1.0	3.5	7.0

電子マネーの利用状況（総世帯）
Districts and City Groups (Total Households)

(%)

中国	四国	九州・沖縄 Kyushu & Okinawa	大都市 Major cities	中都市 Middle cities	小都市A Small cities A	小都市B・町村 Small cities B, Towns & villages	Item
Chugoku	Shikoku						
554	281	1,163	3,009	3,113	2,339	1,540	Distribution of households
193	100	371	781	942	752	526	Number of tabulated households
2.25	2.20	2.24	2.22	2.19	2.21	2.25	Number of persons per household (persons)
1.17	1.14	1.18	1.23	1.16	1.15	1.21	Number of earners per household (persons)
61.7	62.6	60.4	57.2	58.8	60.3	61.5	Age of household head (years old)
62.5	65.6	57.0	77.8	71.3	65.7	54.6	Households some members of which own electronic money
30.6	34.2	29.1	33.3	33.8	32.5	27.8	One-person
23.1	23.6	20.2	28.1	25.1	22.0	19.1	Two-persons
8.6	7.8	7.6	16.3	12.3	11.1	7.6	Three-or-more-persons
37.5	34.4	43.1	22.2	28.7	34.3	45.4	Households any members of which don't own electronic money
53.0	55.5	47.4	70.7	60.8	54.4	43.7	Households some members of which used electronic money
32,245	30,110	27,628	26,549	27,535	26,721	28,205	Average amount of money per household using electronic money (yen)
1.2	0.3	1.4	1.7	1.3	1.3	0.5	- 999 yen
4.9	3.5	3.6	7.0	5.2	5.0	3.3	1,000- 2,999
2.1	3.1	3.0	5.1	4.4	3.6	2.5	3,000- 4,999
5.5	7.2	7.0	10.4	8.8	7.7	6.1	5,000- 9,999
17.5	17.9	16.9	24.5	20.1	18.8	15.3	10,000- 29,999
9.5	11.4	6.7	9.6	9.7	8.2	7.4	30,000- 49,999
12.4	12.1	8.8	12.3	11.3	9.9	8.6	50,000-
9.3	10.2	9.4	7.0	10.4	11.2	10.8	Households any members of which didn't use electronic money
1,348	535	1,913	5,286	3,557	3,034	1,294	(a)
3.3	1.7	3.7	5.6	3.9	3.6	1.3	- 999 yen
7.9	3.1	4.9	15.3	9.4	7.4	4.1	1,000- 2,999
2.7	1.5	3.6	10.0	6.5	4.9	1.9	3,000- 4,999
2.6	1.1	4.3	12.9	8.4	5.6	2.1	5,000- 9,999
2.0	0.7	2.8	13.4	7.1	5.6	1.6	10,000-

(a) Average amount of money per household using electronic money by railway and bus (yen)

56

2023年平均
2023 Average

項　　目	全国	地　　方					
		北海道	東北	関東	北陸	東海	近畿
	All Japan	Hokkaido	Tohoku	Kanto	Hokuriku	Tokai	Kinki
世帯数分布（抽出率調整）	10,000	407	650	3,696	391	1,174	1,663
集計世帯数	2,717	126	212	908	124	313	436
世帯人員（人）	2.93	2.70	3.06	2.91	3.07	3.00	2.86
有業人員（人）	1.52	1.39	1.58	1.54	1.66	1.59	1.45
世帯主の年齢（歳）	60.8	60.4	61.4	60.3	60.9	60.7	61.4
電子マネーを持っている世帯員がいる	73.0	69.3	67.8	82.6	61.3	70.8	69.7
1人	14.2	19.1	16.5	9.9	18.6	16.9	14.4
2人	38.8	38.0	35.7	44.5	30.0	36.2	37.5
3人以上	19.9	11.9	15.3	28.2	12.7	17.5	17.8
電子マネーを持っている世帯員がいない	27.0	30.7	32.2	17.4	38.7	29.2	30.3
電子マネーを利用した世帯員がいる	63.4	59.2	59.0	74.1	50.4	58.5	59.9
電子マネーを利用した1世帯当たり平均利用金額（円）	30,282	30,252	38,565	28,856	28,502	31,050	28,669
1,000円未満	1.2	0.6	0.6	1.1	1.1	1.3	1.7
1,000円以上 3,000円未満	5.2	4.2	3.0	6.3	4.4	4.7	5.9
3,000 ～ 5,000	4.0	2.2	2.6	5.5	3.6	3.6	3.6
5,000 ～ 10,000	8.3	6.7	5.3	11.0	6.8	7.3	8.0
10,000 ～ 30,000	20.6	21.5	18.6	24.5	15.8	18.7	19.1
30,000 ～ 50,000	10.4	11.1	11.2	11.4	8.2	9.7	9.6
50,000円以上	13.7	13.1	17.8	14.4	10.5	13.2	12.0
電子マネーを利用した世帯員がいない	9.6	10.1	8.6	8.5	10.8	12.0	9.7
電子マネーの利用金額のうち鉄道及びバスでの1世帯当たり平均利用金額（円）	4,059	2,375	1,446	6,066	1,120	2,675	4,110
1,000円未満	3.5	2.6	2.6	4.2	2.6	3.3	3.9
1,000円以上 3,000円未満	9.7	6.0	5.0	13.2	4.5	8.4	12.0
3,000 ～ 5,000	6.2	3.6	2.0	10.0	1.7	4.2	6.6
5,000 ～ 10,000	8.4	5.4	3.1	14.0	2.2	5.2	8.6
10,000円以上	9.3	5.8	2.2	16.7	1.6	5.0	8.9

電子マネーの利用状況（二人以上の世帯）
Districts and City Groups (Two-or-more-person Households)

(%)

	Districts			都市階級 City Groups			
中国	四国	九州・沖縄 Kyushu & Okinawa	大都市 Major cities	中都市 Middle cities	小都市A Small cities A	小都市B・町村 Small cities B, Towns & villages	Item
Chugoku	Shikoku						
567	291	1,161	3,081	3,094	2,298	1,527	Distribution of households
174	90	335	707	854	679	477	Number of tabulated households
2.93	2.84	2.97	2.89	2.91	2.95	3.00	Number of persons per household (persons)
1.51	1.49	1.52	1.53	1.50	1.52	1.58	Number of earners per household (persons)
61.4	60.9	61.0	59.7	60.7	61.4	62.2	Age of household head (years old)
68.1	67.7	61.1	80.4	75.2	69.1	59.6	Households some members of which own electronic money
18.7	19.7	16.7	11.1	15.1	15.3	16.7	One-person
35.8	36.2	32.1	43.8	40.2	35.6	30.6	Two-persons
13.3	11.9	12.3	25.3	19.8	18.0	12.2	Three-or-more-persons
31.9	32.3	38.9	19.7	24.8	30.9	40.4	Households any members of which don't own electronic money
57.5	58.6	51.3	72.5	65.1	58.6	48.5	Households some members of which used electronic money
36,644	34,700	29,536	29,736	30,343	30,322	31,701	Average amount of money per household using electronic money (yen)
1.0	0.4	1.2	1.3	1.3	1.1	0.6	- 999 yen
3.8	3.6	4.2	6.3	5.4	4.6	3.5	1,000- 2,999
2.8	3.4	3.0	4.8	4.0	3.8	3.0	3,000- 4,999
5.1	3.6	6.8	10.1	8.4	7.5	5.7	5,000- 9,999
18.3	17.6	16.7	24.0	21.0	18.9	15.7	10,000- 29,999
9.6	13.8	8.6	11.2	10.9	10.0	8.5	30,000- 49,999
16.9	16.2	11.0	14.9	14.2	12.7	11.5	50,000-
10.3	9.2	9.8	7.8	10.0	10.4	10.9	Households any members of which didn't use electronic money
1,443	516	2,104	5,629	3,775	3,281	1,504	(a)
3.0	2.0	2.8	4.8	3.9	2.6	1.4	- 999 yen
6.5	2.6	5.6	14.5	9.8	7.3	3.5	1,000- 2,999
3.1	1.2	3.0	9.1	6.2	4.6	2.5	3,000- 4,999
2.9	1.1	4.3	13.4	7.9	6.3	2.6	5,000- 9,999
2.7	0.8	3.7	15.3	8.7	6.8	2.1	10,000-

(a) Average amount of money per household using electronic money by railway and bus (yen)

58

2023年平均
2023 Average

項　目	平均 Average	～29歳 years old	30～39歳 years old	40～49歳 years old	50～59歳 years old	60～69歳 years old
世帯数分布（抽出率調整）	10,000	615	902	1,257	1,926	2,047
集計世帯数	3,001	30	204	419	584	707
世帯人員（人）	2.21	1.17	2.43	3.11	2.49	2.15
有業人員（人）	1.19	1.01	1.39	1.65	1.67	1.34
世帯主の年齢（歳）	59.0	25.4	34.6	45.1	54.6	64.7
電子マネーを持っている世帯員がいる	69.4	92.5	83.2	84.3	81.3	70.9
1人	32.5	85.7	44.0	27.8	31.9	28.7
2人	24.3	6.5	34.1	34.0	23.9	28.5
3人以上	12.5	0.3	5.0	22.6	25.6	13.5
電子マネーを持っている世帯員がいない	30.6	7.6	16.8	15.7	18.7	29.1
電子マネーを利用した世帯員がいる	59.6	85.5	72.6	72.5	70.1	61.1
電子マネーを利用した1世帯当たり平均利用金額（円）	27,034	18,137	25,816	30,566	28,614	28,358
1,000円未満	1.3	0.5	1.0	1.5	1.4	1.2
1,000円以上3,000円未満	5.4	11.5	5.9	6.7	5.7	4.5
3,000 ～ 5,000	4.1	9.2	5.7	3.8	4.6	4.0
5,000 ～ 10,000	8.6	18.8	10.8	9.7	8.7	8.8
10,000 ～ 30,000	20.4	32.4	23.7	23.8	24.7	21.0
30,000 ～ 50,000	9.0	7.0	9.0	11.0	11.7	9.9
50,000円以上	10.9	6.1	16.5	15.8	13.4	11.7
電子マネーを利用した世帯員がいない	9.6	7.0	10.6	11.7	11.2	9.6
電子マネーの利用金額のうち鉄道及びバスでの1世帯当たり平均利用金額（円）	3,809	4,804	3,997	4,121	4,529	3,433
1,000円未満	3.9	6.4	3.0	5.2	3.9	3.8
1,000円以上3,000円未満	9.9	19.5	13.7	11.4	10.4	9.1
3,000 ～ 5,000	6.5	15.6	11.0	6.6	8.0	5.7
5,000 ～ 10,000	8.1	15.7	13.1	9.1	9.7	7.5
10,000円以上	7.8	13.9	9.0	11.1	12.1	7.1

の利用状況（総世帯）
of Household Head (Total Households)

(%)

70～79歳	80歳～	Item
years old	years old	
2,372	880	Distribution of households
780	277	Number of tabulated households
1.89	1.85	Number of persons per household (persons)
0.69	0.38	Number of earners per household (persons)
74.1	83.6	Age of household head (years old)
52.5	35.4	Households some members of which own electronic money
25.7	18.9	One-person
21.4	13.5	Two-persons
5.3	2.9	Three-or-more-persons
47.5	64.6	Households any members of which don't own electronic money
43.4	28.9	Households some members of which used electronic money
25,574	23,569	Average amount of money per household using electronic money (yen)
1.3	1.5	- 999 yen
4.3	3.3	1,000- 2,999
3.2	2.4	3,000- 4,999
6.1	3.8	5,000- 9,999
14.1	8.8	10,000- 29,999
7.1	4.8	30,000- 49,999
7.2	4.3	50,000-
9.0	6.5	Households any members of which didn't use electronic money
2,534	2,344	Average amount of money per household using electronic money by railway and bus (yen)
3.5	3.1	- 999 yen
7.1	5.7	1,000- 2,999
4.0	3.5	3,000- 4,999
4.5	2.6	5,000- 9,999
3.2	1.8	10,000-

60

2023年平均
2023 Average

項　　目	平均 Average	～29歳 years old	30～39歳 years old	40～49歳 years old	50～59歳 years old	60～69歳 years old
世帯数分布（抽出率調整）	10,000	80	763	1,560	2,098	2,272
集計世帯数	2,717	22	194	403	549	637
世帯人員（人）	2.93	2.93	3.65	3.70	3.18	2.65
有業人員（人）	1.52	1.80	1.77	1.86	2.05	1.67
世帯主の年齢（歳）	60.8	27.2	35.6	45.0	54.4	64.7
電子マネーを持っている世帯員がいる	73.0	82.7	85.5	86.5	85.4	75.4
1人	14.2	9.1	12.9	13.8	13.2	14.9
2人	38.8	71.2	63.2	43.7	34.9	40.9
3人以上	19.9	2.4	9.3	29.0	37.3	19.4
電子マネーを持っている世帯員がいない	27.0	17.3	14.5	13.5	14.6	24.6
電子マネーを利用した世帯員がいる	63.4	68.2	73.8	75.3	75.1	66.4
電子マネーを利用した1世帯当たり平均利用金額（円）	30,282	34,158	27,338	32,195	31,142	31,125
1,000円未満	1.2	0.9	1.3	0.9	1.1	1.2
1,000円以上3,000円未満	5.2	6.1	6.5	6.9	5.4	4.8
3,000 ～ 5,000	4.0	3.4	5.1	4.1	4.8	3.8
5,000 ～ 10,000	8.3	9.2	10.6	9.6	8.9	9.3
10,000 ～ 30,000	20.6	24.9	24.2	23.8	26.1	21.3
30,000 ～ 50,000	10.4	7.9	12.1	12.5	12.4	11.1
50,000円以上	13.7	15.9	14.0	17.5	16.4	14.9
電子マネーを利用した世帯員がいない	9.6	14.5	11.6	11.2	10.2	9.0
電子マネーの利用金額のうち鉄道及びバスでの1世帯当たり平均利用金額（円）	4,059	6,282	3,726	4,403	5,133	3,902
1,000円未満	3.5	3.3	3.5	3.3	3.7	3.5
1,000円以上3,000円未満	9.7	9.5	11.2	12.2	10.9	9.3
3,000 ～ 5,000	6.2	7.9	6.5	7.1	7.8	6.3
5,000 ～ 10,000	8.4	7.3	11.0	9.7	11.2	8.8
10,000円以上	9.3	15.7	9.5	12.4	14.8	9.3

の利用状況（二人以上の世帯）
of Household Head (Two-or-more-person Households)

(%)

70〜79歳	80歳〜	Item
years old	years old	
2,370	857	Distribution of households
676	238	Number of tabulated households
2.42	2.39	Number of persons per household (persons)
0.97	0.56	Number of earners per household (persons)
74.0	83.7	Age of household head (years old)
57.7	41.7	Households some members of which own electronic money
14.9	14.9	One-person
34.2	22.0	Two-persons
8.5	4.7	Three-or-more-persons
42.3	58.3	Households any members of which don't own electronic money
49.1	34.4	Households some members of which used electronic money
28,302	26,650	Average amount of money per household using electronic money (yen)
1.3	1.4	- 999 yen
4.5	3.6	1,000- 2,999
3.6	2.8	3,000- 4,999
6.5	4.3	5,000- 9,999
15.2	10.2	10,000- 29,999
8.1	5.6	30,000- 49,999
9.9	6.5	50,000-
8.5	7.2	Households any members of which didn't use electronic money
2,937	2,567	Average amount of money per household using electronic money by railway and bus (yen)
3.6	3.1	- 999 yen
7.9	7.0	1,000- 2,999
4.7	3.6	3,000- 4,999
5.6	3.6	5,000- 9,999
4.6	2.4	10,000-

第2−3表　世帯主の勤めか自営かの別電子マネーの利用状況（総世帯）
Table 2-3 Use State Related to Electronic Money by Occupation of Household Head (Total Households)

2023年平均
2023 Average　　(%)

項　目	平均 Average	就業 Occupation			非就業 （無職） No- occupation	Item
		雇用されて いる人 （勤労者） Employee	会社などの 役員 Corporative administrators	自営業主 ・その他 (a)		
世帯数分布（抽出率調整）	10,000	5,236	453	1,055	3,256	(b)
集計世帯数	3,001	1,517	159	348	976	(c)
世帯人員（人）	2.21	2.40	2.65	2.39	1.79	(d)
有業人員（人）	1.19	1.59	1.79	1.74	0.27	(e)
世帯主の年齢（歳）	59.0	50.2	57.6	61.3	72.9	(f)
電子マネーを持っている世帯員がいる	69.4	81.0	76.9	61.8	52.0	(g)
1人	32.5	36.5	26.0	26.0	28.9	(h)
2人	24.3	27.7	31.0	23.1	18.6	(i)
3人以上	12.5	16.9	19.8	12.7	4.4	(j)
電子マネーを持っている世帯員がいない	30.6	19.0	23.1	38.2	48.0	(k)
電子マネーを利用した世帯員がいる	59.6	70.8	66.5	51.8	43.2	(l)
電子マネーを利用した1世帯当たり平均利用金額（円）	27,034	27,228	33,905	28,468	24,576	(m)
1,000円未満	1.3	1.2	0.7	1.1	1.6	－ 999 yen
1,000円以上 3,000円未満	5.4	6.2	5.4	4.8	4.4	1,000- 2,999
3,000 ～ 5,000	4.1	4.8	3.1	3.5	3.3	3,000- 4,999
5,000 ～ 10,000	8.6	10.7	9.1	6.2	6.0	5,000- 9,999
10,000 ～ 30,000	20.4	24.3	22.1	18.5	14.4	10,000- 29,999
30,000 ～ 50,000	9.0	10.3	10.1	7.8	7.0	30,000- 49,999
50,000円以上	10.9	13.3	16.0	9.8	6.6	50,000-
電子マネーを利用した世帯員がいない	9.6	10.2	10.4	9.9	8.6	(n)
電子マネーの利用金額のうち鉄道及びバスでの1世帯当たり平均利用金額（円）	3,809	4,209	4,137	4,402	2,432	(o)
1,000円未満	3.9	4.3	2.2	3.3	3.8	－ 999 yen
1,000円以上 3,000円未満	9.9	12.1	10.0	6.8	7.4	1,000- 2,999
3,000 ～ 5,000	6.5	8.2	5.3	5.0	4.4	3,000- 4,999
5,000 ～ 10,000	8.1	10.8	8.6	6.6	4.1	5,000- 9,999
10,000円以上	7.8	10.4	10.5	7.6	3.3	10,000-

(a) Individual proprietors and others
(b) Distribution of households
(c) Number of tabulated households
(d) Number of persons per household (persons)
(e) Number of earners per household (persons)
(f) Age of household head (years old)
(g) Households some members of which own electronic money
(h) One-person

(i) Two-persons
(j) Three-or-more-persons
(k) Households any members of which don't own electronic money
(l) Households some members of which used electronic money
(m) Average amount of money per household using electronic money (yen)
(n) Households any members of which didn't use electronic money
(o) Average amount of money per household using electronic money by railway and bus (yen)

第2－3表　世帯主の勤めか自営かの別電子マネーの利用状況（二人以上の世帯）

Table 2-3　Use State Related to Electronic Money by Occupation of Household Head (Two-or-more-person Households)

2023年平均
2023 Average
(%)

項　　目	平均 Average	就業 Occupation 雇用されている人（勤労者）Employee	会社などの役員 Corporative administrators	自営業主・その他 (a)	非就業（無職）No-occupation	Item
世帯数分布（抽出率調整）	10,000	5,358	566	1,182	2,895	(b)
集計世帯数	2,717	1,420	152	324	821	(c)
世帯人員（人）	2.93	3.18	3.09	2.97	2.42	(d)
有業人員（人）	1.52	1.92	2.01	2.04	0.49	(e)
世帯主の年齢（歳）	60.8	53.1	58.6	63.1	74.3	(f)
電子マネーを持っている世帯員がいる	73.0	83.0	77.6	65.5	56.5	(g)
1人	14.2	13.6	13.1	15.0	15.1	(h)
2人	38.8	43.1	39.3	32.5	33.3	(i)
3人以上	19.9	26.3	25.1	18.0	7.9	(j)
電子マネーを持っている世帯員がいない	27.0	17.0	22.4	34.5	43.5	(k)
電子マネーを利用した世帯員がいる	63.4	72.9	67.3	55.6	48.1	(l)
電子マネーを利用した1世帯当たり平均利用金額（円）	30,282	31,059	33,541	28,788	28,030	(m)
1,000円未満	1.2	1.1	0.8	0.6	1.6	－ 999 yen
1,000円以上 3,000円未満	5.2	5.7	5.4	4.5	4.6	1,000- 2,999
3,000 ～ 5,000	4.0	4.5	3.1	3.8	3.5	3,000- 4,999
5,000 ～ 10,000	8.3	9.4	8.1	7.3	6.7	5,000- 9,999
10,000 ～ 30,000	20.6	24.2	23.0	18.5	14.4	10,000- 29,999
30,000 ～ 50,000	10.4	12.0	10.6	9.6	7.7	30,000- 49,999
50,000円以上	13.7	16.1	16.3	11.3	9.6	50,000-
電子マネーを利用した世帯員がいない	9.6	10.1	10.2	9.9	8.3	(n)
電子マネーの利用金額のうち鉄道及びバスでの1世帯当たり平均利用金額（円）	4,059	4,548	4,433	3,841	2,669	(o)
1,000円未満	3.5	3.7	2.6	2.8	3.6	－ 999 yen
1,000円以上 3,000円未満	9.7	10.9	10.7	7.6	8.2	1,000- 2,999
3,000 ～ 5,000	6.2	7.2	5.7	5.4	4.7	3,000- 4,999
5,000 ～ 10,000	8.4	10.5	8.7	6.5	5.2	5,000- 9,999
10,000円以上	9.3	12.3	11.2	8.0	3.9	10,000-

(a) Individual proprietors and others
(b) Distribution of households
(c) Number of tabulated households
(d) Number of persons per household (persons)
(e) Number of earners per household (persons)
(f) Age of household head (years old)
(g) Households some members of which own electronic money
(h) One-person
(i) Two-persons
(j) Three-or-more-persons
(k) Households any members of which don't own electronic money
(l) Households some members of which used electronic money
(m) Average amount of money per household using electronic money (yen)
(n) Households any members of which didn't use electronic money
(o) Average amount of money per household using electronic money by railway and bus (yen)

第2－4表　世帯人員・就業者数別電子マネー
Table 2-4　Use State Related to Electronic Money by Number of Household Members

2023年平均
2023 Average

項　　目	平均	世帯人員別　by Number of household members					
		1人	2人	3人	4人	5人	6人～
	Average	person	persons	persons	persons	persons	persons
世帯数分布（抽出率調整）	10,000	3,729	2,922	1,602	1,217	393	138
集計世帯数	3,001	284	1,344	669	488	159	57
世帯人員（人）	2.21	1.00	2.00	3.00	4.00	5.00	6.33
有業人員（人）	1.19	0.61	0.96	1.78	2.15	2.30	2.78
世帯主の年齢（歳）	59.0	56.2	67.4	59.3	51.1	49.6	54.8
電子マネーを持っている世帯員がいる	69.4	63.3	65.5	76.1	83.9	81.8	73.5
1人	32.5	63.3	17.3	12.6	10.2	11.3	9.5
2人	24.3	...	48.0	30.1	33.3	28.9	22.1
3人以上	12.5	...	...	33.4	40.4	41.5	41.8
電子マネーを持っている世帯員がいない	30.6	36.7	34.5	23.9	16.1	18.2	26.5
電子マネーを利用した世帯員がいる	59.6	53.4	56.5	66.3	73.9	70.7	60.3
電子マネーを利用した1世帯当たり平均利用金額（円）	27,034	20,367	27,187	31,389	33,131	33,462	37,012
1,000円未満	1.3	1.5	1.4	1.1	0.9	0.8	1.2
1,000円以上 3,000円未満	5.4	5.8	5.2	5.1	5.5	5.4	3.0
3,000 ～ 5,000	4.1	4.3	4.0	4.1	3.9	4.4	4.5
5,000 ～ 10,000	8.6	9.2	7.9	8.5	9.0	8.6	7.6
10,000 ～ 30,000	20.4	19.9	18.4	21.6	24.6	21.7	17.0
30,000 ～ 50,000	9.0	6.5	9.2	11.3	12.2	10.9	9.2
50,000円以上	10.9	6.2	10.5	14.7	17.8	19.0	17.8
電子マネーを利用した世帯員がいない	9.6	9.8	9.0	9.7	9.9	11.1	13.1
電子マネーの利用金額のうち鉄道及びバスでの1世帯当たり平均利用金額（円）	3,809	3,283	3,386	4,339	4,897	4,501	3,200
1,000円未満	3.9	4.7	3.8	3.3	3.4	2.6	2.9
1,000円以上 3,000円未満	9.9	10.2	9.4	9.8	10.4	10.5	6.2
3,000 ～ 5,000	6.5	7.1	5.6	6.8	7.1	6.1	4.8
5,000 ～ 10,000	8.1	7.6	7.0	8.8	11.5	8.2	6.7
10,000円以上	7.8	5.3	6.5	11.0	13.2	11.5	7.5

の利用状況（総世帯）
and Employed Persons (Total Households)

(%)

就業者数別	by Employed Persons			Item
0人	1人	2人	3人～	
person	person	persons	persons	
2,570	4,027	2,602	801	Distribution of households
677	888	1,109	327	Number of tabulated households
1.49	1.70	3.15	3.98	Number of persons per household (persons)
...	1.00	2.00	3.27	Number of earners per household (persons)
72.9	53.4	54.1	59.4	Age of household head (years old)
49.5	72.7	80.7	79.3	Households some members of which own electronic money
32.7	49.8	13.1	8.2	One-person
15.9	17.9	45.6	14.4	Two-persons
0.9	5.0	21.9	56.7	Three-or-more-persons
50.5	27.3	19.3	20.7	Households any members of which don't own electronic money
40.7	62.8	70.4	69.4	Households some members of which used electronic money
22,726	24,230	30,737	35,558	Average amount of money per household using electronic money (yen)
1.7	1.4	1.0	0.5	- 999 yen
4.4	6.3	5.4	4.2	1,000- 2,999
3.4	4.6	4.2	4.0	3,000- 4,999
5.5	10.5	9.2	7.5	5,000- 9,999
13.7	21.9	23.8	22.6	10,000- 29,999
6.7	8.1	11.5	11.6	30,000- 49,999
5.3	10.0	15.3	19.0	50,000-
8.7	9.9	10.2	9.7	Households any members of which didn't use electronic money
2,212	3,729	4,319	5,475	Average amount of money per household using electronic money by railway and bus (yen)
4.0	4.4	3.5	2.6	- 999 yen
7.3	11.7	10.3	7.8	1,000- 2,999
4.2	7.7	6.8	6.5	3,000- 4,999
3.5	9.5	9.6	10.6	5,000- 9,999
2.7	7.5	11.2	14.6	10,000-

2023年平均
2023 Average

項　　目	平均 Average	200万円 未　満 2 million yen under	200万円 以　上 300万円 未　満 2 million yen – 3 million yen	300〜400 3 million yen – 4 million yen	400〜500 4 million yen – 5 million yen	500〜600 5 million yen – 6 million yen	600〜700 6 million yen – 7 million yen
世帯数分布（抽出率調整）	10,000	1,897	1,572	1,435	1,124	792	662
集計世帯数	3,001	355	424	428	340	280	234
世帯人員（人）	2.21	1.31	1.68	1.95	2.17	2.63	2.86
有業人員（人）	1.19	0.43	0.70	0.98	1.28	1.54	1.67
世帯主の年齢（歳）	59.0	66.9	63.5	59.1	54.7	55.7	53.9
電子マネーを持っている世帯員がいる	69.4	46.0	60.6	69.2	74.5	78.5	81.8
1人	32.5	39.2	42.2	38.9	38.2	29.2	27.2
2人	24.3	6.0	15.9	25.5	27.4	34.1	35.6
3人以上	12.5	0.8	2.4	4.7	8.8	15.1	18.8
電子マネーを持っている世帯員がいない	30.6	54.0	39.4	30.8	25.5	21.5	18.2
電子マネーを利用した世帯員がいる	59.6	36.3	50.1	59.6	64.8	68.8	71.5
電子マネーを利用した1世帯当たり平均利用金額（円）	27,034	19,919	21,975	24,349	26,146	27,055	29,116
1,000円未満	1.3	1.5	1.3	1.4	1.4	0.8	1.0
1,000円以上 3,000円未満	5.4	3.7	5.1	5.8	5.7	6.6	5.9
3,000 〜 5,000	4.1	3.3	4.4	4.0	4.2	5.1	4.5
5,000 〜 10,000	8.6	5.6	7.4	9.4	11.9	9.2	9.2
10,000 〜 30,000	20.4	13.1	18.6	21.1	20.5	22.9	25.2
30,000 〜 50,000	9.0	5.4	6.5	9.0	9.1	10.4	10.6
50,000円以上	10.9	3.7	6.8	9.0	12.0	13.8	15.2
電子マネーを利用した世帯員がいない	9.6	9.5	10.5	9.5	9.6	9.7	10.2
電子マネーの利用金額のうち鉄道及びバスでの1世帯当たり平均利用金額（円）	3,809	2,393	2,513	3,345	3,628	3,438	3,869
1,000円未満	3.9	3.9	4.0	3.2	4.5	4.2	3.5
1,000円以上 3,000円未満	9.9	5.1	9.4	10.1	9.6	10.9	14.0
3,000 〜 5,000	6.5	3.8	5.4	5.9	9.1	7.6	6.2
5,000 〜 10,000	8.1	3.7	5.6	7.8	9.4	7.8	11.1
10,000円以上	7.8	2.8	4.0	5.8	7.7	8.1	9.1

の利用状況（総世帯）
Yearly Income Group (Total Households)

(%)

700〜800 7 million yen – 8 million yen	800〜900 8 million yen – 9 million yen	900〜1,000 9 million yen – 10 million yen	1,000〜1,250 10 million yen – 12.5 million yen	1,250〜1,500 12.5 million yen – 15 million yen	1,500〜2,000 15 million yen – 20 million yen	2,000万円 以 上 20 million yen or more	Item
570	452	365	449	228	147	94	Distribution of households
210	166	140	177	89	56	33	Number of tabulated households
2.97	3.14	3.24	3.28	3.36	3.41	3.13	Number of persons per household (persons)
1.81	1.93	2.03	2.06	2.19	2.18	1.94	Number of earners per household (persons)
54.0	53.3	54.3	54.3	55.2	54.5	58.2	Age of household head (years old)
84.9	86.7	86.3	88.9	91.4	90.9	84.5	Households some members of which own electronic money
23.4	19.3	14.5	11.1	10.6	10.4	8.7	One-person
37.6	37.0	37.2	40.6	37.6	34.0	33.4	Two-persons
23.9	30.5	34.6	37.1	43.1	46.6	42.4	Three-or-more-persons
15.1	13.3	13.7	11.1	8.6	9.1	15.5	Households any members of which don't own electronic money
74.0	76.2	77.6	81.3	85.2	83.4	77.5	Households some members of which used electronic money
30,583	30,713	33,063	34,324	35,317	39,986	42,004	Average amount of money per household using electronic money (yen)
2.3	1.1	1.1	1.3	1.4	1.2	0.4	－　　999 yen
6.1	7.2	5.7	5.2	6.0	5.2	4.5	1,000－　2,999
5.3	4.4	4.5	3.9	3.3	4.0	3.4	3,000－　4,999
9.9	10.4	9.9	10.9	9.3	6.3	6.8	5,000－　9,999
24.2	24.6	24.7	26.6	26.6	26.6	26.7	10,000－ 29,999
11.3	12.7	12.1	13.4	15.7	14.2	14.1	30,000－ 49,999
14.9	15.8	19.6	19.9	23.0	26.2	21.7	50,000－
10.9	10.4	8.4	7.5	6.2	7.4	6.9	Households any members of which didn't use electronic money
4,121	4,452	5,388	5,192	6,421	8,273	8,709	Average amount of money per household using electronic money by railway and bus (yen)
4.8	4.9	4.3	4.7	4.7	4.8	2.9	－　　999 yen
12.3	12.6	12.0	13.5	13.2	12.1	12.0	1,000－　2,999
7.5	8.9	8.6	9.1	8.5	9.6	8.1	3,000－　4,999
11.2	10.3	11.8	13.4	16.1	16.8	13.6	5,000－　9,999
11.0	12.3	15.8	16.0	20.7	26.9	26.9	10,000－

2023年平均
2023 Average

項　目	平均 Average	200万円 未　満 2 million yen under	200万円 以　上 300万円 未　満 2 million yen - 3 million yen	300～400 3 million yen - 4 million yen	400～500 4 million yen - 5 million yen	500～600 5 million yen - 6 million yen	600～700 6 million yen - 7 million yen
世帯数分布（抽出率調整）	10,000	712	1,253	1,426	1,164	995	863
集計世帯数	2,717	210	362	401	323	271	229
世帯人員（人）	2.93	2.30	2.36	2.52	2.79	3.05	3.24
有業人員（人）	1.52	0.75	0.79	1.05	1.45	1.69	1.83
世帯主の年齢（歳）	60.8	69.6	69.9	66.9	61.8	57.4	55.5
電子マネーを持っている世帯員がいる	73.0	46.0	55.2	65.0	71.3	77.6	80.5
1人	14.2	16.9	18.6	16.7	15.9	15.6	14.6
2人	38.8	25.7	31.7	40.6	41.8	43.1	43.1
3人以上	19.9	3.2	4.8	7.6	13.5	18.9	22.6
電子マネーを持っている世帯員がいない	27.0	54.0	44.8	35.1	28.7	22.4	19.5
電子マネーを利用した世帯員がいる	63.4	37.2	46.1	54.9	61.1	67.3	69.8
電子マネーを利用した1世帯当たり平均利用金額（円）	30,282	23,192	25,670	26,908	28,108	27,851	29,807
1,000円未満	1.2	1.5	1.2	1.5	0.9	1.0	0.9
1,000円以上 3,000円未満	5.2	4.2	4.8	4.8	5.1	6.0	5.9
3,000　～　5,000	4.0	2.1	3.6	4.2	4.1	4.8	4.5
5,000　～ 10,000	8.3	5.6	6.1	7.3	8.7	9.3	9.6
10,000　～ 30,000	20.6	12.3	14.5	17.6	19.1	21.5	24.3
30,000　～ 50,000	10.4	5.9	7.7	9.2	10.5	11.4	10.2
50,000円以上	13.7	5.5	8.2	10.3	12.6	13.4	14.4
電子マネーを利用した世帯員がいない	9.6	8.8	9.0	10.0	10.2	10.3	10.6
電子マネーの利用金額のうち鉄道及びバスでの1世帯当たり平均利用金額（円）	4,059	2,570	2,415	2,771	3,122	3,364	3,894
1,000円未満	3.5	3.1	2.8	3.2	3.5	3.6	3.5
1,000円以上 3,000円未満	9.7	5.5	7.2	7.8	9.0	10.4	10.6
3,000　～　5,000	6.2	2.9	4.5	5.5	5.5	6.2	6.0
5,000　～ 10,000	8.4	3.7	4.0	5.6	8.2	6.7	10.0
10,000円以上	9.3	3.1	3.5	5.1	6.3	8.4	9.3

の利用状況 （二人以上の世帯）
Yearly Income Group (Two-or-more-person Households)

(%)

700～800 7 million yen - 8 million yen	800～900 8 million yen - 9 million yen	900～1,000 9 million yen - 10 million yen	1,000～1,250 10 million yen - 12.5 million yen	1,250～1,500 12.5 million yen - 15 million yen	1,500～2,000 15 million yen - 20 million yen	2,000万円 以 上 20 million yen or more	Item
780	645	535	687	351	225	139	Distribution of households
207	163	138	175	89	55	33	Number of tabulated households
3.29	3.39	3.44	3.38	3.43	3.50	3.27	Number of persons per household (persons)
1.94	2.03	2.12	2.11	2.23	2.22	2.02	Number of earners per household (persons)
54.9	53.9	54.0	54.3	55.2	54.2	57.9	Age of household head (years old)
85.3	86.1	87.3	89.5	91.2	90.8	88.7	Households some members of which own electronic money
13.7	10.7	9.3	8.3	7.8	7.4	7.6	One-person
43.8	41.3	40.4	42.4	38.7	35.1	36.0	Two-persons
27.8	34.0	37.6	38.7	44.5	48.4	45.2	Three-or-more-persons
14.7	13.9	12.7	10.5	8.8	9.2	11.3	Households any members of which don't own electronic money
73.9	76.6	79.3	81.5	84.8	83.1	81.3	Households some members of which used electronic money
32,994	31,540	34,340	34,659	35,994	40,785	42,598	Average amount of money per household using electronic money (yen)
1.3	1.1	0.8	1.3	1.4	1.2	0.4	－　　999 yen
5.7	6.2	5.1	5.3	5.7	5.4	4.8	1,000-　2,999
4.3	4.6	4.6	4.1	3.4	4.1	3.5	3,000-　4,999
9.8	9.7	9.5	10.8	8.5	6.5	7.6	5,000-　9,999
24.7	25.2	25.8	27.3	26.8	24.6	27.0	10,000-　29,999
12.1	13.1	12.2	12.0	15.7	14.8	15.0	30,000-　49,999
16.0	16.7	21.4	20.7	23.2	26.6	23.1	50,000-
11.4	9.4	8.0	7.9	6.4	7.6	7.4	Households any members of which didn't use electronic money
4,245	4,557	5,457	5,302	6,488	8,361	8,721	Average amount of money per household using electronic money by railway and bus (yen)
3.8	4.0	4.6	4.0	4.8	5.0	3.1	－　　999 yen
11.5	12.1	12.2	14.1	12.5	12.5	12.7	1,000-　2,999
7.0	8.4	8.6	8.7	8.7	10.0	8.8	3,000-　4,999
10.8	11.3	12.2	14.0	15.7	15.2	14.7	5,000-　9,999
11.2	12.8	16.5	16.5	20.8	27.1	27.7	10,000-

2023年平均
2023 Average

項　目	全国	地　方						
		北海道	東北	関東	北陸	東海	近畿	中国
	All Japan	Hokkaido	Tohoku	Kanto	Hokuriku	Tokai	Kinki	Chugoku
世帯数分布（抽出率調整）	10,000	438	738	3,721	404	1,176	1,541	595
集計世帯数	21,512	1,029	1,717	7,184	970	2,526	3,436	1,397
世帯人員（人）	2.20	2.02	2.14	2.18	2.26	2.27	2.26	2.15
有業人員（人）	1.17	1.07	1.13	1.20	1.25	1.20	1.13	1.13
世帯主の年齢（歳）	59.8	60.7	59.6	57.5	60.2	60.9	61.9	60.6
５０品目計	75,182	62,795	70,178	78,519	76,068	80,158	72,796	73,489
通信								
０１　スマートフォン・携帯電話などの通信、通話使用料	9,274	9,171	9,461	9,120	9,628	9,159	9,041	9,482
０２　インターネット接続料	3,606	3,282	3,134	3,902	3,354	3,564	3,992	3,118
０３　スマートフォン・携帯電話の本体価格	1,404	1,182	1,092	1,549	1,693	1,365	1,433	1,428
旅行関係								
０４　航空運賃	1,185	1,625	651	1,552	469	720	1,001	637
０５　宿泊料	2,716	2,281	1,901	3,518	2,323	2,456	2,735	1,920
０６　パック旅行費（国内）	1,627	1,422	1,306	1,909	1,161	1,634	1,395	1,492
０７　パック旅行費（外国）	572	146	175	808	185	495	725	588
教育、教養娯楽								
０８　国公立授業料等（幼稚園～大学、専修学校）	1,193	1,218	1,158	875	1,664	1,346	1,333	1,409
０９　私立授業料等（幼稚園～大学、専修学校）	5,204	2,941	2,877	6,749	3,638	4,357	6,579	3,628
１０　補習教育費	2,389	1,012	1,267	3,188	1,188	2,388	2,618	1,487
１１　自動車教習料	408	192	444	434	441	394	394	343
１２　スポーツ施設使用料	876	634	482	1,124	814	792	985	597
衣類等								
１３　背広服	456	309	443	550	307	462	419	488
１４　婦人用スーツ・ワンピース	528	332	412	606	333	472	589	512
１５　和服	203	185	70	206	202	257	259	177
１６　腕時計	244	126	120	300	235	260	305	110
１７　装身具（アクセサリー類）	374	380	276	399	246	369	440	309
医療								
１８　出産入院料	159	79	98	155	338	142	240	66
１９　出産以外の入院料	1,443	1,104	1,316	1,336	1,920	1,469	1,568	1,458
家具等								
２０　たんす	69	55	67	77	45	57	86	67
２１　ベッド	225	134	177	245	170	206	270	143
２２　布団	295	296	277	287	222	321	322	339
２３　机・いす（事務用・学習用）	120	74	60	156	48	131	110	87
２４　食器戸棚	70	55	46	79	44	68	65	81
２５　食卓セット	109	47	89	136	130	118	94	96
２６　応接セット	136	234	118	137	90	224	95	75
２７　楽器（部品を含む）	136	36	65	181	97	129	190	88
家電等								
２８　冷蔵庫	689	646	676	726	620	726	588	814
２９　掃除機	259	238	237	265	262	261	256	254
３０　洗濯機	578	611	500	536	688	549	658	565
３１　エアコン	1,311	884	1,395	1,343	1,461	1,329	1,470	1,089
３２　パソコン（ﾀﾌﾞﾚｯﾄ型を含む。周辺機器・ｿﾌﾄは除く）	1,009	916	704	1,391	786	888	782	776
３３　テレビ	616	600	662	616	708	667	581	428
３４　ビデオデッキ	91	71	58	97	101	107	102	57
３５　ゲーム機（ソフトは除く）	163	164	112	211	111	83	199	82
３６　カメラ（交換ﾚﾝｽﾞのみを含む。使い捨てのｶﾒﾗは除く）	101	52	56	119	96	83	135	101
３７　ビデオカメラ	29	－	17	44	48	18	31	11
住宅関係								
３８　家屋に関する設備費・工事費・修理費	6,214	3,959	5,748	6,576	5,150	6,862	5,603	5,576
３９　給排水関係工事費	1,945	2,094	2,062	1,934	1,888	2,060	2,255	1,482
４０　庭・植木の手入れ代	467	166	407	499	524	479	417	488
自動車等関係								
４１　自動車（新車）	10,480	7,048	11,591	9,922	12,935	14,218	8,351	12,311
４２　自動車（中古車）	3,565	4,142	4,047	3,333	5,197	3,391	3,061	4,157
４３　自動車保険料（自賠責）	516	513	670	444	644	644	415	561
４４　自動車保険料（任意）	2,553	2,857	2,901	2,197	2,875	3,370	2,167	2,645
４５　自動車以外の原動機付輸送機器	305	158	168	249	288	346	192	267
４６　自動車整備費	2,918	2,655	3,443	2,547	3,466	3,840	2,595	3,100
その他								
４７　挙式・披露宴費用	404	120	242	461	627	524	450	142
４８　葬儀・法事費用	2,873	3,142	3,503	2,833	3,203	2,901	2,409	3,312
４９　信仰関係費	1,014	1,188	837	969	1,183	1,035	1,131	1,380
５０　仕送り金	2,064	2,019	2,563	1,629	2,226	2,424	1,668	3,668

サービスの１世帯当たり１か月間の支出（総世帯）
by All Japan, Districts and City Groups (Total Households)

単位　円　In Yen

Districts		都市階級　City Groups				
四国	九州・沖縄	大都市	中都市	小都市Ａ	小都市Ｂ・町村	Item
Shikoku	Kyushu & Okinawa	Major cities	Middle cities	Small cities A	Small cities B, Towns & villages	
289	1,099	3,049	3,091	2,325	1,535	Distribution of households
711	2,542	5,675	6,807	5,335	3,695	Number of tabulated households
2.18	2.23	2.20	2.21	2.20	2.20	Number of persons per household (persons)
1.11	1.15	1.21	1.15	1.14	1.17	Number of earners per household (persons)
62.2	61.9	57.6	60.0	60.9	62.0	Age of household head (years old)
74,790	71,010	74,286	76,142	75,034	75,255	Total expenditure on specific goods and services (50 items)
						Communication
9,312	9,917	9,093	9,229	9,357	9,609	01 Mobile telephones charges
3,219	3,012	3,768	3,840	3,476	3,005	02 Internet connection charges
1,087	1,157	1,586	1,510	1,245	1,068	03 Mobile telephones unit prices
						Travel-related costs
905	1,521	1,782	1,016	830	880	04 Airplane fares
1,659	1,837	3,779	2,434	2,236	1,894	05 Accommodation services
1,768	1,493	1,948	1,671	1,421	1,200	06 Package tour costs (domestic)
335	257	790	575	422	357	07 Package tour costs (overseas)
						Education, Culture and recreation
2,551	1,275	1,046	1,431	1,246	923	08 Tuition (kindergarten-university) (public)
2,804	3,569	6,648	5,165	4,709	3,167	09 Tuition (kindergarten-university) (private)
2,056	1,686	3,199	2,646	1,884	1,027	10 Tutorial fees
486	423	407	386	445	400	11 Lesson fees, driving school
615	577	1,204	905	710	415	12 Rental fees for sports facilities
						Clothing
316	324	633	406	391	299	13 Men's suits
755	418	673	563	415	340	14 Women's one-piece dresses and suits
84	199	307	205	125	106	15 Japanese clothing
218	159	324	218	207	194	16 Wrist watches
211	382	525	320	328	257	17 Accessories
						Medical care
108	152	229	151	118	100	18 Delivery fees
1,901	1,516	1,380	1,444	1,464	1,538	19 Hospital charges (excluding delivery)
						Furniture, etc.
39	61	87	66	63	51	20 Chests of drawers
234	241	263	230	217	151	21 Beds
278	274	304	304	297	255	22 Quilts
101	114	147	124	100	93	23 Desks and chairs (for work or study)
50	81	99	60	59	53	24 Sideboards
95	70	145	114	75	77	25 Dining tables and chairs
64	136	123	152	144	114	26 Drawing room suites
54	68	196	105	128	92	27 Musical instruments (including parts of instruments)
						Home electric appliances, etc.
955	587	673	762	642	644	28 Refrigerators
318	245	281	265	232	244	29 Vacuum cleaners
701	617	580	595	546	588	30 Washing machines
1,262	1,158	1,155	1,431	1,263	1,453	31 Air conditioners
723	687	1,316	943	822	816	32 Personal computers (a)
746	618	525	742	568	617	33 TV
108	81	101	94	81	81	34 Video recorders (DVD or Blu-ray recorder, player, etc.)
47	155	261	115	142	92	35 Video game hardware (excluding software)
83	68	117	115	95	48	36 Cameras (including lenses only, excluding disposable cameras)
23	14	43	33	15	17	37 Video cameras
						Housing
6,412	6,982	5,931	6,174	7,020	5,665	38 House-related equipping/ construction/ repair costs
1,164	1,773	1,869	1,819	2,100	2,118	39 Water supply and drainage construction costs
787	467	377	477	530	533	40 Gardens, trees and plants tending costs
						Motor cars-related costs
12,374	9,540	7,631	11,547	10,931	13,258	41 Automobiles (new)
2,398	4,138	2,522	3,587	3,792	5,228	42 Automobiles (second-hand)
681	543	337	527	589	734	43 Automotive insurance premium (compulsion)
3,179	2,744	1,679	2,667	3,077	3,271	44 Automotive insurance premium (option)
186	821	213	444	279	249	45 Motorized vehicles other than automobiles
3,620	2,917	2,182	3,016	3,260	3,672	46 Automotive maintenance and repairs
						Others
408	302	513	417	357	240	47 Wedding ceremony and reception costs
4,171	2,432	2,422	2,348	3,148	4,427	48 Funeral service costs
868	808	850	943	1,139	1,294	49 Religion-related costs
2,272	2,402	2,024	1,815	2,295	2,302	50 Remittance

(a) including tablet devices, excluding peripherals and software

2023年平均
2023 Average

項　目	全国	地　方						
		北海道	東北	関東	北陸	東海	近畿	中国
	All Japan	Hokkaido	Tohoku	Kanto	Hokuriku	Tokai	Kinki	Chugoku
世帯数分布（抽出率調整）	10,000	419	666	3,702	393	1,190	1,654	571
集計世帯数	19,446	920	1,540	6,537	883	2,265	3,118	1,255
世帯人員（人）	2.90	2.70	3.01	2.88	3.05	2.98	2.86	2.90
有業人員（人）	1.50	1.40	1.55	1.51	1.63	1.57	1.43	1.51
世帯主の年齢（歳）	61.2	60.9	62.1	60.6	61.8	60.8	61.7	61.6
５０品目計	94,485	73,885	93,332	99,438	98,074	101,172	89,380	95,231
通信								
０１　スマートフォン・携帯電話などの通信、通話使用料	11,600	10,823	12,723	11,522	12,419	11,494	10,961	12,170
０２　インターネット接続料	4,282	3,839	3,752	4,603	4,340	4,281	4,555	3,835
０３　スマートフォン・携帯電話の本体価格	1,721	1,678	1,555	1,888	1,692	1,656	1,617	1,948
旅行関係								
０４　航空運賃	1,265	1,693	443	1,684	438	861	991	796
０５　宿泊料	3,384	2,465	2,482	4,404	2,870	3,143	3,273	2,545
０６　パック旅行費（国内）	2,026	1,870	1,512	2,402	1,521	1,787	1,741	2,118
０７　パック旅行費（外国）	710	239	274	1,113	60	656	717	370
教育、教養娯楽								
０８　国公立授業料等（幼稚園～大学、専修学校）	1,796	1,615	1,860	1,376	2,700	2,098	1,970	2,097
０９　私立授業料等（幼稚園～大学、専修学校）	7,920	4,260	4,458	10,301	5,566	6,641	9,440	6,010
１０　補習教育費	3,638	1,665	1,860	4,821	1,919	3,629	3,818	2,448
１１　自動車教習料	638	308	769	678	724	611	577	562
１２　スポーツ施設使用料	1,052	627	575	1,444	799	937	979	759
衣類等								
１３　背広服	584	476	605	693	472	547	535	519
１４　婦人用スーツ・ワンピース	622	447	507	702	433	586	701	554
１５　和服	263	300	119	270	125	369	274	291
１６　腕時計	307	167	176	363	335	343	368	123
１７　装身具（アクセサリー類）	470	371	273	578	372	414	510	404
医療								
１８　出産入院料	243	130	169	246	334	223	354	109
１９　出産以外の入院料	1,872	1,519	1,928	1,850	1,944	1,899	1,893	1,733
家具等								
２０　たんす	96	57	103	103	73	80	118	103
２１　ベッド	282	211	256	337	224	282	210	226
２２　布団	351	372	374	326	334	430	339	404
２３　机・いす（事務用・学習用）	151	95	83	190	76	154	140	115
２４　食器戸棚	97	80	81	105	73	103	84	98
２５　食卓セット	149	78	151	179	209	166	117	124
２６　応接セット	187	386	119	198	135	344	118	124
２７　楽器（部品を含む）	173	54	102	201	152	171	263	129
家電等								
２８　冷蔵庫	870	736	684	942	908	915	781	1,025
２９　掃除機	325	299	276	349	317	322	325	338
３０　洗濯機	782	691	695	785	925	721	803	818
３１　エアコン	1,647	1,093	1,838	1,716	1,973	1,703	1,634	1,637
３２　パソコン（ﾀﾌﾞﾚｯﾄ型を含む。周辺機器・ｿﾌﾄは除く）	1,133	1,154	1,046	1,356	1,067	1,011	1,001	1,114
３３　テレビ	744	847	813	760	877	842	672	614
３４　ビデオデッキ	123	118	82	122	115	152	132	94
３５　ゲーム機（ソフトは除く）	125	118	91	137	124	125	135	119
３６　カメラ（交換ﾚﾝｽﾞのみを含む。使い捨てのｶﾒﾗは除く）	128	26	97	145	121	123	160	134
３７　ビデオカメラ	24	－	31	27	28	27	18	18
住宅関係								
３８　家屋に関する設備費・工事費・修理費	7,400	4,540	7,949	7,796	7,570	8,738	6,041	7,810
３９　給排水関係工事費	2,371	2,344	2,710	2,348	2,466	2,614	2,598	1,655
４０　庭・植木の手入れ代	451	179	477	481	614	515	352	384
自動車等関係								
４１　自動車（新車）	13,704	9,861	15,573	12,795	15,944	17,926	11,896	17,239
４２　自動車（中古車）	4,372	3,075	5,507	3,928	6,293	4,892	3,806	5,456
４３　自動車保険料（自賠責）	634	619	808	559	860	762	516	754
４４　自動車保険料（任意）	3,136	3,263	3,724	2,748	4,060	3,994	2,721	3,152
４５　自動車以外の原動機付輸送機器	302	40	283	277	470	393	284	418
４６　自動車整備費	3,584	3,252	4,413	3,373	4,640	4,167	3,111	3,601
その他								
４７　挙式・披露宴費用	595	197	296	684	1,013	820	562	236
４８　葬儀・法事費用	2,746	2,728	4,283	2,649	3,033	2,996	2,113	2,736
４９　信仰関係費	1,137	751	1,153	1,104	1,224	1,218	1,275	1,542
５０　仕送り金	2,278	2,132	3,199	1,785	3,091	2,289	1,781	3,626

サービスの1世帯当たり1か月間の支出（二人以上の世帯）
Districts and City Groups (Two-or-more-person Households)

単位　円　In Yen

Districts		都市階級 City Groups				
四国	九州・沖縄	大都市	中都市	小都市A	小都市B・町村	Item
Shikoku	Kyushu & Okinawa	Major cities	Middle cities	Small cities A	Small cities B, Towns & villages	
292	1,115	3,097	3,132	2,281	1,491	Distribution of households
640	2,288	5,135	6,169	4,816	3,326	Number of tabulated households
2.84	2.92	2.87	2.89	2.93	2.95	Number of persons per household (persons)
1.47	1.48	1.51	1.48	1.50	1.55	Number of earners per household (persons)
61.6	61.8	60.0	61.1	61.8	62.9	Age of household head (years old)
89,934	86,447	94,466	95,342	95,005	91,917	Total expenditure on specific goods and services (50 items)
						Communication
11,898	11,880	11,272	11,587	11,764	12,054	01 Mobile telephones charges
3,882	3,605	4,420	4,500	4,219	3,630	02 Internet connection charges
1,593	1,436	1,889	1,777	1,639	1,382	03 Mobile telephones unit prices
						Travel-related costs
1,042	1,632	1,946	1,148	802	805	04 Airplane fares
2,058	2,255	4,510	3,203	2,827	2,275	05 Accommodation services
1,916	1,976	2,508	2,024	1,733	1,474	06 Package tour costs (domestic)
323	355	1,066	554	606	456	07 Package tour costs (overseas)
						Education, Culture and recreation
2,563	1,967	1,601	2,085	1,926	1,398	08 Tuition (kindergarten-university) (public)
4,417	5,292	10,202	7,668	7,293	4,673	09 Tuition (kindergarten-university) (private)
3,171	2,586	4,949	3,837	2,891	1,637	10 Tutorial fees
748	654	627	600	705	641	11 Lesson fees, driving school
595	785	1,483	1,036	814	557	12 Rental fees for sports facilities
						Clothing
460	465	774	516	509	441	13 Men's suits
714	488	830	611	508	384	14 Women's one-piece dresses and suits
130	249	350	274	185	172	15 Japanese clothing
333	197	399	272	234	296	16 Wrist watches
313	375	630	402	419	359	17 Accessories
						Medical care
168	236	358	207	190	163	18 Delivery fees
2,199	1,943	1,764	1,794	2,026	2,023	19 Hospital charges (excluding delivery)
						Furniture, etc.
62	85	116	92	87	78	20 Chests of drawers
300	289	326	268	272	234	21 Beds
376	314	336	388	366	278	22 Quilts
137	145	184	157	127	105	23 Desks and chairs (for work or study)
63	112	129	79	91	77	24 Sideboards
134	98	189	171	108	82	25 Dining tables and chairs
84	124	175	193	201	176	26 Drawing room suites
44	102	208	147	185	139	27 Musical instruments (including parts of instruments)
						Home electric appliances, etc.
1,003	751	915	916	820	759	28 Refrigerators
375	274	365	325	286	305	29 Vacuum cleaners
933	788	808	834	761	654	30 Washing machines
1,469	1,405	1,539	1,784	1,602	1,651	31 Air conditioners
973	839	1,343	1,105	995	965	32 Personal computers (a)
622	663	698	839	738	649	33 TV
124	121	136	124	122	90	34 Video recorders (DVD or Blu-ray recorder, player, etc.)
49	114	147	124	118	89	35 Video game hardware (excluding software)
129	84	140	137	134	74	36 Cameras (including lenses only, excluding disposable cameras)
35	22	23	27	22	20	37 Video cameras
						Housing
6,847	7,298	6,864	7,954	7,480	7,231	38 House-related equipping/ construction/ repair costs
1,337	2,268	2,064	2,465	2,297	2,927	39 Water supply and drainage construction costs
664	440	330	471	532	539	40 Gardens, trees and plants tending costs
						Motor cars-related costs
15,763	12,092	10,444	13,815	15,669	17,217	41 Automobiles (new)
3,782	4,860	3,198	4,499	5,202	5,267	42 Automobiles (second-hand)
722	655	434	647	746	849	43 Automotive insurance premium (compulsion)
3,496	3,301	2,189	3,255	3,682	4,018	44 Automotive insurance premium (option)
294	308	299	342	279	258	45 Motorized vehicles other than automobiles
3,841	3,547	2,799	3,685	4,054	4,285	46 Automotive maintenance and repairs
						Others
631	465	731	590	577	356	47 Wedding ceremony and reception costs
3,081	2,643	2,568	2,403	2,803	3,745	48 Funeral service costs
783	950	1,086	1,074	1,181	1,311	49 Religion-related costs
3,265	2,914	2,106	2,337	2,176	2,671	50 Remittance

(a) including tablet devices, excluding peripherals and software

2023年平均
2023 Average

項　　目	平均	～29歳	30～39歳	40～49歳	50～59歳	60～69歳
	Average	years old	years old	years old	years old	years old
世帯数分布（抽出率調整）	10,000	538	773	1,250	1,930	2,194
集計世帯数	21,512	171	1,266	2,956	4,151	5,332
世帯人員（人）	2.20	1.16	2.43	3.10	2.45	2.14
有業人員（人）	1.17	1.02	1.38	1.64	1.65	1.30
世帯主の年齢（歳）	59.8	25.8	34.6	45.2	54.6	64.8
５０品目計	75,182	29,495	68,419	98,927	102,531	83,090
通信						
01 スマートフォン・携帯電話などの通信、通話使用料	9,274	5,845	8,682	12,416	12,397	9,895
02 インターネット接続料	3,606	2,749	3,620	4,421	4,503	4,165
03 スマートフォン・携帯電話の本体価格	1,404	2,011	1,759	1,901	1,988	1,288
旅行関係						
04 航空運賃	1,185	1,148	2,565	1,387	1,588	1,249
05 宿泊料	2,716	1,971	4,365	3,544	3,089	3,126
06 パック旅行費（国内）	1,627	803	1,460	1,609	1,373	2,080
07 パック旅行費（外国）	572	156	87	378	725	863
教育、教養娯楽						
08 国公立授業料等（幼稚園～大学、専修学校）	1,193	478	923	3,135	3,031	408
09 私立授業料等（幼稚園～大学、専修学校）	5,204	46	1,563	12,496	15,178	1,991
10 補習教育費	2,389	154	2,971	9,528	4,134	477
11 自動車教習料	408	16	55	995	1,054	205
12 スポーツ施設使用料	876	420	591	935	880	1,168
衣類等						
13 背広服	456	582	602	732	771	394
14 婦人用スーツ・ワンピース	528	483	518	666	738	554
15 和服	203	23	25	220	254	381
16 腕時計	244	105	240	319	417	296
17 装身具（アクセサリー類）	374	270	459	370	493	461
医療						
18 出産入院料	159	321	1,139	262	49	30
19 出産以外の入院料	1,443	344	524	782	1,150	1,617
家具等						
20 たんす	69	21	69	122	95	82
21 ベッド	225	214	371	257	246	207
22 布団	295	228	245	291	326	354
23 机・いす（事務用・学習用）	120	147	168	249	122	101
24 食器戸棚	70	69	139	58	73	86
25 食卓セット	109	44	203	136	97	139
26 応接セット	136	－	142	124	139	191
27 楽器（部品を含む）	136	365	141	201	186	126
家電等						
28 冷蔵庫	689	221	355	614	781	816
29 掃除機	259	120	209	295	266	325
30 洗濯機	578	69	502	804	690	636
31 エアコン	1,311	440	1,072	1,058	1,324	1,590
32 パソコン（タブレット型を含む。周辺機器・ソフトは除く）	1,009	1,443	1,913	1,405	1,281	921
33 テレビ	616	302	373	641	565	765
34 ビデオデッキ	91	3	41	94	84	122
35 ゲーム機（ソフトは除く）	163	522	538	304	187	57
36 カメラ（交換レンズのみを含む。使い捨てのカメラは除く）	101	29	125	107	100	136
37 ビデオカメラ	29	9	175	44	25	18
住宅関係						
38 家屋に関する設備費・工事費・修理費	6,214	243	4,857	4,077	6,081	8,334
39 給排水関係工事費	1,945	75	446	824	1,756	3,018
40 庭・植木の手入れ代	467	2	70	227	234	627
自動車等関係						
41 自動車（新車）	10,480	1,466	14,019	13,196	12,832	13,213
42 自動車（中古車）	3,565	943	3,948	6,528	4,675	3,767
43 自動車保険料（自賠責）	516	293	371	546	571	628
44 自動車保険料（任意）	2,553	1,684	1,744	2,554	2,983	3,025
45 自動車以外の原動機付輸送機器	305	33	935	343	428	327
46 自動車整備費	2,918	1,444	1,625	3,240	3,610	3,545
その他						
47 挙式・披露宴費用	404	1,047	436	66	334	906
48 葬儀・法事費用	2,873	3	252	931	2,726	4,972
49 信仰関係費	1,014	5	175	237	892	1,600
50 仕送り金	2,064	89	613	3,259	5,015	1,814

1世帯当たり1か月間の支出（総世帯）
by Age Group of Household Head (Total Households)

単位　円　In Yen

70～79歳	80歳～	Item
years old	years old	
2,500	815	Distribution of households
5,767	1,868	Number of tabulated households
1.88	1.87	Number of persons per household (persons)
0.67	0.39	Number of earners per household (persons)
74.0	83.6	Age of household head (years old)
57,489	43,677	Total expenditure on specific goods and services (50 items)
		Communication
6,990	5,233	01 Mobile telephones charges
2,777	1,827	02 Internet connection charges
845	530	03 Mobile telephones unit prices
		Travel-related costs
607	233	04 Airplane fares
1,855	1,038	05 Accommodation services
1,900	935	06 Package tour costs (domestic)
625	302	07 Package tour costs (overseas)
		Education, Culture and recreation
93	45	08 Tuition (kindergarten-university) (public)
346	772	09 Tuition (kindergarten-university) (private)
189	122	10 Tutorial fees
103	57	11 Lesson fees, driving school
891	518	12 Rental fees for sports facilities
		Clothing
169	114	13 Men's suits
344	347	14 Women's one-piece dresses and suits
129	92	15 Japanese clothing
107	100	16 Wrist watches
274	165	17 Accessories
		Medical care
15	10	18 Delivery fees
1,943	2,732	19 Hospital charges (excluding delivery)
		Furniture, etc.
37	29	20 Chests of drawers
183	157	21 Beds
270	232	22 Quilts
76	49	23 Desks and chairs (for work or study)
51	34	24 Sideboards
76	70	25 Dining tables and chairs
129	103	26 Drawing room suites
60	30	27 Musical instruments (including parts of instruments)
		Home electric appliances, etc.
781	590	28 Refrigerators
239	209	29 Vacuum cleaners
518	406	30 Washing machines
1,455	1,288	31 Air conditioners
506	367	32 Personal computers (including tablet devices, excluding peripherals and software)
678	548	33 TV
111	65	34 Video recorders (DVD or Blu-ray recorder, player, etc.)
19	16	35 Video game hardware (excluding software)
92	52	36 Cameras (including lenses only, excluding disposable cameras)
4	6	37 Video cameras
		Housing
7,015	6,856	38 House-related equipping/ construction/ repair costs
2,483	2,211	39 Water supply and drainage construction costs
668	1,027	40 Gardens, trees and plants tending costs
		Motor cars-related costs
7,799	4,435	41 Automobiles (new)
2,333	1,020	42 Automobiles (second-hand)
517	310	43 Automotive insurance premium (compulsion)
2,522	1,704	44 Automotive insurance premium (option)
110	68	45 Motorized vehicles other than automobiles
2,790	1,696	46 Automotive maintenance and repairs
		Others
156	22	47 Wedding ceremony and reception costs
3,536	2,846	48 Funeral service costs
1,421	1,141	49 Religion-related costs
655	919	50 Remittance

第３－２表　世帯主の年齢階級別特定の財（商品）・サービスの
Table 3-2 Monthly Expenditure per Household

2023年平均
2023 Average

項　　目	平均	～29歳	30～39歳	40～49歳	50～59歳	60～69歳
	Average	years old	years old	years old	years old	years old
世帯数分布（抽出率調整）	10,000	66	662	1,548	2,060	2,400
集計世帯数	19,446	122	1,203	2,843	3,885	4,787
世帯人員（人）	2.90	3.02	3.65	3.69	3.16	2.65
有業人員（人）	1.50	1.76	1.75	1.85	2.04	1.64
世帯主の年齢（歳）	61.2	27.4	35.6	45.0	54.4	64.7
５０品目計	94,485	93,561	78,138	114,406	130,398	96,316
通信						
０１　スマートフォン・携帯電話などの通信、通話使用料	11,600	9,523	10,955	13,789	15,114	11,912
０２　インターネット接続料	4,282	3,378	4,187	4,810	5,041	4,784
０３　スマートフォン・携帯電話の本体価格	1,721	2,541	2,137	2,298	2,522	1,603
旅行関係						
０４　航空運賃	1,265	2,734	1,593	1,424	1,874	1,414
０５　宿泊料	3,384	6,527	4,042	4,037	3,979	3,779
０６　パック旅行費（国内）	2,026	1,271	1,687	1,891	1,770	2,414
０７　パック旅行費（外国）	710	2,033	161	430	857	931
教育、教養娯楽						
０８　国公立授業料等（幼稚園～大学、専修学校）	1,796	1,041	1,620	3,904	4,331	592
０９　私立授業料等（幼稚園～大学、専修学校）	7,920	585	2,512	15,410	21,921	2,824
１０　補習教育費	3,638	513	4,115	12,161	6,029	634
１１　自動車教習料	638	202	101	1,276	1,565	288
１２　スポーツ施設使用料	1,052	665	706	1,056	1,111	1,269
衣類等						
１３　背広服	584	714	662	854	1,021	516
１４　婦人用スーツ・ワンピース	622	502	543	710	905	647
１５　和服	263	321	42	282	355	351
１６　腕時計	307	357	232	380	496	366
１７　装身具（アクセサリー類）	470	847	722	446	589	516
医療						
１８　出産入院料	243	4,115	2,124	335	30	44
１９　出産以外の入院料	1,872	574	785	857	1,417	1,946
家具等						
２０　たんす	96	51	127	145	130	102
２１　ベッド	282	34	441	327	303	275
２２　布団	351	201	356	335	369	414
２３　机・いす（事務用・学習用）	151	161	300	284	153	115
２４　食器戸棚	97	469	233	62	107	107
２５　食卓セット	149	471	276	165	127	174
２６　応接セット	187	－	233	159	203	234
２７　楽器（部品を含む）	173	191	248	246	265	168
家電等						
２８　冷蔵庫	870	448	591	676	994	983
２９　掃除機	325	276	376	339	303	379
３０　洗濯機	782	530	911	959	859	837
３１　エアコン	1,647	530	1,263	1,285	1,788	1,864
３２　パソコン（タブレット型を含む。周辺機器・ソフトは除く）	1,133	1,271	972	1,579	1,694	1,087
３３　テレビ	744	843	595	756	590	878
３４　ビデオデッキ	123	37	65	100	117	154
３５　ゲーム機（ソフトは除く）	125	277	346	269	141	81
３６　カメラ（交換レンズのみを含む。使い捨てのカメラは除く）	128	375	231	117	113	150
３７　ビデオカメラ	24	117	90	56	20	11
住宅関係						
３８　家屋に関する設備費・工事費・修理費	7,400	1,430	2,926	5,051	7,119	9,922
３９　給排水関係工事費	2,371	448	558	1,001	2,238	3,478
４０　庭・植木の手入れ代	451	22	123	233	247	639
自動車等関係						
４１　自動車（新車）	13,704	18,753	14,398	16,863	17,693	15,247
４２　自動車（中古車）	4,372	11,930	5,856	6,239	5,495	4,013
４３　自動車保険料（自賠責）	634	771	525	614	668	711
４４　自動車保険料（任意）	3,136	2,406	2,407	2,891	3,606	3,508
４５　自動車以外の原動機付輸送機器	302	454	201	342	473	364
４６　自動車整備費	3,584	843	2,552	3,648	3,976	4,178
その他						
４７　挙式・披露宴費用	595	10,994	802	84	477	1,228
４８　葬儀・法事費用	2,746	42	485	765	2,548	4,602
４９　信仰関係費	1,137	60	282	265	969	1,727
５０　仕送り金	2,278	684	448	2,202	5,691	1,862

1世帯当たり1か月間の支出（二人以上の世帯）
by Age Group of Household Head (Two-or-more-person Households)

単位　円　In Yen

70～79歳	80歳～	Item
years old	years old	
2,458	807	Distribution of households
4,992	1,614	Number of tabulated households
2.41	2.38	Number of persons per household (persons)
0.93	0.57	Number of earners per household (persons)
73.9	83.7	Age of household head (years old)
67,749	54,127	Total expenditure on specific goods and services (50 items)
		Communication
8,813	6,701	01 Mobile telephones charges
3,459	2,500	02 Internet connection charges
1,001	699	03 Mobile telephones unit prices
		Travel-related costs
693	320	04 Airplane fares
2,521	1,272	05 Accommodation services
2,313	1,243	06 Package tour costs (domestic)
761	419	07 Package tour costs (overseas)
		Education, Culture and recreation
151	72	08 Tuition (kindergarten-university) (public)
549	440	09 Tuition (kindergarten-university) (private)
285	174	10 Tutorial fees
152	61	11 Lesson fees, driving school
1,040	609	12 Rental fees for sports facilities
		Clothing
237	135	13 Men's suits
390	437	14 Women's one-piece dresses and suits
195	119	15 Japanese clothing
124	115	16 Wrist watches
343	225	17 Accessories
		Medical care
25	16	18 Delivery fees
2,572	3,630	19 Hospital charges (excluding delivery)
		Furniture, etc.
47	30	20 Chests of drawers
224	224	21 Beds
300	307	22 Quilts
91	58	23 Desks and chairs (for work or study)
72	35	24 Sideboards
108	94	25 Dining tables and chairs
149	151	26 Drawing room suites
76	49	27 Musical instruments (including parts of instruments)
		Home electric appliances, etc.
890	800	28 Refrigerators
304	225	29 Vacuum cleaners
623	484	30 Washing machines
1,748	1,458	31 Air conditioners
686	473	32 Personal computers (including tablet devices, excluding peripherals and software)
791	684	33 TV
138	94	34 Video recorders (DVD or Blu-ray recorder, player, etc.)
31	26	35 Video game hardware (excluding software)
108	75	36 Cameras (including lenses only, excluding disposable cameras)
3	10	37 Video cameras
		Housing
7,898	7,766	38 House-related equipping/ construction/ repair costs
2,633	2,901	39 Water supply and drainage construction costs
561	806	40 Gardens, trees and plants tending costs
		Motor cars-related costs
8,714	7,122	41 Automobiles (new)
2,991	1,354	42 Automobiles (second-hand)
631	436	43 Automotive insurance premium (compulsion)
3,032	2,293	44 Automotive insurance premium (option)
161	109	45 Motorized vehicles other than automobiles
3,415	2,272	46 Automotive maintenance and repairs
		Others
247	19	47 Wedding ceremony and reception costs
3,116	2,434	48 Funeral service costs
1,501	1,180	49 Religion-related costs
835	973	50 Remittance

第３－３表　世帯主の勤めか自営かの別特定の財（商品）
Table 3-3　Monthly Expenditure per Household by

2023年平均
2023 Average

項　　目	平均 Average	就業　Occupation			非就業 （無職） No- occupation
		雇用されて いる人 （勤労者） Employee	会社などの 役員 Corporative administrators	自営業主 ・その他 (a)	
世帯数分布（抽出率調整）	10,000	5,146	445	1,022	3,387
集計世帯数	21,512	10,780	1,098	2,429	7,204
世帯人員（人）	2.20	2.41	2.59	2.36	1.79
有業人員（人）	1.17	1.60	1.78	1.73	0.26
世帯主の年齢（歳）	59.8	51.0	58.4	62.3	72.6
５０品目計	75,182	85,422	115,537	78,072	53,514
通信					
０１　スマートフォン・携帯電話などの通信、通話使用料	9,274	10,783	11,296	9,755	6,572
０２　インターネット接続料	3,606	4,113	3,963	3,502	2,820
０３　スマートフォン・携帯電話の本体価格	1,404	1,772	2,117	1,433	743
旅行関係					
０４　航空運賃	1,185	1,480	2,249	1,136	608
０５　宿泊料	2,716	3,067	5,691	3,078	1,690
０６　パック旅行費（国内）	1,627	1,521	2,686	1,528	1,680
０７　パック旅行費（外国）	572	460	766	1,038	574
教育、教養娯楽					
０８　国公立授業料等（幼稚園～大学、専修学校）	1,193	1,847	2,033	794	208
０９　私立授業料等（幼稚園～大学、専修学校）	5,204	7,855	10,260	5,271	506
１０　補習教育費	2,389	3,797	3,993	1,635	266
１１　自動車教習料	408	578	842	432	86
１２　スポーツ施設使用料	876	864	1,372	703	883
衣類等					
１３　背広服	456	617	1,223	375	136
１４　婦人用スーツ・ワンピース	528	622	1,213	583	279
１５　和服	203	194	349	376	143
１６　腕時計	244	276	514	259	153
１７　装身具（アクセサリー類）	374	442	1,109	262	208
医療					
１８　出産入院料	159	264	94	115	22
１９　出産以外の入院料	1,443	1,063	1,633	1,564	1,957
家具等					
２０　たんす	69	96	86	52	33
２１　ベッド	225	256	393	226	154
２２　布団	295	310	528	294	241
２３　机・いす（事務用・学習用）	120	153	199	97	69
２４　食器戸棚	70	90	110	61	39
２５　食卓セット	109	119	199	141	73
２６　応接セット	136	139	303	139	108
２７　楽器（部品を含む）	136	176	187	138	70
家電等					
２８　冷蔵庫	689	669	889	913	626
２９　掃除機	259	268	435	262	221
３０　洗濯機	578	635	973	580	440
３１　エアコン	1,311	1,281	1,513	1,249	1,355
３２　パソコン（ﾀﾌﾞﾚｯﾄ型を含む。周辺機器・ｿﾌﾄは除く）	1,009	1,264	1,444	1,169	525
３３　テレビ	616	564	1,147	680	607
３４　ビデオデッキ	91	87	103	105	91
３５　ゲーム機（ソフトは除く）	163	232	120	181	58
３６　カメラ（交換ﾚﾝｽﾞのみを含む。使い捨てのｶﾒﾗは除く）	101	102	152	116	88
３７　ビデオカメラ	29	40	50	25	12
住宅関係					
３８　家屋に関する設備費・工事費・修理費	6,214	5,218	8,632	7,504	7,033
３９　給排水関係工事費	1,945	1,674	2,169	2,057	2,295
４０　庭・植木の手入れ代	467	261	782	604	700
自動車等関係					
４１　自動車（新車）	10,480	12,533	18,027	10,853	6,246
４２　自動車（中古車）	3,565	4,726	4,065	3,088	1,886
４３　自動車保険料（自賠責）	516	560	442	556	445
４４　自動車保険料（任意）	2,553	2,752	2,754	2,752	2,165
４５　自動車以外の原動機付輸送機器	305	440	158	270	132
４６　自動車整備費	2,918	3,205	2,891	3,266	2,379
その他					
４７　挙式・披露宴費用	404	538	346	566	157
４８　葬儀・法事費用	2,873	2,284	3,675	3,322	3,545
４９　信仰関係費	1,014	756	1,074	1,044	1,393
５０　仕送り金	2,064	2,383	8,292	1,925	796

(a) Individual proprietors and others

・サービスの１世帯当たり１か月間の支出（総世帯）
Occupation of Household Head (Total Households)

単位　円　　In Yen

Item

Distribution of households
Number of tabulated households
Number of persons per household (persons)
Number of earners per household (persons)
Age of household head (years old)

Total expenditure on specific goods and services (50 items)
Communication
　01 Mobile telephones charges
　02 Internet connection charges
　03 Mobile telephones unit prices
Travel-related costs
　04 Airplane fares
　05 Accommodation services
　06 Package tour costs (domestic)
　07 Package tour costs (overseas)
Education, Culture and recreation
　08 Tuition (kindergarten-university) (public)
　09 Tuition (kindergarten-university) (private)
　10 Tutorial fees
　11 Lesson fees, driving school
　12 Rental fees for sports facilities
Clothing
　13 Men's suits
　14 Women's one-piece dresses and suits
　15 Japanese clothing
　16 Wrist watches
　17 Accessories
Medical care
　18 Delivery fees
　19 Hospital charges (excluding delivery)
Furniture, etc.
　20 Chests of drawers
　21 Beds
　22 Quilts
　23 Desks and chairs (for work or study)
　24 Sideboards
　25 Dining tables and chairs
　26 Drawing room suites
　27 Musical instruments (including parts of instruments)
Home electric appliances, etc.
　28 Refrigerators
　29 Vacuum cleaners
　30 Washing machines
　31 Air conditioners
　32 Personal computers (including tablet devices, excluding peripherals and software)
　33 TV
　34 Video recorders (DVD or Blu-ray recorder, player, etc.)
　35 Video game hardware (excluding software)
　36 Cameras (including lenses only, excluding disposable cameras)
　37 Video cameras
Housing
　38 House-related equipping/ construction/ repair costs
　39 Water supply and drainage construction costs
　40 Gardens, trees and plants tending costs
Motor cars-related costs
　41 Automobiles (new)
　42 Automobiles (second-hand)
　43 Automotive insurance premium (compulsion)
　44 Automotive insurance premium (option)
　45 Motorized vehicles other than automobiles
　46 Automotive maintenance and repairs
Others
　47 Wedding ceremony and reception costs
　48 Funeral service costs
　49 Religion-related costs
　50 Remittance

第３－３表　世帯主の勤めか自営かの別特定の財（商品）

Table 3-3 Monthly Expenditure per Household by

2023年平均
2023 Average

項　　目	平均	就業　Occupation			非就業（無職）
		雇用されている人（勤労者）	会社などの役員	自営業主・その他	
	Average	Employee	Corporative administrators	(a)	No-occupation
世帯数分布（抽出率調整）	10,000	5,311	543	1,150	2,996
集計世帯数	19,446	10,081	1,046	2,258	6,061
世帯人員（人）	2.90	3.16	3.07	2.92	2.41
有業人員（人）	1.50	1.92	2.01	2.03	0.48
世帯主の年齢（歳）	61.2	53.6	59.1	63.6	74.0
５０品目計	94,485	108,018	125,274	91,828	65,974
通信					
０１　スマートフォン・携帯電話などの通信、通話使用料	11,600	13,232	12,787	11,676	8,464
０２　インターネット接続料	4,282	4,782	4,330	3,879	3,540
０３　スマートフォン・携帯電話の本体価格	1,721	2,119	2,122	1,737	935
旅行関係					
０４　航空運賃	1,265	1,495	2,501	1,167	670
０５　宿泊料	3,384	3,805	6,423	2,980	2,243
０６　パック旅行費（国内）	2,026	1,893	3,122	1,939	2,098
０７　パック旅行費（外国）	710	611	856	1,142	694
教育、教養娯楽					
０８　国公立授業料等（幼稚園～大学、専修学校）	1,796	2,779	2,475	1,120	190
０９　私立授業料等（幼稚園～大学、専修学校）	7,920	11,703	12,899	6,774	767
１０　補習教育費	3,638	5,633	5,166	2,198	376
１１　自動車教習料	638	888	1,091	585	136
１２　スポーツ施設使用料	1,052	1,023	1,675	832	1,076
衣類等					
１３　背広服	584	746	1,448	493	174
１４　婦人用スーツ・ワンピース	622	699	1,441	641	331
１５　和服	263	274	456	344	176
１６　腕時計	307	359	668	281	156
１７　装身具（アクセサリー類）	470	533	1,269	310	276
医療					
１８　出産入院料	243	389	119	163	40
１９　出産以外の入院料	1,872	1,368	1,768	1,897	2,772
家具等					
２０　たんす	96	133	113	62	43
２１　ベッド	282	306	509	279	198
２２　布団	351	363	665	346	274
２３　机・いす（事務用・学習用）	151	190	240	113	81
２４　食器戸棚	97	125	140	67	50
２５　食卓セット	149	159	251	185	99
２６　応接セット	187	187	332	185	159
２７　楽器（部品を含む）	173	202	241	182	107
家電等					
２８　冷蔵庫	870	872	1,051	1,067	758
２９　掃除機	325	343	441	303	281
３０　洗濯機	782	889	1,084	786	540
３１　エアコン	1,647	1,659	1,698	1,513	1,671
３２　パソコン（ﾀﾌﾞﾚｯﾄ型を含む。周辺機器・ｿﾌﾄは除く）	1,133	1,374	1,547	975	699
３３　テレビ	744	698	1,131	738	760
３４　ビデオデッキ	123	122	132	91	134
３５　ゲーム機（ソフトは除く）	125	178	109	102	41
３６　カメラ（交換ﾚﾝｽﾞのみを含む。使い捨てのカメラは除く）	128	130	171	115	120
３７　ビデオカメラ	24	31	64	15	7
住宅関係					
３８　家屋に関する設備費・工事費・修理費	7,400	6,263	10,623	8,926	8,264
３９　給排水関係工事費	2,371	2,114	2,509	2,525	2,747
４０　庭・植木の手入れ代	451	306	865	633	565
自動車等関係					
４１　自動車（新車）	13,704	16,463	18,535	13,147	8,138
４２　自動車（中古車）	4,372	5,618	4,235	3,284	2,602
４３　自動車保険料（自賠責）	634	676	477	636	586
４４　自動車保険料（任意）	3,136	3,312	3,040	3,288	2,785
４５　自動車以外の原動機付輸送機器	302	382	194	376	150
４６　自動車整備費	3,584	3,815	3,292	3,807	3,138
その他					
４７　挙式・披露宴費用	595	748	424	797	274
４８　葬儀・法事費用	2,746	2,327	2,595	3,814	3,105
４９　信仰関係費	1,137	867	1,230	1,130	1,602
５０　仕送り金	2,278	2,836	4,725	2,184	883

(a) Individual proprietors and others

・サービスの１世帯当たり１か月間の支出（二人以上の世帯）
Occupation of Household Head (Two-or-more-person Households)

単位　円　　In Yen

Item

Distribution of households
Number of tabulated households
Number of persons per household (persons)
Number of earners per household (persons)
Age of household head (years old)

Total expenditure on specific goods and services (50 items)
Communication
 01 Mobile telephones charges
 02 Internet connection charges
 03 Mobile telephones unit prices
Travel-related costs
 04 Airplane fares
 05 Accommodation services
 06 Package tour costs (domestic)
 07 Package tour costs (overseas)
Education, Culture and recreation
 08 Tuition (kindergarten-university) (public)
 09 Tuition (kindergarten-university) (private)
 10 Tutorial fees
 11 Lesson fees, driving school
 12 Rental fees for sports facilities
Clothing
 13 Men's suits
 14 Women's one-piece dresses and suits
 15 Japanese clothing
 16 Wrist watches
 17 Accessories
Medical care
 18 Delivery fees
 19 Hospital charges (excluding delivery)
Furniture, etc.
 20 Chests of drawers
 21 Beds
 22 Quilts
 23 Desks and chairs (for work or study)
 24 Sideboards
 25 Dining tables and chairs
 26 Drawing room suites
 27 Musical instruments (including parts of instruments)
Home electric appliances, etc.
 28 Refrigerators
 29 Vacuum cleaners
 30 Washing machines
 31 Air conditioners
 32 Personal computers (including tablet devices, excluding peripherals and software)
 33 TV
 34 Video recorders (DVD or Blu-ray recorder, player, etc.)
 35 Video game hardware (excluding software)
 36 Cameras (including lenses only, excluding disposable cameras)
 37 Video cameras
Housing
 38 House-related equipping/ construction/ repair costs
 39 Water supply and drainage construction costs
 40 Gardens, trees and plants tending costs
Motor cars-related costs
 41 Automobiles (new)
 42 Automobiles (second-hand)
 43 Automotive insurance premium (compulsion)
 44 Automotive insurance premium (option)
 45 Motorized vehicles other than automobiles
 46 Automotive maintenance and repairs
Others
 47 Wedding ceremony and reception costs
 48 Funeral service costs
 49 Religion-related costs
 50 Remittance

2023年平均
2023 Average

項　　目	平均	世帯人員別 by Number of household members					
		1人	2人	3人	4人	5人	6人～
	Average	person	persons	persons	persons	persons	persons
世帯数分布（抽出率調整）	10,000	3,692	2,980	1,634	1,200	360	133
集計世帯数	21,512	2,066	9,778	4,842	3,396	1,044	386
世帯人員（人）	2.20	1.00	2.00	3.00	4.00	5.00	6.35
有業人員（人）	1.17	0.60	0.95	1.77	2.13	2.30	2.84
世帯主の年齢（歳）	59.8	57.4	67.5	59.7	51.5	49.8	55.6
５０品目計	75,182	42,221	71,532	98,284	128,362	138,522	136,865
通信							
０１　スマートフォン・携帯電話などの通信、通話使用料	9,274	5,301	8,477	12,877	15,006	16,942	20,641
０２　インターネット接続料	3,606	2,451	3,755	4,530	5,000	4,911	4,840
０３　スマートフォン・携帯電話の本体価格	1,404	863	1,161	1,904	2,480	2,545	2,968
旅行関係							
０４　航空運賃	1,185	1,050	1,041	1,321	1,754	1,076	1,729
０５　宿泊料	2,716	1,578	3,072	3,158	4,190	4,261	3,493
０６　パック旅行費（国内）	1,627	945	2,077	1,877	2,179	1,837	1,791
０７　パック旅行費（外国）	572	336	818	666	644	383	310
教育、教養娯楽							
０８　国公立授業料等（幼稚園～大学、専修学校）	1,193	163	359	1,733	3,825	5,821	5,559
０９　私立授業料等（幼稚園～大学、専修学校）	5,204	565	1,100	8,110	19,215	23,531	14,104
１０　補習教育費	2,389	256	181	3,028	10,073	11,657	8,825
１１　自動車教習料	408	15	147	612	1,193	2,373	2,271
１２　スポーツ施設使用料	876	575	1,134	929	1,061	998	804
衣類等							
１３　背広服	456	238	357	681	886	884	896
１４　婦人用スーツ・ワンピース	528	367	497	683	782	787	768
１５　和服	203	100	240	219	346	370	266
１６　腕時計	244	136	253	338	393	354	220
１７　装身具（アクセサリー類）	374	211	474	487	490	333	357
医療							
１８　出産入院料	159	15	29	309	492	447	1,436
１９　出産以外の入院料	1,443	709	2,082	1,919	1,494	1,263	1,635
家具等							
２０　たんす	69	24	63	112	142	137	127
２１　ベッド	225	127	240	282	342	398	365
２２　布団	295	200	302	372	405	467	369
２３　机・いす（事務用・学習用）	120	68	89	159	255	265	195
２４　食器戸棚	70	25	97	102	102	76	37
２５　食卓セット	109	40	127	155	189	124	263
２６　応接セット	136	49	177	188	219	181	92
２７　楽器（部品を含む）	136	73	120	139	297	310	301
家電等							
２８　冷蔵庫	689	380	868	828	838	1,089	1,127
２９　掃除機	259	145	311	315	354	363	400
３０　洗濯機	578	228	614	891	938	985	1,263
３１　エアコン	1,311	738	1,552	1,724	1,786	1,596	1,687
３２　パソコン（タブレット型を含む。周辺機器・ソフトは除く）	1,009	797	745	1,187	1,773	1,830	1,457
３３　テレビ	616	398	724	753	745	753	1,012
３４　ビデオデッキ	91	37	133	111	111	136	75
３５　ゲーム機（ソフトは除く）	163	228	54	122	221	328	307
３６　カメラ（交換レンズのみを含む。使い捨てのカメラは除く）	101	55	116	146	153	101	22
３７　ビデオカメラ	29	39	7	22	57	37	62
住宅関係							
３８　家屋に関する設備費・工事費・修理費	6,214	4,189	7,450	7,527	7,068	6,627	9,863
３９　給排水関係工事費	1,945	1,219	2,475	2,474	2,220	1,536	2,438
４０　庭・植木の手入れ代	467	495	513	454	295	402	564
自動車等関係							
４１　自動車（新車）	10,480	4,974	10,674	15,221	17,738	17,224	16,908
４２　自動車（中古車）	3,565	2,187	2,888	4,414	6,649	7,618	7,785
４３　自動車保険料（自賠責）	516	314	555	668	718	748	901
４４　自動車保険料（任意）	2,553	1,556	2,735	3,244	3,587	4,006	4,377
４５　自動車以外の原動機付輸送機器	305	312	215	329	443	425	315
４６　自動車整備費	2,918	1,780	3,158	3,612	4,063	4,616	5,645
その他							
４７　挙式・披露宴費用	404	78	760	631	259	250	403
４８　葬儀・法事費用	2,873	3,093	3,137	2,652	2,174	2,105	2,017
４９　信仰関係費	1,014	803	1,362	1,012	798	881	1,421
５０　仕送り金	2,064	1,698	2,018	3,057	1,923	2,138	2,156

・サービスの１世帯当たり１か月間の支出（総世帯）
of Household Members and Employed Persons (Total Households)

単位　円　In Yen

就業者数別	by Employed Persons			Item
０人	１人	２人	３人〜	
person	person	persons	persons	
2,684	3,961	2,564	791	Distribution of households
5,017	6,424	7,763	2,308	Number of tabulated households
1.49	1.73	3.12	3.96	Number of persons per household (persons)
...	1.00	2.00	3.28	Number of earners per household (persons)
72.7	54.4	54.7	59.5	Age of household head (years old)
47,901	62,015	107,393	129,420	Total expenditure on specific goods and services (50 items)
				Communication
5,378	7,907	12,693	18,266	01 Mobile telephones charges
2,523	3,420	4,587	5,032	02 Internet connection charges
642	1,283	2,005	2,652	03 Mobile telephones unit prices
				Travel-related costs
576	1,256	1,615	1,486	04 Airplane fares
1,568	2,453	4,043	3,619	05 Accommodation services
1,560	1,288	2,083	2,067	06 Package tour costs (domestic)
581	444	688	799	07 Package tour costs (overseas)
				Education, Culture and recreation
175	604	2,719	2,637	08 Tuition (kindergarten-university) (public)
316	2,581	11,019	16,089	09 Tuition (kindergarten-university) (private)
182	1,465	6,187	2,192	10 Tutorial fees
45	185	749	1,665	11 Lesson fees, driving school
872	732	1,101	879	12 Rental fees for sports facilities
				Clothing
107	410	728	992	13 Men's suits
245	504	740	919	14 Women's one-piece dresses and suits
127	155	263	500	15 Japanese clothing
150	175	381	462	16 Wrist watches
179	347	541	626	17 Accessories
				Medical care
9	105	408	130	18 Delivery fees
1,822	1,200	1,355	1,660	19 Hospital charges (excluding delivery)
				Furniture, etc.
28	56	121	110	20 Chests of drawers
154	181	332	334	21 Beds
236	260	366	436	22 Quilts
65	100	198	159	23 Desks and chairs (for work or study)
34	55	129	78	24 Sideboards
66	80	184	153	25 Dining tables and chairs
93	96	213	230	26 Drawing room suites
56	138	202	187	27 Musical instruments (including parts of instruments)
				Home electric appliances, etc.
594	550	877	1,097	28 Refrigerators
200	223	359	315	29 Vacuum cleaners
406	415	868	1,036	30 Washing machines
1,332	1,032	1,513	2,004	31 Air conditioners
447	1,067	1,406	1,354	32 Personal computers (including tablet devices, excluding peripherals and software)
560	559	688	866	33 TV
78	83	108	120	34 Video recorders (DVD or Blu-ray recorder, player, etc.)
54	231	177	139	35 Video game hardware (excluding software)
66	88	152	113	36 Cameras (including lenses only, excluding disposable cameras)
14	38	39	7	37 Video cameras
				Housing
6,648	4,913	6,956	8,870	38 House-related equipping/ construction/ repair costs
2,156	1,433	2,052	3,464	39 Water supply and drainage construction costs
736	354	367	457	40 Gardens, trees and plants tending costs
				Motor cars-related costs
5,353	8,507	15,700	20,826	41 Automobiles (new)
1,262	3,474	5,185	6,632	42 Automobiles (second-hand)
383	463	638	834	43 Automotive insurance premium (compulsion)
1,909	2,191	3,168	4,567	44 Automotive insurance premium (option)
103	346	433	376	45 Motorized vehicles other than automobiles
2,060	2,606	3,700	4,855	46 Automotive maintenance and repairs
				Others
92	331	783	592	47 Wedding ceremony and reception costs
3,614	2,622	2,403	3,161	48 Funeral service costs
1,318	926	758	1,261	49 Religion-related costs
726	2,084	3,417	2,116	50 Remittance

2023年平均
2023 Average

項　目	平均 Average	世帯人員別　by Number of household members					
		1人 person	2人 persons	3人 persons	4人 persons	5人 persons	6人～ persons
世帯数分布（抽出率調整）	10,000	…	4,724	2,591	1,902	571	211
集計世帯数	19,446	…	9,778	4,842	3,396	1,044	386
世帯人員（人）	2.90	…	2.00	3.00	4.00	5.00	6.35
有業人員（人）	1.50	…	0.95	1.77	2.13	2.30	2.84
世帯主の年齢（歳）	61.2	…	67.5	59.7	51.5	49.8	55.6
５０品目計	94,485	…	71,532	98,284	128,362	138,522	136,865
通信							
０１　スマートフォン・携帯電話などの通信、通話使用料	11,600	…	8,477	12,877	15,006	16,942	20,641
０２　インターネット接続料	4,282	…	3,755	4,530	5,000	4,911	4,840
０３　スマートフォン・携帯電話の本体価格	1,721	…	1,161	1,904	2,480	2,545	2,968
旅行関係							
０４　航空運賃	1,265	…	1,041	1,321	1,754	1,076	1,729
０５　宿泊料	3,384	…	3,072	3,158	4,190	4,261	3,493
０６　パック旅行費（国内）	2,026	…	2,077	1,877	2,179	1,837	1,791
０７　パック旅行費（外国）	710	…	818	666	644	383	310
教育、教養娯楽							
０８　国公立授業料等（幼稚園～大学、専修学校）	1,796	…	359	1,733	3,825	5,821	5,559
０９　私立授業料等（幼稚園～大学、専修学校）	7,920	…	1,100	8,110	19,215	23,531	14,104
１０　補習教育費	3,638	…	181	3,028	10,073	11,657	8,825
１１　自動車教習料	638	…	147	612	1,193	2,373	2,271
１２　スポーツ施設使用料	1,052	…	1,134	929	1,061	998	804
衣類等							
１３　背広服	584	…	357	681	886	884	896
１４　婦人用スーツ・ワンピース	622	…	497	683	782	787	768
１５　和服	263	…	240	219	346	370	266
１６　腕時計	307	…	253	338	393	354	220
１７　装身具（アクセサリー類）	470	…	474	487	490	333	357
医療							
１８　出産入院料	243	…	29	309	492	447	1,436
１９　出産以外の入院料	1,872	…	2,082	1,919	1,494	1,263	1,635
家具等							
２０　たんす	96	…	63	112	142	137	127
２１　ベッド	282	…	240	282	342	398	365
２２　布団	351	…	302	372	405	467	369
２３　机・いす（事務用・学習用）	151	…	89	159	255	265	195
２４　食器戸棚	97	…	97	102	102	76	37
２５　食卓セット	149	…	127	155	189	124	263
２６　応接セット	187	…	177	188	219	181	92
２７　楽器（部品を含む）	173	…	120	139	297	310	301
家電等							
２８　冷蔵庫	870	…	868	828	838	1,089	1,127
２９　掃除機	325	…	311	315	354	363	400
３０　洗濯機	782	…	614	891	938	985	1,263
３１　エアコン	1,647	…	1,552	1,724	1,786	1,596	1,687
３２　パソコン（タブレット型を含む。周辺機器・ソフトは除く）	1,133	…	745	1,187	1,773	1,830	1,457
３３　テレビ	744	…	724	753	745	753	1,012
３４　ビデオデッキ	123	…	133	111	111	136	75
３５　ゲーム機（ソフトは除く）	125	…	54	122	221	328	307
３６　カメラ（交換レンズのみを含む。使い捨てのカメラは除く）	128	…	116	146	153	101	22
３７　ビデオカメラ	24	…	7	22	57	37	62
住宅関係							
３８　家屋に関する設備費・工事費・修理費	7,400	…	7,450	7,527	7,068	6,627	9,863
３９　給排水関係工事費	2,371	…	2,475	2,474	2,220	1,536	2,438
４０　庭・植木の手入れ代	451	…	513	454	295	402	564
自動車等関係							
４１　自動車（新車）	13,704	…	10,674	15,221	17,738	17,224	16,908
４２　自動車（中古車）	4,372	…	2,888	4,414	6,649	7,618	7,785
４３　自動車保険料（自賠責）	634	…	555	668	718	748	901
４４　自動車保険料（任意）	3,136	…	2,735	3,244	3,587	4,006	4,377
４５　自動車以外の原動機付輸送機器	302	…	215	329	443	425	315
４６　自動車整備費	3,584	…	3,158	3,612	4,063	4,616	5,645
その他							
４７　挙式・披露宴費用	595	…	760	631	259	250	403
４８　葬儀・法事費用	2,746	…	3,137	2,652	2,174	2,105	2,017
４９　信仰関係費	1,137	…	1,362	1,012	798	881	1,421
５０　仕送り金	2,278	…	2,018	3,057	1,923	2,138	2,156

・サービスの１世帯当たり１か月間の支出（二人以上の世帯）
of Household Members and Employed Persons (Two-or-more-person Households)

単位　円　　In Yen

就業者数別	by Employed Persons			Item
０人	１人	２人	３人～	
person	person	persons	persons	
1,882	2,800	4,065	1,254	Distribution of households
3,874	5,501	7,763	2,308	Number of tabulated households
2.12	2.64	3.12	3.96	Number of persons per household (persons)
...	1.00	2.00	3.28	Number of earners per household (persons)
74.9	62.1	54.7	59.5	Age of household head (years old)
60,660	82,875	107,393	129,420	Total expenditure on specific goods and services (50 items)
				Communication
6,883	10,200	12,693	18,266	01 Mobile telephones charges
3,295	4,167	4,587	5,032	02 Internet connection charges
818	1,502	2,005	2,652	03 Mobile telephones unit prices
				Travel-related costs
634	1,080	1,615	1,486	04 Airplane fares
2,294	3,053	4,043	3,619	05 Accommodation services
2,075	1,892	2,083	2,067	06 Package tour costs (domestic)
782	652	688	799	07 Package tour costs (overseas)
				Education, Culture and recreation
105	1,213	2,719	2,637	08 Tuition (kindergarten-university) (public)
490	4,752	11,019	16,089	09 Tuition (kindergarten-university) (private)
250	2,859	6,187	2,192	10 Tutorial fees
74	402	749	1,665	11 Lesson fees, driving school
1,168	981	1,101	879	12 Rental fees for sports facilities
				Clothing
133	496	728	992	13 Men's suits
285	544	740	919	14 Women's one-piece dresses and suits
160	225	263	500	15 Japanese clothing
150	234	381	462	16 Wrist watches
251	443	541	626	17 Accessories
				Medical care
21	204	408	130	18 Delivery fees
2,949	1,994	1,355	1,660	19 Hospital charges (excluding delivery)
				Furniture, etc.
38	94	121	110	20 Chests of drawers
225	223	332	334	21 Beds
280	338	366	436	22 Quilts
80	127	198	159	23 Desks and chairs (for work or study)
47	92	129	78	24 Sideboards
99	130	184	153	25 Dining tables and chairs
157	150	213	230	26 Drawing room suites
97	177	202	187	27 Musical instruments (including parts of instruments)
				Home electric appliances, etc.
766	827	877	1,097	28 Refrigerators
268	319	359	315	29 Vacuum cleaners
523	719	868	1,036	30 Washing machines
1,804	1,580	1,513	2,004	31 Air conditioners
626	984	1,406	1,354	32 Personal computers (including tablet devices, excluding peripherals and software)
746	771	688	866	33 TV
129	140	108	120	34 Video recorders (DVD or Blu-ray recorder, player, etc.)
23	110	177	139	35 Video game hardware (excluding software)
89	125	152	113	36 Cameras (including lenses only, excluding disposable cameras)
9	18	39	7	37 Video cameras
				Housing
8,119	6,907	6,956	8,870	38 House-related equipping/ construction/ repair costs
2,700	2,133	2,052	3,464	39 Water supply and drainage construction costs
567	494	367	457	40 Gardens, trees and plants tending costs
				Motor cars-related costs
7,243	11,970	15,700	20,826	41 Automobiles (new)
1,616	4,038	5,185	6,632	42 Automobiles (second-hand)
529	609	638	834	43 Automotive insurance premium (compulsion)
2,574	2,831	3,168	4,567	44 Automotive insurance premium (option)
94	216	433	376	45 Motorized vehicles other than automobiles
2,866	3,329	3,700	4,855	46 Automotive maintenance and repairs
				Others
198	585	783	592	47 Wedding ceremony and reception costs
2,998	2,885	2,403	3,161	48 Funeral service costs
1,556	1,353	758	1,261	49 Religion-related costs
775	1,707	3,417	2,116	50 Remittance

2023年平均
2023 Average

項　目	平均 Average	200万円 未　満 2 million yen under	200万円 以　上 300万円 未　満 2 million yen - 3 million yen	300～400 3 million yen - 4 million yen	400～500 4 million yen - 5 million yen	500～600 5 million yen - 6 million yen	600～700 6 million yen - 7 million yen	700～800 7 million yen - 8 million yen
世帯数分布（抽出率調整）	10,000	1,910	1,613	1,406	1,094	815	666	561
集計世帯数	21,512	2,514	3,124	3,121	2,436	1,969	1,692	1,480
世帯人員（人）	2.20	1.31	1.67	1.97	2.20	2.53	2.80	2.96
有業人員（人）	1.17	0.43	0.67	0.96	1.27	1.49	1.66	1.79
世帯主の年齢（歳）	59.8	67.0	64.2	60.5	56.2	55.3	54.4	54.6
５０品目計	75,182	33,399	45,985	58,156	73,911	77,876	95,728	110,925
通信								
01　スマートフォン・携帯電話などの通信、通話使用料	9,274	4,785	6,883	8,508	9,638	10,597	11,673	12,856
02　インターネット接続料	3,606	1,855	2,849	3,504	3,943	4,292	4,450	4,941
03　スマートフォン・携帯電話の本体価格	1,404	686	781	1,152	1,482	1,466	1,586	2,232
旅行関係								
04　航空運賃	1,185	516	696	794	909	898	1,331	1,217
05　宿泊料	2,716	829	1,090	2,018	2,529	2,616	3,177	3,833
06　パック旅行費（国内）	1,627	637	1,331	1,576	1,577	1,604	1,689	2,099
07　パック旅行費（外国）	572	224	272	353	567	830	489	502
教育、教養娯楽								
08　国公立授業料等（幼稚園～大学、専修学校）	1,193	267	159	354	820	1,173	1,718	2,655
09　私立授業料等（幼稚園～大学、専修学校）	5,204	664	702	1,489	2,836	4,557	6,715	9,290
10　補習教育費	2,389	239	249	584	1,374	2,001	3,200	5,051
11　自動車教習料	408	63	79	221	267	434	791	683
12　スポーツ施設使用料	876	406	599	739	952	764	878	1,135
衣類等								
13　背広服	456	49	130	393	314	354	604	581
14　婦人用スーツ・ワンピース	528	199	275	444	488	478	504	876
15　和服	203	140	102	128	176	198	210	216
16　腕時計	244	108	116	156	224	180	218	319
17　装身具（アクセサリー類）	374	111	250	219	318	310	411	364
医療								
18　出産入院料	159	8	31	100	215	236	185	338
19　出産以外の入院料	1,443	868	1,367	1,592	1,774	1,441	1,691	1,369
家具等								
20　たんす	69	27	30	43	54	60	95	125
21　ベッド	225	95	119	153	333	189	246	254
22　布団	295	176	195	284	254	311	404	271
23　机・いす（事務用・学習用）	120	65	48	79	111	123	163	150
24　食器戸棚	70	16	44	68	66	64	103	132
25　食卓セット	109	36	46	66	87	182	135	155
26　応接セット	136	33	72	96	107	194	158	185
27　楽器（部品を含む）	136	16	53	118	90	78	398	134
家電等								
28　冷蔵庫	689	395	578	683	680	615	739	990
29　掃除機	259	142	215	189	251	306	325	361
30　洗濯機	578	284	302	477	473	656	699	847
31　エアコン	1,311	908	962	1,252	1,196	1,285	1,582	1,549
32　パソコン（ﾀﾌﾞﾚｯﾄ型を含む。周辺機器・ｿﾌﾄは除く）	1,009	225	571	826	987	866	1,746	1,329
33　テレビ	616	300	563	573	628	637	785	756
34　ビデオデッキ	91	35	73	89	96	102	163	86
35　ゲーム機（ソフトは除く）	163	55	60	235	246	226	212	185
36　カメラ（交換ﾚﾝｽﾞのみを含む。使い捨てのカメラは除く）	101	30	83	65	97	108	140	146
37　ビデオカメラ	29	9	8	18	32	27	15	135
住宅関係								
38　家屋に関する設備費・工事費・修理費	6,214	4,271	4,620	4,502	5,840	5,900	10,918	7,266
39　給排水関係工事費	1,945	1,452	1,645	1,631	2,003	1,543	2,569	1,924
40　庭・植木の手入れ代	467	429	467	431	444	531	297	388
自動車等関係								
41　自動車（新車）	10,480	3,590	5,754	6,479	11,662	11,441	11,682	21,350
42　自動車（中古車）	3,565	1,326	2,439	3,229	4,407	3,574	6,745	5,523
43　自動車保険料（自賠責）	516	296	449	510	540	563	635	706
44　自動車保険料（任意）	2,553	1,298	2,110	2,488	2,960	2,792	2,886	3,352
45　自動車以外の原動機付輸送機器	305	79	79	714	262	453	286	285
46　自動車整備費	2,918	1,439	2,170	2,798	2,860	3,444	3,761	3,931
その他								
47　挙式・披露宴費用	404	84	174	217	548	515	208	699
48　葬儀・法事費用	2,873	2,226	2,414	3,527	4,159	2,448	3,245	2,837
49　信仰関係費	1,014	816	1,139	1,013	973	1,608	777	914
50　仕送り金	2,064	593	543	980	1,059	2,604	2,094	3,407

1世帯当たり1か月間の支出（総世帯）
Yearly Income Group (Total Households)

単位　円　In Yen

800〜900 8 million yen − 9 million yen	900〜1,000 9 million yen − 10 million yen	1,000〜1,250 10 million yen − 12.5 million yen	1,250〜1,500 12.5 million yen − 15 million yen	1,500〜2,000 15 million yen − 20 million yen	2,000万円 以　上 20 million yen or more	Item
436	375	467	227	152	89	Distribution of households
1,174	1,007	1,289	632	409	228	Number of tabulated households
3.13	3.19	3.27	3.30	3.35	3.02	Number of persons per household (persons)
1.92	1.98	2.04	2.17	2.20	1.93	Number of earners per household (persons)
53.7	54.7	54.2	55.3	55.1	58.5	Age of household head (years old)
117,947	125,040	144,560	167,522	179,626	220,828	Total expenditure on specific goods and services (50 items)
						Communication
13,137	13,610	14,236	15,194	15,424	15,932	01 Mobile telephones charges
4,911	5,019	5,293	5,287	5,385	5,072	02 Internet connection charges
2,125	2,519	2,682	2,771	3,171	3,280	03 Mobile telephones unit prices
						Travel-related costs
2,205	1,991	2,701	3,363	5,690	7,049	04 Airplane fares
4,045	5,511	6,227	7,639	10,915	14,721	05 Accommodation services
2,162	2,607	3,061	3,561	3,469	4,303	06 Package tour costs (domestic)
966	1,067	1,041	2,052	2,704	1,665	07 Package tour costs (overseas)
						Education, Culture and recreation
2,774	3,359	3,803	3,497	4,470	2,940	08 Tuition (kindergarten-university) (public)
14,731	13,909	17,117	19,530	24,355	29,769	09 Tuition (kindergarten-university) (private)
5,494	6,618	7,645	9,576	12,673	14,673	10 Tutorial fees
826	1,131	1,146	1,385	1,094	1,627	11 Lesson fees, driving school
1,036	1,613	1,523	2,340	2,505	3,669	12 Rental fees for sports facilities
						Clothing
755	920	1,366	1,848	1,839	3,050	13 Men's suits
792	832	1,009	1,534	1,851	2,970	14 Women's one-piece dresses and suits
344	165	455	311	1,215	771	15 Japanese clothing
385	555	521	962	919	983	16 Wrist watches
477	588	1,094	1,275	1,313	3,159	17 Accessories
						Medical care
302	531	362	429	241	49	18 Delivery fees
1,698	1,560	1,491	2,271	1,798	2,045	19 Hospital charges (excluding delivery)
						Furniture, etc.
94	139	160	260	271	157	20 Chests of drawers
307	453	503	540	448	817	21 Beds
347	537	431	643	707	966	22 Quilts
257	213	202	349	404	409	23 Desks and chairs (for work or study)
45	116	211	105	298	55	24 Sideboards
167	225	226	361	392	219	25 Dining tables and chairs
128	268	381	412	482	288	26 Drawing room suites
253	346	300	406	510	259	27 Musical instruments (including parts of instruments)
						Home electric appliances, etc.
688	1,022	1,009	1,802	1,160	954	28 Refrigerators
372	357	443	455	447	424	29 Vacuum cleaners
949	887	1,177	1,314	1,284	1,880	30 Washing machines
1,718	1,777	2,204	2,792	1,979	2,910	31 Air conditioners
1,775	2,486	2,084	1,774	2,684	3,132	32 Personal computers (including tablet devices, excluding peripherals and software)
730	973	966	949	933	1,188	33 TV
95	123	144	186	175	137	34 Video recorders (DVD or Blu-ray recorder, player, etc.)
211	222	198	345	131	123	35 Video game hardware (excluding software)
114	227	190	268	325	177	36 Cameras (including lenses only, excluding disposable cameras)
31	33	52	72	44	186	37 Video cameras
						Housing
8,521	6,994	8,861	10,326	9,123	25,959	38 House-related equipping/ construction/ repair costs
2,577	2,165	2,563	4,757	3,331	3,634	39 Water supply and drainage construction costs
370	629	499	652	769	2,270	40 Gardens, trees and plants tending costs
						Motor cars-related costs
15,669	19,096	24,057	23,937	22,500	23,425	41 Automobiles (new)
5,385	4,584	5,331	6,399	4,961	1,358	42 Automobiles (second-hand)
700	699	701	747	667	489	43 Automotive insurance premium (compulsion)
3,506	3,655	3,677	4,471	4,095	3,418	44 Automotive insurance premium (option)
257	668	567	498	183	-	45 Motorized vehicles other than automobiles
4,283	4,644	4,292	4,807	5,089	5,364	46 Automotive maintenance and repairs
						Others
1,035	647	1,336	934	1,081	382	47 Wedding ceremony and reception costs
3,045	2,151	2,156	3,375	5,986	1,866	48 Funeral service costs
857	1,091	1,041	1,354	861	1,102	49 Religion-related costs
4,300	3,509	5,829	7,409	7,276	19,556	50 Remittance

2023年平均
2023 Average

項　目	平均 Average	200万円 未　満 2 million yen under	200万円 以　上 300万円 未　満 2 million yen - 3 million yen	300～400 3 million yen - 4 million yen	400～500 4 million yen - 5 million yen	500～600 5 million yen - 6 million yen	600～700 6 million yen - 7 million yen	700～800 7 million yen - 8 million yen
世帯数分布（抽出率調整）	10,000	710	1,295	1,447	1,171	981	864	770
集計世帯数	19,446	1,468	2,668	2,921	2,315	1,899	1,647	1,450
世帯人員（人）	2.90	2.32	2.33	2.50	2.78	3.01	3.20	3.27
有業人員（人）	1.50	0.78	0.75	1.02	1.43	1.66	1.83	1.92
世帯主の年齢（歳）	61.2	69.3	70.2	67.2	62.2	58.4	55.9	55.4
５０品目計	94,485	45,577	52,762	66,669	83,301	87,797	96,392	109,859
通信								
01　スマートフォン・携帯電話などの通信、通話使用料	11,600	7,198	8,056	9,724	11,208	12,012	12,779	13,673
02　インターネット接続料	4,282	2,414	3,062	3,874	4,411	4,571	4,791	4,953
03　スマートフォン・携帯電話の本体価格	1,721	729	790	1,131	1,410	1,609	1,877	2,322
旅行関係								
04　航空運賃	1,265	347	419	654	886	896	1,128	1,050
05　宿泊料	3,384	1,114	1,310	2,007	2,576	2,726	3,240	3,675
06　パック旅行費（国内）	2,026	772	1,382	1,793	1,941	1,828	1,853	2,203
07　パック旅行費（外国）	710	423	179	454	468	744	596	462
教育、教養娯楽								
08　国公立授業料等（幼稚園～大学、専修学校）	1,796	369	308	527	1,210	1,555	1,981	2,711
09　私立授業料等（幼稚園～大学、専修学校）	7,920	1,778	1,377	2,197	3,959	5,757	8,168	9,951
10　補習教育費	3,638	577	433	883	1,979	2,564	3,652	5,019
11　自動車教習料	638	235	144	324	395	573	941	793
12　スポーツ施設使用料	1,052	364	573	781	981	875	980	1,125
衣類等								
13　背広服	584	112	123	210	320	382	595	640
14　婦人用スーツ・ワンピース	622	231	224	339	473	503	570	730
15　和服	263	222	81	159	258	225	257	250
16　腕時計	307	166	97	128	231	168	247	348
17　装身具（アクセサリー類）	470	126	213	265	232	311	465	399
医療								
18　出産入院料	243	35	61	152	245	315	227	396
19　出産以外の入院料	1,872	1,532	2,152	2,058	2,155	1,689	1,917	1,492
家具等								
20　たんす	96	52	45	49	53	79	109	129
21　ベッド	282	185	151	188	233	250	226	274
22　布団	351	150	286	252	304	377	375	296
23　机・いす（事務用・学習用）	151	47	47	80	106	148	199	171
24　食器戸棚	97	42	25	79	98	84	105	151
25　食卓セット	149	53	83	97	109	170	147	141
26　応接セット	187	67	117	146	151	196	139	213
27　楽器（部品を含む）	173	24	59	144	124	102	173	153
家電等								
28　冷蔵庫	870	513	787	837	874	757	742	971
29　掃除機	325	196	230	266	324	313	380	352
30　洗濯機	782	447	516	572	570	690	847	864
31　エアコン	1,647	1,164	1,390	1,429	1,560	1,454	1,789	1,527
32　パソコン（タブレット型を含む。周辺機器・ソフトは除く）	1,133	365	495	721	865	1,041	1,155	1,303
33　テレビ	744	373	550	699	750	722	819	744
34　ビデオデッキ	123	59	94	127	126	123	159	97
35　ゲーム機（ソフトは除く）	125	31	40	88	111	116	172	184
36　カメラ（交換レンズのみを含む。使い捨てのカメラは除く）	128	67	84	56	97	144	157	111
37　ビデオカメラ	24	1	3	12	19	36	18	8
住宅関係								
38　家屋に関する設備費・工事費・修理費	7,400	4,572	5,161	6,402	7,066	7,185	7,448	8,350
39　給排水関係工事費	2,371	1,608	2,098	1,847	2,204	1,976	2,749	2,179
40　庭・植木の手入れ代	451	280	355	437	486	414	342	363
自動車等関係								
41　自動車（新車）	13,704	5,450	6,702	8,389	13,728	13,737	12,444	17,544
42　自動車（中古車）	4,372	1,594	2,388	3,944	4,134	4,405	5,928	6,105
43　自動車保険料（自賠責）	634	414	535	616	684	647	618	731
44　自動車保険料（任意）	3,136	1,841	2,376	2,941	3,267	3,155	3,253	3,453
45　自動車以外の原動機付輸送機器	302	87	138	239	279	312	349	328
46　自動車整備費	3,584	2,078	2,662	3,189	3,582	3,381	3,743	3,863
その他								
47　挙式・披露宴費用	595	252	285	339	590	678	254	809
48　葬儀・法事費用	2,746	3,035	2,218	2,810	3,223	2,471	2,398	2,647
49　信仰関係費	1,137	972	1,244	1,105	1,284	1,537	905	998
50　仕送り金	2,278	812	616	913	965	1,797	1,987	2,609

1世帯当たり1か月間の支出（二人以上の世帯）
Yearly Income Group (Two-or-more-person Households)

単位　円　In Yen

800～900	900～1,000	1,000～1,250	1,250～1,500	1,500～2,000	2,000万円以上	Item
8 million yen - 9 million yen	9 million yen - 10 million yen	10 million yen - 12.5 million yen	12.5 million yen - 15 million yen	15 million yen - 20 million yen	20 million yen or more	
620	534	704	344	233	128	Distribution of households
1,155	991	1,278	628	407	224	Number of tabulated households
3.37	3.44	3.39	3.40	3.43	3.24	Number of persons per household (persons)
2.03	2.10	2.10	2.22	2.24	2.05	Number of earners per household (persons)
54.1	54.6	54.3	55.5	54.9	58.3	Age of household head (years old)
123,214	131,559	149,324	170,282	183,435	227,234	Total expenditure on specific goods and services (50 items)
						Communication
14,002	14,563	14,578	15,473	15,766	16,380	01 Mobile telephones charges
5,007	5,181	5,297	5,310	5,307	5,379	02 Internet connection charges
2,303	2,793	2,808	2,896	3,277	3,617	03 Mobile telephones unit prices
						Travel-related costs
1,508	1,845	2,495	2,859	5,878	7,825	04 Airplane fares
3,931	4,387	6,384	7,947	11,196	15,681	05 Accommodation services
2,094	2,697	3,092	3,726	3,478	4,669	06 Package tour costs (domestic)
943	1,176	1,095	2,151	2,794	1,834	07 Package tour costs (overseas)
						Education, Culture and recreation
3,087	3,733	4,004	3,658	4,633	3,258	08 Tuition (kindergarten-university) (public)
15,393	14,750	18,003	19,857	25,157	32,785	09 Tuition (kindergarten-university) (private)
6,126	7,356	7,961	10,014	13,037	16,244	10 Tutorial fees
919	1,258	1,205	1,451	1,130	1,791	11 Lesson fees, driving school
1,137	1,561	1,564	2,381	2,579	3,822	12 Rental fees for sports facilities
						Clothing
809	979	1,395	1,769	1,876	3,136	13 Men's suits
766	866	1,051	1,604	1,897	3,297	14 Women's one-piece dresses and suits
386	182	479	326	1,256	854	15 Japanese clothing
428	565	525	1,008	952	1,088	16 Wrist watches
527	649	1,151	1,334	1,356	2,850	17 Accessories
						Medical care
336	587	380	448	248	54	18 Delivery fees
1,585	1,659	1,565	2,352	1,862	2,261	19 Hospital charges (excluding delivery)
						Furniture, etc.
105	150	169	272	280	176	20 Chests of drawers
342	505	527	567	462	900	21 Beds
387	583	415	478	722	1,073	22 Quilts
267	219	211	364	418	455	23 Desks and chairs (for work or study)
50	128	222	110	308	61	24 Sideboards
187	234	239	377	406	243	25 Dining tables and chairs
140	296	402	432	238	319	26 Drawing room suites
277	385	316	424	529	285	27 Musical instruments (including parts of instruments)
						Home electric appliances, etc.
721	1,136	1,056	1,672	1,199	1,062	28 Refrigerators
415	394	396	477	462	470	29 Vacuum cleaners
1,056	987	1,234	1,374	1,329	2,092	30 Washing machines
1,924	1,965	2,316	2,550	1,883	3,241	31 Air conditioners
1,927	1,733	2,109	1,856	2,489	2,898	32 Personal computers (including tablet devices, excluding peripherals and software)
815	1,005	1,008	864	965	1,317	33 TV
106	137	151	194	170	150	34 Video recorders (DVD or Blu-ray recorder, player, etc.)
190	193	209	225	135	134	35 Video game hardware (excluding software)
127	250	200	280	336	198	36 Cameras (including lenses only, excluding disposable cameras)
35	36	55	39	45	206	37 Video cameras
						Housing
8,418	7,739	9,270	10,772	9,406	28,387	38 House-related equipping/ construction/ repair costs
2,857	2,367	2,696	4,964	3,411	3,844	39 Water supply and drainage construction costs
366	557	469	682	787	2,524	40 Gardens, trees and plants tending costs
						Motor cars-related costs
17,483	21,193	25,318	25,050	23,234	22,132	41 Automobiles (new)
6,004	5,076	5,612	6,674	5,142	1,506	42 Automobiles (second-hand)
695	755	726	780	660	475	43 Automotive insurance premium (compulsion)
3,660	3,756	3,788	4,526	4,104	3,793	44 Automotive insurance premium (option)
287	742	597	521	189	-	45 Motorized vehicles other than automobiles
4,309	4,875	4,505	4,693	5,074	5,764	46 Automotive maintenance and repairs
						Others
1,091	718	1,402	985	1,069	429	47 Wedding ceremony and reception costs
3,327	2,398	2,247	3,531	5,973	2,049	48 Funeral service costs
932	1,165	1,097	1,412	885	1,232	49 Religion-related costs
3,431	3,098	5,332	6,574	7,449	12,997	50 Remittance

2023年平均
2023 Average

項　目	全国	地　方						
		北海道	東北	関東	北陸	東海	近畿	中国
	All Japan	Hokkaido	Tohoku	Kanto	Hokuriku	Tokai	Kinki	Chugoku
世帯数分布（抽出率調整）	10,000	411	701	3,772	421	1,143	1,555	554
集計世帯数	3,001	140	235	997	136	349	480	193
世帯人員（人）	2.21	2.06	2.21	2.18	2.24	2.29	2.25	2.25
有業人員（人）	1.19	1.06	1.17	1.21	1.26	1.22	1.14	1.17
世帯主の年齢（歳）	59.0	60.8	59.7	56.5	58.2	61.1	61.5	61.7
インターネットを通じて注文をした	48.9	44.7	41.4	56.4	48.3	45.2	48.1	42.7
インターネットを通じて注文をしなかった	51.2	55.3	58.6	43.6	51.7	54.8	51.9	57.3
インターネットを利用した支出総額（円）	43,713	41,862	37,750	48,844	36,050	39,235	43,309	36,142
世帯主	27,608	28,216	24,635	31,680	22,695	23,770	25,905	20,831
世帯主の配偶者	12,257	10,810	9,099	13,302	8,961	11,342	13,061	11,540
その他の世帯員	3,848	2,836	4,016	3,861	4,395	4,123	4,343	3,771
最も多く購入に使用した機器（世帯主）								
パソコン（家族所有）	11.9	11.1	8.5	15.0	10.5	11.0	11.2	10.3
パソコン（家族所有以外）	0.3	0.1	0.3	0.3	0.3	0.3	0.3	0.1
スマートフォン・携帯電話	23.0	21.5	20.9	27.1	24.8	20.3	22.2	17.1
タブレット型端末	1.3	1.1	1.1	1.6	1.1	1.1	1.3	1.0
その他	1.0	1.0	1.3	1.3	0.6	0.9	0.7	1.4
最も多く購入に使用した機器（世帯主の配偶者）								
パソコン（家族所有）	3.4	2.6	2.0	4.3	2.5	3.0	3.4	2.7
パソコン（家族所有以外）	0.2	0.1	0.1	0.2	0.2	0.2	0.1	0.2
スマートフォン・携帯電話	15.3	14.2	10.7	17.0	12.4	15.0	16.8	15.0
タブレット型端末	0.6	0.8	0.3	0.7	0.3	0.8	0.9	0.4
その他	0.4	0.2	0.3	0.5	0.3	0.4	0.4	0.6
最も多く購入に使用した機器（その他の世帯員）								
パソコン（家族所有）	1.3	0.5	1.3	1.6	1.2	1.3	1.4	1.3
パソコン（家族所有以外）	0.1	0.0	0.1	0.1	0.1	0.1	0.1	0.0
スマートフォン・携帯電話	6.1	3.6	5.1	7.0	5.7	6.2	6.9	5.7
タブレット型端末	0.2	0.1	0.2	0.2	0.2	0.1	0.1	0.0
その他	0.3	0.1	0.2	0.3	0.3	0.3	0.2	0.1

を利用した購入状況（総世帯）
Districts and City Groups (Total Households)

(%)

Districts		都市階級		City Groups		
四国	九州・沖縄	大都市	中都市	小都市A	小都市B・町村	Item
	Kyushu &	Major	Middle	Small	Small cities B,	
Shikoku	Okinawa	cities	cities	cities A	Towns & villages	
281	1,163	3,009	3,113	2,339	1,540	Distribution of households
100	371	781	942	752	526	Number of tabulated households
2.20	2.24	2.22	2.19	2.21	2.25	Number of persons per household (persons)
1.14	1.18	1.23	1.16	1.15	1.21	Number of earners per household (persons)
62.6	60.4	57.2	58.8	60.3	61.5	Age of household head (years old)
41.7	38.7	57.7	49.9	42.7	38.7	Households that ordered goods and services over the Internet
58.3	61.3	42.3	50.1	57.3	61.3	Households that didn't order goods and services over the Internet
38,585	39,759	49,478	42,286	41,022	35,587	Total expenditure on goods and services ordered over the Internet (yen)
21,278	23,675	31,557	26,489	25,846	21,652	Household head
13,422	12,628	14,313	12,116	10,747	9,645	Spouse of household head
3,885	3,457	3,609	3,681	4,429	4,290	Household members of others
						Equipment that was used most often to buy(Household head)
7.1	8.3	14.9	12.8	9.8	7.4	PC (household holdings)
0.5	0.3	0.4	0.3	0.3	0.2	PC (other than household holdings)
18.8	17.7	27.5	22.4	20.2	19.5	Smartphone and mobile phone
1.0	1.1	1.9	1.2	1.0	1.0	Tablet
1.0	0.5	1.0	1.5	0.7	0.7	Others
						Equipment that was used most often to buy(Spouse of household head)
2.8	2.3	4.5	3.4	2.7	1.9	PC (household holdings)
0.1	0.3	0.2	0.2	0.1	0.1	PC (other than household holdings)
14.8	12.7	18.4	15.8	13.0	11.4	Smartphone and mobile phone
0.6	0.2	0.8	0.7	0.4	0.3	Tablet
0.2	0.3	0.5	0.4	0.3	0.2	Others
						Equipment that was used most often to buy(Household members of others)
0.9	0.7	1.4	1.3	1.3	1.0	PC (household holdings)
0.1	0.2	0.1	0.1	0.1	0.1	PC (other than household holdings)
4.8	4.4	6.7	6.0	6.1	5.2	Smartphone and mobile phone
0.3	0.2	0.3	0.1	0.2	0.1	Tablet
0.3	0.2	0.3	0.3	0.3	0.2	Others

第４－１表　全国・地方・都市階級別インターネット
Table 4-1 Purchase Situation Using the Internet by All Japan,

2023年平均
2023 Average

項　目	全国	地　方						
		北海道	東北	関東	北陸	東海	近畿	中国
	All Japan	Hokkaido	Tohoku	Kanto	Hokuriku	Tokai	Kinki	Chugoku
世帯数分布（抽出率調整）	10,000	407	650	3,696	391	1,174	1,663	567
集計世帯数	2,717	126	212	908	124	313	436	174
世帯人員（人）	2.93	2.70	3.06	2.91	3.07	3.00	2.86	2.93
有業人員（人）	1.52	1.39	1.58	1.54	1.66	1.59	1.45	1.51
世帯主の年齢（歳）	60.8	60.4	61.4	60.3	60.9	60.7	61.4	61.4
インターネットを通じて注文をした	53.7	48.1	45.2	60.7	49.9	51.8	54.3	50.3
インターネットを通じて注文をしなかった	46.3	51.9	54.8	39.3	50.1	48.2	45.7	49.7
インターネットを利用した支出総額（円）	45,769	40,805	39,237	52,251	40,117	41,136	43,748	37,920
世帯主	22,438	21,078	19,176	26,509	19,494	20,551	20,823	17,731
世帯主の配偶者	17,757	15,638	14,013	19,953	14,087	15,136	17,205	15,279
その他の世帯員	5,575	4,088	6,048	5,790	6,536	5,450	5,719	4,910
最も多く購入に使用した機器（世帯主）								
パソコン（家族所有）	12.0	10.1	7.4	14.9	12.2	11.2	12.6	9.6
パソコン（家族所有以外）	0.3	0.3	0.4	0.4	0.5	0.4	0.3	0.1
スマートフォン・携帯電話	21.0	19.7	18.8	24.6	16.7	20.3	20.8	18.1
タブレット型端末	1.4	0.9	1.3	1.6	1.0	1.1	1.4	1.2
その他	1.0	1.1	1.1	1.1	0.8	1.0	1.0	1.5
最も多く購入に使用した機器（世帯主の配偶者）								
パソコン（家族所有）	5.3	4.1	3.3	7.1	4.3	4.7	5.1	4.2
パソコン（家族所有以外）	0.3	0.2	0.2	0.4	0.3	0.4	0.1	0.3
スマートフォン・携帯電話	24.3	22.6	18.3	27.5	21.0	23.1	24.9	23.4
タブレット型端末	1.0	1.3	0.5	1.1	0.5	1.2	1.4	0.7
その他	0.6	0.3	0.5	0.7	0.4	0.6	0.6	0.9
最も多く購入に使用した機器（その他の世帯員）								
パソコン（家族所有）	2.1	0.8	2.1	2.5	2.1	2.1	2.0	2.0
パソコン（家族所有以外）	0.1	0.0	0.1	0.1	0.1	0.1	0.1	0.0
スマートフォン・携帯電話	9.7	5.8	8.6	11.4	9.4	9.5	10.3	8.8
タブレット型端末	0.3	0.2	0.4	0.4	0.3	0.2	0.1	0.1
その他	0.4	0.2	0.4	0.5	0.4	0.5	0.4	0.2

を利用した購入状況（二人以上の世帯）
Districts and City Groups (Two-or-more-person Households)

(%)

Districts		都市階級		City Groups		
四国	九州・沖縄	大都市	中都市	小都市Ａ	小都市Ｂ・町村	Item
Shikoku	Kyushu & Okinawa	Major cities	Middle cities	Small cities A	Small cities B, Towns & villages	
291	1,161	3,081	3,094	2,298	1,527	Distribution of households
90	335	707	854	679	477	Number of tabulated households
2.84	2.97	2.89	2.91	2.95	3.00	Number of persons per household (persons)
1.49	1.52	1.53	1.50	1.52	1.58	Number of earners per household (persons)
60.9	61.0	59.7	60.7	61.4	62.2	Age of household head (years old)
48.9	43.3	61.1	55.3	49.0	42.7	Households that ordered goods and services over the Internet
51.1	56.7	38.9	44.7	51.0	57.3	Households that didn't order goods and services over the Internet
39,034	40,493	51,714	44,293	42,228	38,631	Total expenditure on goods and services ordered over the Internet (yen)
16,873	17,598	25,516	21,578	20,896	18,584	Household head
17,117	17,896	20,955	17,410	15,114	13,886	Spouse of household head
5,044	5,000	5,244	5,305	6,218	6,161	Household members of others
						Equipment that was used most often to buy(Household head)
9.0	7.7	14.5	12.3	10.7	8.3	PC (household holdings)
0.8	0.3	0.5	0.3	0.4	0.2	PC (other than household holdings)
16.7	16.0	24.5	21.4	18.7	16.6	Smartphone and mobile phone
0.9	1.2	1.8	1.3	1.1	0.9	Tablet
1.0	0.8	1.2	1.1	0.9	0.7	Others
						Equipment that was used most often to buy(Spouse of household head)
4.3	3.6	7.0	5.5	4.4	3.1	PC (household holdings)
0.1	0.4	0.3	0.4	0.2	0.2	PC (other than household holdings)
22.7	20.2	28.6	25.4	21.0	18.3	Smartphone and mobile phone
1.0	0.4	1.3	1.1	0.7	0.5	Tablet
0.2	0.4	0.7	0.7	0.5	0.3	Others
						Equipment that was used most often to buy(Household members of others)
1.3	1.2	2.2	2.0	2.1	1.7	PC (household holdings)
0.1	0.2	0.1	0.1	0.1	0.2	PC (other than household holdings)
7.4	7.0	10.4	9.6	9.9	8.4	Smartphone and mobile phone
0.5	0.3	0.4	0.2	0.2	0.2	Tablet
0.5	0.3	0.5	0.4	0.4	0.3	Others

94

2023年平均
2023 Average

項　　目	平均	～29歳	30～39歳	40～49歳	50～59歳	60～69歳
	Average	years old	years old	years old	years old	years old
世帯数分布（抽出率調整）	10,000	615	902	1,257	1,926	2,047
集計世帯数	3,001	30	204	419	584	707
世帯人員（人）	2.21	1.17	2.43	3.11	2.49	2.15
有業人員（人）	1.19	1.01	1.39	1.65	1.67	1.34
世帯主の年齢（歳）	59.0	25.4	34.6	45.1	54.6	64.7
インターネットを通じて注文をした	48.9	64.7	73.6	73.6	64.3	48.7
インターネットを通じて注文をしなかった	51.2	35.3	26.4	26.4	35.7	51.3
インターネットを利用した支出総額（円）	43,713	45,442	48,115	46,484	43,160	41,873
世帯主	27,608	41,919	33,719	28,070	25,462	23,467
世帯主の配偶者	12,257	3,289	13,750	16,684	13,337	12,744
その他の世帯員	3,848	234	646	1,731	4,361	5,662
最も多く購入に使用した機器（世帯主）						
パソコン（家族所有）	11.9	17.1	11.1	12.4	13.8	16.3
パソコン（家族所有以外）	0.3	-	0.3	0.4	0.4	0.5
スマートフォン・携帯電話	23.0	45.1	46.2	41.2	32.1	15.5
タブレット型端末	1.3	-	1.8	1.2	2.0	2.0
その他	1.0	1.0	3.7	1.3	0.9	0.9
最も多く購入に使用した機器（世帯主の配偶者）						
パソコン（家族所有）	3.4	0.0	1.9	3.7	4.8	5.1
パソコン（家族所有以外）	0.2	0.1	0.2	0.4	0.3	0.2
スマートフォン・携帯電話	15.3	4.1	27.5	35.4	22.2	13.5
タブレット型端末	0.6	-	0.2	0.7	1.1	0.9
その他	0.4	0.1	0.8	0.7	0.5	0.4
最も多く購入に使用した機器（その他の世帯員）						
パソコン（家族所有）	1.3	0.1	0.2	0.8	1.5	1.8
パソコン（家族所有以外）	0.1	-	0.0	0.1	0.1	0.2
スマートフォン・携帯電話	6.1	0.4	1.6	6.2	11.9	8.6
タブレット型端末	0.2	-	0.1	0.1	0.3	0.2
その他	0.3	0.1	0.3	0.3	0.4	0.4

を利用した購入状況（総世帯）
of Household Head (Total Households)

(%)

70～79歳	80歳～	Item
years old	years old	
2,372	880	Distribution of households
780	277	Number of tabulated households
1.89	1.85	Number of persons per household (persons)
0.69	0.38	Number of earners per household (persons)
74.1	83.6	Age of household head (years old)
23.1	12.0	Households that ordered goods and services over the Internet
76.9	88.0	Households that didn't order goods and services over the Internet
38,971	35,491	Total expenditure on goods and services ordered over the Internet (yen)
22,246	16,052	Household head
9,185	4,682	Spouse of household head
7,539	14,757	Household members of others
		Equipment that was used most often to buy(Household head)
8.7	3.4	PC (household holdings)
0.1	0.1	PC (other than household holdings)
5.0	1.7	Smartphone and mobile phone
0.9	0.1	Tablet
0.4	0.4	Others
		Equipment that was used most often to buy(Spouse of household head)
2.8	0.9	PC (household holdings)
0.1	0.1	PC (other than household holdings)
4.1	1.2	Smartphone and mobile phone
0.5	0.1	Tablet
0.1	0.1	Others
		Equipment that was used most often to buy(Household members of others)
1.4	2.0	PC (household holdings)
0.1	0.0	PC (other than household holdings)
3.6	3.0	Smartphone and mobile phone
0.2	0.3	Tablet
0.1	0.2	Others

2023年平均
2023 Average

項　　目	平均 Average	～29歳 years old	30～39歳 years old	40～49歳 years old	50～59歳 years old	60～69歳 years old
世帯数分布（抽出率調整）	10,000	80	763	1,560	2,098	2,272
集計世帯数	2,717	22	194	403	549	637
世帯人員（人）	2.93	2.93	3.65	3.70	3.18	2.65
有業人員（人）	1.52	1.80	1.77	1.86	2.05	1.67
世帯主の年齢（歳）	60.8	27.2	35.6	45.0	54.4	64.7
インターネットを通じて注文をした	53.7	62.9	76.5	75.1	69.3	54.5
インターネットを通じて注文をしなかった	46.3	37.1	23.5	24.9	30.7	45.5
インターネットを利用した支出総額（円）	45,769	49,003	49,546	47,919	46,999	44,802
世帯主	22,438	23,691	24,205	24,742	23,023	21,202
世帯主の配偶者	17,757	23,315	24,200	21,013	18,087	16,349
その他の世帯員	5,575	1,998	1,141	2,164	5,889	7,251
最も多く購入に使用した機器（世帯主）						
パソコン（家族所有）	12.0	3.6	6.4	10.1	14.1	17.1
パソコン（家族所有以外）	0.3	–	0.5	0.5	0.6	0.4
スマートフォン・携帯電話	21.0	41.4	46.7	40.0	29.5	14.6
タブレット型端末	1.4	–	0.9	1.4	2.0	1.9
その他	1.0	2.8	2.6	1.0	1.2	1.1
最も多く購入に使用した機器（世帯主の配偶者）						
パソコン（家族所有）	5.3	0.6	3.6	4.8	7.0	7.3
パソコン（家族所有以外）	0.3	0.6	0.4	0.4	0.4	0.3
スマートフォン・携帯電話	24.3	44.7	50.9	45.5	32.4	19.5
タブレット型端末	1.0	–	0.4	0.9	1.6	1.3
その他	0.6	1.0	1.6	0.9	0.7	0.5
最も多く購入に使用した機器（その他の世帯員）						
パソコン（家族所有）	2.1	1.2	0.3	1.1	2.2	2.7
パソコン（家族所有以外）	0.1	–	0.1	0.1	0.2	0.2
スマートフォン・携帯電話	9.7	4.2	3.0	8.0	17.4	12.2
タブレット型端末	0.3	–	0.1	0.1	0.4	0.3
その他	0.4	0.7	0.5	0.3	0.6	0.6

を利用した購入状況（二人以上の世帯）
of Household Head (Two-or-more-person Households)

(%)

70〜79歳	80歳〜	Item
years old	years old	
2,370	857	Distribution of households
676	238	Number of tabulated households
2.42	2.39	Number of persons per household (persons)
0.97	0.56	Number of earners per household (persons)
74.0	83.7	Age of household head (years old)
30.5	17.3	Households that ordered goods and services over the Internet
69.5	82.7	Households that didn't order goods and services over the Internet
40,140	35,513	Total expenditure on goods and services ordered over the Internet (yen)
19,922	13,429	Household head
11,119	5,586	Spouse of household head
9,098	16,498	Household members of others
		Equipment that was used most often to buy(Household head)
11.1	4.8	PC (household holdings)
0.1	0.1	PC (other than household holdings)
4.9	1.7	Smartphone and mobile phone
0.9	0.2	Tablet
0.6	0.3	Others
		Equipment that was used most often to buy(Spouse of household head)
4.5	1.5	PC (household holdings)
0.1	0.1	PC (other than household holdings)
6.6	2.0	Smartphone and mobile phone
0.9	0.1	Tablet
0.2	0.1	Others
		Equipment that was used most often to buy(Household members of others)
2.2	3.2	PC (household holdings)
0.1	0.1	PC (other than household holdings)
5.8	4.9	Smartphone and mobile phone
0.2	0.4	Tablet
0.2	0.3	Others

第4－3表　世帯主の勤めか自営かの別インターネット を利用した購入状況（総世帯）
Table 4-3 Purchase Situation Using the Internet by Occupation of Household Head (Total Households)

2023年平均
2023 Average
(%)

| 項　　目 | 平均
Average | 就業 Occupation | | | 非就業
（無職）
No-
occupation | Item |
		雇用されて いる人 （勤労者） Employee	会社などの 役員 Corporative administrators	自営業主 ・その他 (a)		
世帯数分布（抽出率調整）	10,000	5,236	453	1,055	3,256	Distribution of households
集計世帯数	3,001	1,517	159	348	976	Number of tabulated households
世帯人員（人）	2.21	2.40	2.65	2.39	1.79	Number of persons per household (persons)
有業人員（人）	1.19	1.59	1.79	1.74	0.27	Number of earners per household (persons)
世帯主の年齢（歳）	59.0	50.2	57.6	61.3	72.9	Age of household head (years old)
インターネットを通じて注文をした	48.9	63.3	59.9	46.7	24.9	(b)
インターネットを通じて注文をしなかった	51.2	36.8	40.1	53.3	75.1	(c)
インターネットを利用した支出総額（円）	43,713	44,158	56,755	42,739	38,278	(d)
世帯主	27,608	28,108	31,250	26,514	25,120	Household head
世帯主の配偶者	12,257	12,851	20,520	11,457	7,547	Spouse of household head
その他の世帯員	3,848	3,199	4,986	4,769	5,611	Household members of others
最も多く購入に使用した機器（世帯主）						(e)
パソコン（家族所有）	11.9	13.0	15.6	13.3	9.2	PC (household holdings)
パソコン（家族所有以外）	0.3	0.3	1.4	0.2	0.1	PC (other than household holdings)
スマートフォン・携帯電話	23.0	33.8	21.0	18.4	7.4	Smartphone and mobile phone
タブレット型端末	1.3	1.5	1.9	1.7	0.9	Tablet
その他	1.0	1.4	2.1	0.8	0.5	Others
最も多く購入に使用した機器（世帯主の配偶者）						(f)
パソコン（家族所有）	3.4	3.6	7.3	3.9	2.2	PC (household holdings)
パソコン（家族所有以外）	0.2	0.2	0.5	0.2	0.1	PC (other than household holdings)
スマートフォン・携帯電話	15.3	21.9	24.7	14.1	3.7	Smartphone and mobile phone
タブレット型端末	0.6	0.7	1.3	0.7	0.4	Tablet
その他	0.4	0.5	0.7	0.4	0.2	Others
最も多く購入に使用した機器（その他の世帯員）						(g)
パソコン（家族所有）	1.3	1.2	2.1	1.9	1.2	PC (household holdings)
パソコン（家族所有以外）	0.1	0.1	0.1	0.1	0.1	PC (other than household holdings)
スマートフォン・携帯電話	6.1	7.5	8.1	6.8	3.4	Smartphone and mobile phone
タブレット型端末	0.2	0.2	0.2	0.2	0.2	Tablet
その他	0.3	0.3	0.5	0.3	0.1	Others

(a) Individual proprietors and others
(b) Households that ordered goods and services over the Internet
(c) Households that didn't order goods and services over the Internet
(d) Total expenditure on goods and services ordered over the Internet (yen)
(e) Equipment that was used most often to buy(Household head)
(f) Equipment that was used most often to buy(Spouse of household head)
(g) Equipment that was used most often to buy(Household members of others)

第４－３表　世帯主の勤めか自営かの別インターネット を利用した購入状況（二人以上の世帯）

Table 4-3 Purchase Situation Using the Internet by Occupation of Household Head (Two-or-more-person Households)

2023年平均
2023 Average
(%)

項　　目	平均	就業 Occupation			非就業（無職） No-occupation	Item
		雇用されている人（勤労者） Employee	会社などの役員 Corporative administrators	自営業主・その他 (a)		
	Average					
世帯数分布（抽出率調整）	10,000	5,358	566	1,182	2,895	Distribution of households
集計世帯数	2,717	1,420	152	324	821	Number of tabulated households
世帯人員（人）	2.93	3.18	3.09	2.97	2.42	Number of persons per household (persons)
有業人員（人）	1.52	1.92	2.01	2.04	0.49	Number of earners per household (persons)
世帯主の年齢（歳）	60.8	53.1	58.6	63.1	74.3	Age of household head (years old)
インターネットを通じて注文をした	53.7	66.5	62.6	48.2	30.4	(b)
インターネットを通じて注文をしなかった	46.3	33.5	37.4	51.8	69.6	(c)
インターネットを利用した支出総額（円）	45,769	46,037	59,346	44,003	40,382	(d)
世帯主	22,438	22,327	28,231	21,856	20,988	Household head
世帯主の配偶者	17,757	18,984	25,163	15,623	11,113	Spouse of household head
その他の世帯員	5,575	4,726	5,952	6,523	8,280	Household members of others
最も多く購入に使用した機器（世帯主）						(e)
パソコン（家族所有）	12.0	11.9	15.5	13.9	10.7	PC (household holdings)
パソコン（家族所有以外）	0.3	0.4	1.3	0.3	0.1	PC (other than household holdings)
スマートフォン・携帯電話	21.0	30.7	20.4	14.5	5.8	Smartphone and mobile phone
タブレット型端末	1.4	1.6	1.8	1.2	1.0	Tablet
その他	1.0	1.3	0.9	0.9	0.6	Others
最も多く購入に使用した機器（世帯主の配偶者）						(f)
パソコン（家族所有）	5.3	5.7	9.3	5.5	3.9	PC (household holdings)
パソコン（家族所有以外）	0.3	0.4	0.7	0.3	0.1	PC (other than household holdings)
スマートフォン・携帯電話	24.3	34.1	31.2	19.8	6.6	Smartphone and mobile phone
タブレット型端末	1.0	1.1	1.7	1.0	0.7	Tablet
その他	0.6	0.7	0.8	0.6	0.3	Others
最も多く購入に使用した機器（その他の世帯員）						(g)
パソコン（家族所有）	2.1	1.8	2.7	2.7	2.2	PC (household holdings)
パソコン（家族所有以外）	0.1	0.1	0.1	0.1	0.2	PC (other than household holdings)
スマートフォン・携帯電話	9.7	11.7	10.3	9.6	6.0	Smartphone and mobile phone
タブレット型端末	0.3	0.2	0.2	0.3	0.3	Tablet
その他	0.4	0.4	0.7	0.5	0.3	Others

(a) Individual proprietors and others
(b) Households that ordered goods and services over the Internet
(c) Households that didn't order goods and services over the Internet
(d) Total expenditure on goods and services ordered over the Internet (yen)
(e) Equipment that was used most often to buy(Household head)
(f) Equipment that was used most often to buy(Spouse of household head)
(g) Equipment that was used most often to buy(Household members of others)

2023年平均
2023 Average

項　　目	平均	世帯人員別 by Number of household members					
		1人	2人	3人	4人	5人	6人〜
	Average	person	persons	persons	persons	persons	persons
世帯数分布（抽出率調整）	10,000	3,729	2,922	1,602	1,217	393	138
集計世帯数	3,001	284	1,344	669	488	159	57
世帯人員（人）	2.21	1.00	2.00	3.00	4.00	5.00	6.33
有業人員（人）	1.19	0.61	0.96	1.78	2.15	2.30	2.78
世帯主の年齢（歳）	59.0	56.2	67.4	59.3	51.1	49.6	54.8
インターネットを通じて注文をした	48.9	40.6	40.8	59.1	71.4	70.0	60.4
インターネットを通じて注文をしなかった	51.2	59.4	59.2	40.9	28.6	30.0	39.6
インターネットを利用した支出総額（円）	43,713	39,029	42,860	46,076	49,410	45,973	44,232
世帯主	27,608	39,029	25,156	21,490	21,294	19,058	15,992
世帯主の配偶者	12,257	...	15,978	16,519	20,905	20,733	15,113
その他の世帯員	3,848	...	1,726	8,067	7,211	6,182	13,127
最も多く購入に使用した機器（世帯主）							
パソコン（家族所有）	11.9	11.8	13.1	11.8	10.9	9.7	6.6
パソコン（家族所有以外）	0.3	0.2	0.3	0.4	0.5	0.3	0.1
スマートフォン・携帯電話	23.0	26.4	13.8	23.1	31.9	31.9	21.2
タブレット型端末	1.3	1.2	1.5	1.3	1.3	0.9	1.0
その他	1.0	1.1	0.9	1.0	1.1	1.5	1.4
最も多く購入に使用した機器（世帯主の配偶者）							
パソコン（家族所有）	3.4	...	5.5	5.6	5.4	3.6	3.6
パソコン（家族所有以外）	0.2	...	0.2	0.2	0.6	0.6	0.2
スマートフォン・携帯電話	15.3	...	13.7	25.9	41.3	40.8	32.8
タブレット型端末	0.6	...	1.1	1.0	0.9	0.9	−
その他	0.4	...	0.4	0.7	0.7	1.1	0.9
最も多く購入に使用した機器（その他の世帯員）							
パソコン（家族所有）	1.3	...	0.7	3.7	3.1	1.9	3.3
パソコン（家族所有以外）	0.1	...	0.0	0.2	0.3	0.1	0.1
スマートフォン・携帯電話	6.1	...	2.1	15.5	16.7	17.5	21.5
タブレット型端末	0.2	...	0.1	0.3	0.4	0.8	0.1
その他	0.3	...	0.1	0.6	0.6	1.1	1.1

を利用した購入状況（総世帯）
and Employed Persons (Total Households)

(%)

就業者数別	by Employed Persons			
0人	1人	2人	3人～	Item
person	person	persons	persons	
2,570	4,027	2,602	801	Distribution of households
677	888	1,109	327	Number of tabulated households
1.49	1.70	3.15	3.98	Number of persons per household (persons)
...	1.00	2.00	3.27	Number of earners per household (persons)
72.9	53.4	54.1	59.4	Age of household head (years old)
21.4	53.0	64.8	64.1	Households that ordered goods and services over the Internet
78.6	47.0	35.2	35.9	Households that didn't order goods and services over the Internet
36,410	41,038	47,615	49,015	Total expenditure on goods and services ordered over the Internet (yen)
29,443	33,381	22,912	16,490	Household head
5,600	6,163	20,994	15,791	Spouse of household head
1,367	1,494	3,708	16,734	Household members of others
				Equipment that was used most often to buy(Household head)
9.2	13.7	12.0	11.5	PC (household holdings)
0.1	0.2	0.4	0.5	PC (other than household holdings)
7.6	29.6	28.4	22.0	Smartphone and mobile phone
0.9	1.5	1.5	1.0	Tablet
0.3	1.4	1.2	1.0	Others
				Equipment that was used most often to buy(Spouse of household head)
1.9	2.1	6.0	5.5	PC (household holdings)
0.0	0.1	0.4	0.5	PC (other than household holdings)
2.3	7.8	35.2	29.2	Smartphone and mobile phone
0.3	0.5	1.0	1.0	Tablet
0.1	0.2	0.9	0.4	Others
				Equipment that was used most often to buy(Household members of others)
0.4	0.8	1.8	5.1	PC (household holdings)
0.0	0.0	0.1	0.4	PC (other than household holdings)
0.7	2.4	8.9	33.2	Smartphone and mobile phone
0.1	0.1	0.2	0.6	Tablet
0.0	0.1	0.5	0.9	Others

2023年平均
2023 Average

項　目	平均 Average	200万円 未　満 2 million yen under	200万円 以　上 300万円 未　満 2 million yen – 3 million yen	300～400 3 million yen – 4 million yen	400～500 4 million yen – 5 million yen	500～600 5 million yen – 6 million yen	600～700 6 million yen – 7 million yen	700～800 7 million yen – 8 million yen
世帯数分布（抽出率調整）	10,000	1,897	1,572	1,435	1,124	792	662	570
集計世帯数	3,001	355	424	428	340	280	234	210
世帯人員（人）	2.21	1.31	1.68	1.95	2.17	2.63	2.86	2.97
有業人員（人）	1.19	0.43	0.70	0.98	1.28	1.54	1.67	1.81
世帯主の年齢（歳）	59.0	66.9	63.5	59.1	54.7	55.7	53.9	54.0
インターネットを通じて注文をした	48.9	21.3	34.0	45.2	55.4	60.3	64.0	70.3
インターネットを通じて注文をしなかった	51.2	78.7	66.0	54.8	44.7	39.8	36.0	29.7
インターネットを利用した支出総額（円）	43,713	31,543	31,663	35,929	38,660	39,414	40,276	43,545
世帯主	27,608	28,065	26,442	28,260	28,008	24,392	23,145	22,287
世帯主の配偶者	12,257	2,519	3,667	5,747	8,208	11,579	13,011	15,296
その他の世帯員	3,848	960	1,554	1,922	2,444	3,443	4,120	5,962
最も多く購入に使用した機器（世帯主）								
パソコン（家族所有）	11.9	7.4	7.3	12.7	14.5	13.8	13.5	13.8
パソコン（家族所有以外）	0.3	0.1	0.1	0.2	0.2	0.3	0.5	0.2
スマートフォン・携帯電話	23.0	11.4	19.5	21.2	26.8	26.7	29.3	30.9
タブレット型端末	1.3	0.6	1.1	0.9	1.1	1.7	1.6	2.8
その他	1.0	0.1	1.4	1.7	0.7	1.2	0.9	1.5
最も多く購入に使用した機器（世帯主の配偶者）								
パソコン（家族所有）	3.4	0.4	1.5	2.6	3.3	3.8	4.0	5.8
パソコン（家族所有以外）	0.2	0.0	0.0	0.1	0.1	0.1	0.3	0.4
スマートフォン・携帯電話	15.3	1.2	3.8	7.4	13.5	21.5	26.2	29.3
タブレット型端末	0.6	0.1	0.2	0.5	0.6	0.9	0.7	0.9
その他	0.4	0.0	0.1	0.3	0.2	0.5	0.8	1.0
最も多く購入に使用した機器（その他の世帯員）								
パソコン（家族所有）	1.3	0.3	0.5	1.0	1.2	1.3	2.0	2.2
パソコン（家族所有以外）	0.1	0.0	0.1	0.0	0.1	0.2	0.1	0.2
スマートフォン・携帯電話	6.1	0.8	1.8	2.8	5.2	7.3	8.7	12.0
タブレット型端末	0.2	0.0	0.1	0.1	0.1	0.2	0.3	0.2
その他	0.3	0.0	0.1	0.1	0.3	0.5	0.3	0.7

を利用した購入状況（総世帯）
Yearly Income Group (Total Households)

(%)

800〜900 8 million yen – 9 million yen	900〜1,000 9 million yen – 10 million yen	1,000〜1,250 10 million yen – 12.5 million yen	1,250〜1,500 – 15 million yen	1,500〜2,000 15 million yen – 20 million yen	2,000万円 以　上 20 million yen or more	Item
452	365	449	228	147	94	Distribution of households
166	140	177	89	56	33	Number of tabulated households
3.14	3.24	3.28	3.36	3.41	3.13	Number of persons per household (persons)
1.93	2.03	2.06	2.19	2.18	1.94	Number of earners per household (persons)
53.3	54.3	54.3	55.2	54.5	58.2	Age of household head (years old)
73.6	74.9	76.3	79.0	82.1	75.2	Households that ordered goods and services over the Internet
26.4	25.1	23.7	21.1	17.9	24.8	Households that didn't order goods and services over the Internet
49,693	49,902	61,748	65,059	78,756	108,332	Total expenditure on goods and services ordered over the Internet (yen)
25,565	24,104	29,796	31,628	37,591	65,448	Household head
18,201	19,246	25,547	24,565	33,667	35,963	Spouse of household head
5,927	6,551	6,406	8,866	7,498	6,921	Household members of others
						Equipment that was used most often to buy(Household head)
14.4	16.4	18.6	19.1	21.8	20.4	PC (household holdings)
0.4	0.5	0.5	1.2	1.3	0.8	PC (other than household holdings)
32.2	32.5	31.4	33.7	33.9	30.4	Smartphone and mobile phone
1.5	2.3	1.8	2.8	2.8	3.7	Tablet
1.3	1.3	1.5	1.2	1.4	1.5	Others
						Equipment that was used most often to buy(Spouse of household head)
6.6	5.4	7.9	9.4	12.4	15.5	PC (household holdings)
0.4	0.7	0.3	0.7	1.1	0.3	PC (other than household holdings)
34.4	37.8	41.3	40.5	43.2	34.8	Smartphone and mobile phone
1.0	1.1	1.6	1.6	2.8	3.7	Tablet
0.9	0.8	0.7	1.0	1.0	0.2	Others
						Equipment that was used most often to buy(Household members of others)
2.9	2.2	2.7	4.4	3.0	3.2	PC (household holdings)
0.3	0.1	0.2	0.2	–	–	PC (other than household holdings)
14.4	17.3	15.5	19.5	16.6	15.6	Smartphone and mobile phone
0.1	0.4	0.6	0.6	1.0	0.2	Tablet
0.4	0.5	0.4	0.5	0.8	0.7	Others

2023年平均
2023 Average

項　目	平均 Average	200万円 未　満 2 million yen under	200万円 以　上 300万円 未　満 2 million yen - 3 million yen	300～400 3 million yen - 4 million yen	400～500 4 million yen - 5 million yen	500～600 5 million yen - 6 million yen	600～700 6 million yen - 7 million yen	700～800 7 million yen - 8 million yen
世帯数分布（抽出率調整）	10,000	712	1,253	1,426	1,164	995	863	780
集計世帯数	2,717	210	362	401	323	271	229	207
世帯人員（人）	2.93	2.30	2.36	2.52	2.79	3.05	3.24	3.29
有業人員（人）	1.52	0.75	0.79	1.05	1.45	1.69	1.83	1.94
世帯主の年齢（歳）	60.8	69.6	69.9	66.9	61.8	57.4	55.5	54.9
インターネットを通じて注文をした	53.7	24.5	28.2	38.1	50.6	59.4	62.9	69.5
インターネットを通じて注文をしなかった	46.3	75.5	71.8	61.9	49.4	40.6	37.1	30.5
インターネットを利用した支出総額（円）	45,769	32,576	31,064	33,317	35,958	36,811	37,823	44,951
世帯主	22,438	19,894	18,745	19,179	18,228	17,866	16,923	20,050
世帯主の配偶者	17,757	9,179	8,674	10,472	13,661	14,644	15,815	17,956
その他の世帯員	5,575	3,503	3,645	3,666	4,069	4,302	5,084	6,945
最も多く購入に使用した機器（世帯主）								
パソコン（家族所有）	12.0	7.1	7.5	11.1	12.2	11.4	11.8	13.4
パソコン（家族所有以外）	0.3	0.1	0.1	0.2	0.2	0.4	0.6	0.3
スマートフォン・携帯電話	21.0	9.4	9.7	11.7	17.5	23.6	25.9	28.0
タブレット型端末	1.4	0.6	0.9	0.8	1.3	1.5	1.5	1.6
その他	1.0	0.4	0.5	0.9	0.9	1.6	1.0	1.6
最も多く購入に使用した機器（世帯主の配偶者）								
パソコン（家族所有）	5.3	1.8	3.0	4.1	5.0	4.9	4.9	6.7
パソコン（家族所有以外）	0.3	0.1	0.1	0.2	0.2	0.1	0.3	0.5
スマートフォン・携帯電話	24.3	5.2	7.6	11.8	20.7	26.8	31.6	34.0
タブレット型端末	1.0	0.5	0.4	0.8	0.9	1.1	0.8	1.0
その他	0.6	0.1	0.1	0.5	0.4	0.7	0.9	1.2
最も多く購入に使用した機器（その他の世帯員）								
パソコン（家族所有）	2.1	1.1	1.0	1.6	1.8	1.7	2.5	2.5
パソコン（家族所有以外）	0.1	0.1	0.1	0.0	0.1	0.2	0.1	0.2
スマートフォン・携帯電話	9.7	3.4	3.5	4.6	8.0	9.1	10.5	13.9
タブレット型端末	0.3	0.1	0.2	0.1	0.2	0.2	0.4	0.2
その他	0.4	0.2	0.2	0.2	0.4	0.7	0.4	0.8

を利用した購入状況（二人以上の世帯）
Yearly Income Group (Two-or-more-person Households)

(%)

800～900 8 million yen - 9 million yen	900～1,000 9 million yen - 10 million yen	1,000～1,250 10 million yen - 12.5 million yen	1,250～1,500 - 15 million yen	1,500～2,000 15 million yen - 20 million yen	2,000万円 以　上 20 million yen or more	Item
645	535	687	351	225	139	Distribution of households
163	138	175	89	55	33	Number of tabulated households
3.39	3.44	3.38	3.43	3.50	3.27	Number of persons per household (persons)
2.03	2.12	2.11	2.23	2.22	2.02	Number of earners per household (persons)
53.9	54.0	54.3	55.2	54.2	57.9	Age of household head (years old)
73.9	76.8	76.1	79.8	82.2	80.2	Households that ordered goods and services over the Internet
26.1	23.3	23.9	20.2	17.8	19.8	Households that didn't order goods and services over the Internet
49,392	50,422	61,569	65,882	78,581	108,332	Total expenditure on goods and services ordered over the Internet (yen)
22,436	23,055	28,214	31,757	35,927	65,448	Household head
20,323	20,422	26,657	25,030	34,859	35,963	Spouse of household head
6,633	6,945	6,698	9,095	7,794	6,921	Household members of others
						Equipment that was used most often to buy(Household head)
13.1	14.7	16.9	19.3	20.1	21.7	PC (household holdings)
0.5	0.4	0.5	1.2	1.3	0.8	PC (other than household holdings)
31.2	34.5	32.2	33.6	34.6	32.5	Smartphone and mobile phone
1.3	2.0	1.9	2.9	2.9	4.1	Tablet
1.3	1.2	1.1	1.3	1.5	1.5	Others
						Equipment that was used most often to buy(Spouse of household head)
7.4	5.9	8.3	9.8	12.9	16.6	PC (household holdings)
0.5	0.8	0.3	0.7	1.1	0.3	PC (other than household holdings)
38.6	41.0	43.1	41.6	44.8	37.2	Smartphone and mobile phone
1.2	1.2	1.7	1.7	2.8	4.0	Tablet
1.0	0.9	0.7	1.0	1.0	0.3	Others
						Equipment that was used most often to buy(Household members of others)
3.3	2.4	2.8	4.5	3.2	3.4	PC (household holdings)
0.3	0.1	0.2	0.2	-	-	PC (other than household holdings)
16.1	18.8	16.3	20.1	17.2	16.5	Smartphone and mobile phone
0.2	0.5	0.7	0.6	1.0	0.2	Tablet
0.4	0.6	0.4	0.5	0.9	0.7	Others

2023年平均
2023 Average

項　目	全国	地　方						
		北海道	東北	関東	北陸	東海	近畿	中国
	All Japan	Hokkaido	Tohoku	Kanto	Hokuriku	Tokai	Kinki	Chugoku
世帯数分布（１０万分比）	100,000	4,375	7,379	37,211	4,042	11,759	15,407	5,952
集計世帯数	21,512	1,029	1,717	7,184	970	2,526	3,436	1,397
世帯人員（人）	2.20	2.02	2.14	2.18	2.26	2.27	2.26	2.15
世帯人員別世帯数								
１人	36,925	1,736	3,179	13,862	1,564	4,253	4,973	2,353
２人	29,798	1,482	1,891	10,891	1,063	3,291	5,094	1,755
３人	16,343	643	1,098	6,276	671	1,956	2,614	896
４人	12,000	382	759	4,637	464	1,586	2,012	620
５人	3,602	103	279	1,193	175	483	556	234
６人～	1,331	30	173	351	105	189	159	95
就業者数別世帯数								
０人	26,841	1,274	2,122	8,758	981	3,218	4,778	1,704
１人	39,613	1,783	2,915	15,962	1,631	4,399	5,398	2,303
２人	25,640	1,112	1,758	9,555	1,000	3,068	4,030	1,502
３人～	7,906	207	584	2,936	431	1,074	1,201	444
世帯主の年齢階級別世帯数								
（年齢５歳階級）								
～３４歳	9,350	254	724	5,123	382	828	878	488
３５～３９歳	3,760	172	242	1,486	131	410	627	188
４０～４４歳	4,937	204	346	1,934	152	607	796	274
４５～４９歳	7,562	281	531	2,999	284	947	1,047	439
５０～５４歳	9,419	452	618	3,719	338	1,026	1,387	587
５５～５９歳	9,882	403	778	3,822	425	1,174	1,481	492
６０～６４歳	10,035	550	776	3,430	489	1,108	1,571	600
６５～６９歳	11,904	672	1,089	3,665	579	1,590	1,744	672
７０～７４歳	14,441	774	1,009	4,542	608	1,831	2,283	1,002
７５～７９歳	10,559	390	744	3,381	424	1,317	1,987	791
８０～８４歳	5,542	141	344	2,049	166	640	1,141	319
８５歳～	2,611	82	178	1,060	66	283	467	101
（年齢１０歳階級Ａ）								
～３４歳	9,350	254	724	5,123	382	828	878	488
３５～４４歳	8,696	377	588	3,420	283	1,017	1,422	462
４５～５４歳	16,981	732	1,149	6,718	622	1,972	2,435	1,026
５５～６４歳	19,917	953	1,553	7,252	914	2,282	3,052	1,093
６５～７４歳	26,345	1,447	2,099	8,207	1,187	3,420	4,026	1,674
７５～８４歳	16,101	531	1,089	5,430	590	1,957	3,128	1,110
８５歳～	2,611	82	178	1,060	66	283	467	101
（再掲）６５歳～	45,056	2,060	3,365	14,698	1,843	5,661	7,620	2,884
（年齢１０歳階級Ｂ）								
～２９歳	5,378	199	465	3,036	162	404	452	354
３０～３９歳	7,731	227	500	3,572	351	834	1,052	322
４０～４９歳	12,499	485	877	4,933	435	1,554	1,843	713
５０～５９歳	19,301	854	1,396	7,541	763	2,200	2,868	1,079
６０～６９歳	21,938	1,223	1,865	7,096	1,068	2,697	3,315	1,273
７０～７９歳	24,999	1,164	1,754	7,923	1,032	3,148	4,269	1,792
８０歳～	8,153	223	522	3,110	232	923	1,607	419
（再掲）６０歳～	55,091	2,610	4,141	18,128	2,331	6,768	9,191	3,485
（再掲）７０歳～	33,152	1,387	2,276	11,032	1,263	4,071	5,876	2,212
世帯主の勤めか自営かの別世帯数								
雇用されている人（勤労者）	51,459	2,236	3,611	20,849	2,122	6,076	7,274	2,953
会社などの役員	4,453	263	364	1,635	180	450	639	266
自営業主・その他	10,216	365	765	3,585	439	1,118	1,528	616
非就業（無職）	33,872	1,512	2,639	11,141	1,301	4,116	5,967	2,118
住居の種類別世帯数								
持ち家	75,113	3,084	5,693	26,123	3,326	9,671	11,945	4,591
うち住宅ローンあり	21,079	831	1,332	8,348	768	2,756	3,215	1,159
民営の賃貸住宅	17,217	856	1,270	7,767	581	1,418	2,106	987
公営の賃貸住宅	2,717	149	155	1,037	75	221	517	162
都市再生機構・公社等の賃貸住宅	1,216	19	7	716	1	60	334	20
給与住宅	1,903	161	95	1,030	17	174	191	91
その他	1,773	106	149	522	41	206	302	94
年間収入階級別世帯数								
200万円未満	19,095	978	1,748	5,507	867	2,160	3,152	1,350
200万円以上300万円未満	16,134	909	1,331	5,424	515	1,788	2,432	1,117
300　～　400	14,059	601	1,140	5,098	608	1,459	2,234	890
400　～　500	10,937	388	759	4,264	565	1,193	1,723	552
500　～　600	8,154	388	490	3,179	329	1,106	1,263	407
600　～　700	6,658	288	421	2,784	204	787	985	349
700　～　800	5,615	242	412	2,339	235	652	796	325
800　～　900	4,363	165	290	1,870	143	541	676	244
900　～　1,000	3,747	131	229	1,579	178	507	534	205
1,000　～　1,250	4,675	134	231	2,176	169	624	708	215
1,250　～　1,500	2,269	58	138	1,084	85	248	340	114
1,500　～　2,000	1,518	21	42	863	40	200	182	45
2,000万円以上	893	18	24	537	18	128	72	21
在学者の有無別世帯数								
いる世帯	17,466	622	1,036	6,828	605	2,179	2,940	942
いない世帯　1）	82,534	3,753	6,342	30,383	3,437	9,580	12,467	5,010

1）在学者のいない世帯には、単身世帯を含む。

都市階級別世帯分布（総世帯）
by All Japan, Districts and City Groups (Total Households)

単位　10万分比　Numbers per 100,000

Districts		都市階級　City Groups				
四国	九州・沖縄	大都市	中都市	小都市A	小都市B・町村	Item
	Kyushu &	Major	Middle	Small	Small cities B,	
Shikoku	Okinawa	cities	cities	cities A	Towns & villages	
2,888	10,987	30,487	30,911	23,253	15,349	Distribution of households (rate to the whole = 100,000)
711	2,542	5,675	6,807	5,335	3,695	Number of tabulated households
2.18	2.23	2.20	2.21	2.20	2.20	Number of persons per household (persons)
						Number of households by number of household members
1,047	3,958	10,953	11,159	8,870	5,944	1 person
922	3,409	9,238	9,389	6,725	4,446	2 persons
461	1,728	5,204	5,083	3,631	2,425	3 persons
320	1,220	3,855	3,818	2,773	1,554	4 persons
105	476	956	1,104	894	648	5 persons
33	197	281	358	360	331	6 or more persons
						Number of households by employed persons
928	3,079	6,968	8,724	6,835	4,314	0 person
996	4,227	13,003	11,924	8,849	5,836	1 person
739	2,877	8,323	7,829	5,643	3,845	2 persons
225	805	2,193	2,434	1,926	1,353	3 or more persons
						Number of households by age group of household head
						(5-Year Age Group)
129	545	3,825	2,732	1,927	866	-34 years old
79	426	1,300	1,168	728	564	35-39
142	483	1,653	1,476	1,142	667	40-44
244	792	2,377	2,426	1,818	942	45-49
256	1,037	3,301	2,785	1,947	1,387	50-54
233	1,075	3,150	3,205	2,169	1,359	55-59
303	1,208	2,880	3,224	2,231	1,699	60-64
396	1,497	3,209	3,521	2,932	2,243	65-69
547	1,845	3,732	4,438	3,602	2,669	70-74
316	1,210	2,774	3,345	2,705	1,735	75-79
195	547	1,584	1,759	1,369	830	80-84
51	324	704	834	685	389	85-
						(10-Year Age Group A)
129	545	3,825	2,732	1,927	866	-34 years old
221	908	2,953	2,643	1,869	1,230	35-44
499	1,828	5,677	5,211	3,764	2,329	45-54
536	2,282	6,030	6,429	4,400	3,057	55-64
942	3,342	6,940	7,959	6,534	4,912	65-74
510	1,757	4,358	5,103	4,074	2,565	75-84
51	324	704	834	685	389	85-
1,503	5,423	12,002	13,896	11,292	7,866	(Regrouped) 65 years old or more
						(10-Year Age Group B)
102	204	2,327	1,347	1,222	483	-29 years old
106	767	2,798	2,553	1,433	947	30-39
385	1,274	4,029	3,901	2,959	1,609	40-49
489	2,112	6,451	5,989	4,116	2,746	50-59
699	2,704	6,089	6,745	5,163	3,942	60-69
862	3,055	6,506	7,783	6,307	4,404	70-79
245	871	2,288	2,592	2,053	1,219	80-
1,806	6,631	14,882	17,120	13,524	9,564	(Regrouped) 60 years old or more
1,107	3,926	8,794	10,375	8,361	5,623	(Regrouped) 70 years old or more
						Number of households by occupation of household head
1,243	5,095	17,048	15,997	11,293	7,120	Employee
142	515	1,483	1,345	981	644	Corporative administrators
375	1,424	3,068	2,719	2,400	2,029	Individual proprietors and others
1,127	3,953	8,888	10,849	8,580	5,555	No-occupation
						Number of households by kind of residence
2,477	8,204	20,136	23,704	18,377	12,897	Owned houses
593	2,077	6,708	6,872	4,856	2,643	of which household paying back debts for houses and/or land
312	1,920	7,501	4,729	3,441	1,546	Privately owned rented houses
25	376	1,094	839	491	293	Publicly owned rented houses
-	61	619	449	127	21	Rented houses owned by Urban Renaissance Agency or public corporation
11	132	572	671	462	198	Issued houses
62	293	531	504	349	390	Others
						Number of households by yearly income group
750	2,584	4,461	6,037	5,052	3,546	-　1,999,999 yen
499	2,121	4,476	5,024	3,882	2,752	2,000,000- 2,999,999
507	1,522	4,133	4,397	3,258	2,272	3,000,000- 3,999,999
252	1,240	3,424	3,093	2,702	1,718	4,000,000- 4,999,999
183	810	2,510	2,664	1,679	1,301	5,000,000- 5,999,999
166	673	2,187	1,962	1,583	926	6,000,000- 6,999,999
129	485	1,859	1,823	1,225	708	7,000,000- 7,999,999
114	321	1,463	1,448	954	498	8,000,000- 8,999,999
81	304	1,338	1,191	720	499	9,000,000- 9,999,999
95	325	1,903	1,373	920	479	10,000,000- 12,499,999
56	147	901	706	424	238	12,500,000- 14,999,999
29	95	737	474	216	91	15,000,000- 19,999,999
6	69	487	222	123	61	20,000,000-
						Number of households by presence of student
453	1,862	5,894	5,588	3,890	2,095	Households with student
2,435	9,126	24,594	25,323	19,363	13,254	Households without student 1)

1) It includes one-person households.

2023年平均
2023 Average

項　　目	全国	地　　方						
		北海道	東北	関東	北陸	東海	近畿	中国
	All Japan	Hokkaido	Tohoku	Kanto	Hokuriku	Tokai	Kinki	Chugoku
世帯数分布（１０万分比）	100,000	4,185	6,658	37,016	3,928	11,900	16,542	5,707
集計世帯数	19,446	920	1,540	6,537	883	2,265	3,118	1,255
世帯人員（人）	2.90	2.70	3.01	2.88	3.05	2.98	2.86	2.90
世帯人員別世帯数								
１人	...	...	...	...	...	...	...	...
２人	47,243	2,349	2,998	17,267	1,686	5,218	8,076	2,782
３人	25,911	1,020	1,741	9,949	1,064	3,101	4,144	1,421
４人	19,025	606	1,204	7,352	735	2,515	3,189	983
５人	5,711	163	442	1,891	278	766	882	370
６人〜	2,110	47	274	557	166	300	252	150
就業者数別世帯数								
０人	18,814	808	1,218	6,783	653	2,041	3,514	1,095
１人	28,001	1,287	1,728	10,429	1,007	3,292	4,734	1,527
２人	40,651	1,762	2,787	15,149	1,585	4,864	6,389	2,381
３人〜	12,534	328	925	4,655	683	1,704	1,905	703
世帯主の年齢階級別世帯数								
（年齢５歳階級）								
〜３４歳	2,804	116	148	1,089	108	356	479	158
３５〜３９歳	4,471	174	244	1,801	151	513	715	233
４０〜４４歳	6,496	248	409	2,563	224	788	1,069	338
４５〜４９歳	8,981	353	546	3,426	338	1,161	1,428	548
５０〜５４歳	10,561	460	626	4,269	328	1,268	1,756	509
５５〜５９歳	10,039	394	660	3,979	421	1,234	1,565	553
６０〜６４歳	11,364	548	849	4,157	487	1,231	1,781	647
６５〜６９歳	12,636	628	969	4,192	579	1,580	1,931	740
７０〜７４歳	14,558	720	1,029	4,814	600	1,762	2,429	922
７５〜７９歳	10,025	359	641	3,551	448	1,137	1,801	662
８０〜８４歳	5,397	103	327	2,121	175	584	1,135	289
８５歳〜	2,670	83	212	1,054	70	287	453	109
（年齢１０歳階級Ａ）								
〜３４歳	2,804	116	148	1,089	108	356	479	158
３５〜４４歳	10,967	421	652	4,364	374	1,300	1,784	571
４５〜５４歳	19,542	813	1,172	7,695	666	2,429	3,184	1,057
５５〜６４歳	21,402	942	1,509	8,136	907	2,466	3,346	1,200
６５〜７４歳	27,194	1,348	1,998	9,006	1,179	3,342	4,360	1,661
７５〜８４歳	15,421	463	968	5,672	623	1,721	2,935	951
８５歳〜	2,670	83	212	1,054	70	287	453	109
（再掲）６５歳〜	45,285	1,893	3,178	15,732	1,872	5,350	7,748	2,721
（年齢１０歳階級Ｂ）								
〜２９歳	658	28	40	221	14	83	148	44
３０〜３９歳	6,617	261	351	2,670	245	785	1,047	347
４０〜４９歳	15,476	601	955	5,989	561	1,949	2,497	885
５０〜５９歳	20,600	854	1,286	8,248	749	2,502	3,321	1,062
６０〜６９歳	24,000	1,176	1,818	8,350	1,066	2,811	3,712	1,387
７０〜７９歳	24,583	1,079	1,670	8,364	1,048	2,899	4,230	1,583
８０歳〜	8,067	186	539	3,175	245	871	1,588	398
（再掲）６０歳〜	56,649	2,441	4,027	19,889	2,359	6,581	9,529	3,368
（再掲）７０歳〜	32,649	1,265	2,209	11,539	1,294	3,770	5,817	1,981
世帯主の勤めか自営かの別世帯数								
雇用されている人（勤労者）	53,110	2,351	3,351	20,457	2,057	6,508	8,579	2,946
会社などの役員	5,427	261	392	1,984	240	591	738	353
自営業主・その他	11,503	387	879	4,015	471	1,337	1,827	656
非就業（無職）	29,961	1,186	2,036	10,561	1,160	3,464	5,398	1,752
住居の種類別世帯数								
持ち家	85,722	3,345	5,902	31,319	3,695	10,833	13,873	4,923
うち住宅ローンあり	29,031	1,114	1,741	11,605	1,082	3,686	4,596	1,545
民営の賃貸住宅	8,505	563	471	3,289	132	587	1,582	487
公営の賃貸住宅	1,960	127	91	668	32	150	368	146
都市再生機構・公社等の賃貸住宅	1,195	3	8	736	2	63	317	11
給与住宅	1,193	76	76	561	28	100	170	58
その他	1,367	70	105	430	37	159	214	80
年間収入階級別世帯数								
200万円未満	7,094	361	541	2,106	211	643	1,403	422
200万円以上300万円未満	12,952	701	937	3,964	477	1,380	2,298	839
300　〜　400	14,466	677	1,046	4,845	615	1,625	2,423	906
400　〜　500	11,715	478	871	4,098	482	1,218	2,076	683
500　〜　600	9,806	507	620	3,420	423	1,290	1,632	562
600　〜　700	8,639	363	576	3,235	323	1,118	1,419	495
700　〜　800	7,697	294	518	3,013	355	990	1,188	435
800　〜　900	6,200	243	407	2,553	226	795	961	342
900　〜　1,000	5,345	177	335	2,176	243	752	774	302
1,000　〜　1,250	7,038	193	366	3,325	268	875	1,115	300
1,250　〜　1,500	3,437	88	192	1,632	132	389	507	176
1,500　〜　2,000	2,328	34	67	1,313	64	297	288	71
2,000万円以上	1,278	20	37	778	28	156	115	34
在学者の有無別世帯数								
いる世帯	27,692	987	1,643	10,825	959	3,454	4,661	1,494
いない世帯	72,308	3,199	5,015	26,191	2,969	8,446	11,881	4,213

都市階級別世帯分布（二人以上の世帯）
by All Japan, Districts and City Groups (Two-or-more-person Households)

単位　10万分比　Numbers per 100,000

Districts		都市階級 City Groups				Item
四国	九州・沖縄	大都市	中都市	小都市A	小都市B・町村	
Shikoku	Kyushu & Okinawa	Major cities	Middle cities	Small cities A	Small cities B, Towns & villages	
2,919	11,145	30,970	31,315	22,804	14,911	Distribution of households (rate to the whole = 100,000)
640	2,288	5,135	6,169	4,816	3,326	Number of tabulated households
2.84	2.92	2.87	2.89	2.93	2.95	Number of persons per household (persons)
						Number of households by number of household members
...	...	...	...	...	...	1 person
1,462	5,405	14,647	14,885	10,662	7,049	2 persons
731	2,740	8,251	8,059	5,757	3,845	3 persons
508	1,934	6,111	6,053	4,397	2,464	4 persons
166	754	1,516	1,750	1,418	1,028	5 persons
52	312	446	568	571	525	6 or more persons
						Number of households by employed persons
595	2,107	5,332	6,216	4,454	2,813	0 person
795	3,201	8,965	8,828	6,351	3,856	1 person
1,172	4,561	13,196	12,412	8,946	6,097	2 persons
356	1,276	3,477	3,859	3,054	2,145	3 or more persons
						Number of households by age group of household head
						(5-Year Age Group)
59	291	994	888	601	321	-34 years old
111	530	1,667	1,388	895	521	35-39
177	682	2,203	2,007	1,478	809	40-44
269	912	2,954	2,912	2,055	1,059	45-49
271	1,073	3,676	3,309	2,216	1,360	50-54
275	958	3,328	3,238	2,146	1,327	55-59
373	1,291	3,485	3,580	2,454	1,844	60-64
421	1,596	3,457	3,815	3,064	2,300	65-69
487	1,796	4,087	4,410	3,518	2,544	70-74
296	1,131	2,735	3,244	2,463	1,583	75-79
119	544	1,575	1,708	1,308	806	80-84
61	341	809	818	606	437	85-
						(10-Year Age Group A)
59	291	994	888	601	321	-34 years old
288	1,212	3,869	3,394	2,373	1,330	35-44
540	1,985	6,631	6,221	4,271	2,419	45-54
648	2,249	6,814	6,818	4,600	3,171	55-64
908	3,392	7,544	8,224	6,582	4,844	65-74
414	1,675	4,310	4,952	3,771	2,389	75-84
61	341	809	818	606	437	85-
1,383	5,409	12,663	13,993	10,959	7,670	(Regrouped) 65 years old or more
						(10-Year Age Group B)
16	64	274	194	105	84	-29 years old
154	756	2,386	2,081	1,392	758	30-39
446	1,594	5,157	4,919	3,533	1,868	40-49
546	2,030	7,004	6,547	4,362	2,687	50-59
794	2,887	6,943	7,395	5,519	4,143	60-69
783	2,926	6,822	7,653	5,981	4,127	70-79
179	886	2,384	2,525	1,914	1,244	80-
1,756	6,699	16,149	17,574	13,413	9,513	(Regrouped) 60 years old or more
962	3,812	9,206	10,179	7,894	5,370	(Regrouped) 70 years old or more
						Number of households by occupation of household head
1,371	5,490	17,400	16,958	11,662	7,090	Employee
210	658	1,792	1,616	1,244	774	Corporative administrators
427	1,505	3,403	3,156	2,678	2,267	Individual proprietors and others
911	3,492	8,376	9,585	7,220	4,780	No-occupation
						Number of households by kind of residence
2,655	9,178	24,518	27,074	20,443	13,688	Owned houses
784	2,877	9,334	9,526	6,652	3,518	of which household paying back debts for houses and/or land
188	1,209	3,848	2,480	1,440	738	Privately owned rented houses
19	359	841	616	306	198	Publicly owned rented houses
-	57	651	424	115	5	Rented houses owned by Urban Renaissance Agency or public corporation
10	116	603	330	167	93	Issued houses
47	225	478	376	331	182	Others
						Number of households by yearly income group
259	1,150	1,832	2,164	1,732	1,367	- 1,999,999 yen
470	1,886	3,470	3,951	3,153	2,378	2,000,000- 2,999,999
549	1,780	3,953	4,680	3,487	2,346	3,000,000- 3,999,999
340	1,470	3,276	3,709	2,780	1,951	4,000,000- 4,999,999
265	1,076	2,873	3,045	2,301	1,586	5,000,000- 5,999,999
226	884	2,603	2,736	2,040	1,260	6,000,000- 6,999,999
190	716	2,493	2,476	1,731	998	7,000,000- 7,999,999
181	492	2,067	2,038	1,356	739	8,000,000- 8,999,999
128	457	1,839	1,733	1,095	678	9,000,000- 9,999,999
145	452	2,810	2,090	1,407	732	10,000,000- 12,499,999
88	233	1,348	1,099	646	345	12,500,000- 14,999,999
45	150	1,107	750	326	145	15,000,000- 19,999,999
9	102	679	332	195	72	20,000,000-
						Number of households by presence of student
718	2,952	9,343	8,860	6,168	3,322	Households with student
2,201	8,193	21,627	22,455	16,637	11,589	Households without student

2023年平均
2023 Average

項　目	平均 Average	～29歳 years old	30～39歳 years old	40～49歳 years old	50～59歳 years old	60～69歳 years old
世帯数分布（10万分比）	100,000	5,378	7,731	12,499	19,301	21,938
集計世帯数	21,512	171	1,266	2,956	4,151	5,332
世帯人員（人）	2.20	1.16	2.43	3.10	2.45	2.14
世帯人員別世帯数						
1人	36,925	4,963	3,558	2,737	6,309	6,801
2人	29,798	148	643	1,492	4,154	8,568
3人	16,343	154	1,150	2,372	4,178	4,271
4人	12,000	86	1,649	4,052	3,493	1,706
5人	3,602	19	562	1,482	893	371
6人～	1,331	8	170	364	275	222
就業者数別世帯数						
0人	26,841	232	244	388	1,216	5,210
1人	39,613	4,845	4,518	4,813	8,222	8,421
2人	25,640	292	2,837	6,428	6,799	5,663
3人～	7,906	9	133	869	3,065	2,643
世帯主の年齢階級別世帯数						
（年齢5歳階級）						
～34歳	9,350	5,378	3,972	...	...	...
35～39歳	3,760	...	3,760	...	...	...
40～44歳	4,937	...	...	4,937	...	...
45～49歳	7,562	...	...	7,562	...	...
50～54歳	9,419	...	...	...	9,419	...
55～59歳	9,882	...	...	...	9,882	...
60～64歳	10,035	...	...	...	...	10,035
65～69歳	11,904	...	...	...	...	11,904
70～74歳	14,441	...	...	...	...	...
75～79歳	10,559	...	...	...	...	...
80～84歳	5,542	...	...	...	...	...
85歳～	2,611	...	...	...	...	...
（年齢10歳階級A）						
～34歳	9,350	5,378	3,972	...	...	...
35～44歳	8,696	...	3,760	4,937	...	...
45～54歳	16,981	...	...	7,562	9,419	...
55～64歳	19,917	...	...	...	9,882	10,035
65～74歳	26,345	...	...	...	...	11,904
75～84歳	16,101	...	...	...	...	...
85歳～	2,611	...	...	...	...	...
（再掲）65歳～	45,056	...	...	...	...	11,904
（年齢10歳階級B）						
～29歳	5,378	5,378	...	...	...	...
30～39歳	7,731	...	7,731	...	...	...
40～49歳	12,499	...	...	12,499	...	...
50～59歳	19,301	...	...	...	19,301	...
60～69歳	21,938	...	...	...	...	21,938
70～79歳	24,999	...	...	...	...	...
80歳～	8,153	...	...	...	...	...
（再掲）60歳～	55,091	...	...	...	...	21,938
（再掲）70歳～	33,152	...	...	...	...	...
世帯主の勤めか自営かの別世帯数						
雇用されている人（勤労者）	51,459	4,853	6,689	10,220	14,744	10,636
会社などの役員	4,453	53	269	731	1,209	1,274
自営業主・その他	10,216	237	497	1,059	1,923	2,862
非就業（無職）	33,872	234	276	490	1,425	7,166
住居の種類別世帯数						
持ち家	75,113	392	3,341	8,750	14,950	18,701
うち住宅ローンあり	21,079	192	2,665	6,499	7,214	3,021
民営の賃貸住宅	17,217	3,717	3,540	2,682	3,004	2,117
公営の賃貸住宅	2,717	408	243	279	335	420
都市再生機構・公社等の賃貸住宅	1,216	7	63	113	280	237
給与住宅	1,903	752	349	340	308	116
その他	1,773	102	191	330	415	336
年間収入階級別世帯数						
200万円未満	19,095	699	437	863	2,134	4,662
200万円以上300万円未満	16,134	1,351	819	658	1,590	3,588
300 ～ 400	14,059	1,463	1,010	1,094	1,811	3,117
400 ～ 500	10,937	1,134	1,277	1,341	1,735	2,525
500 ～ 600	8,154	335	1,157	1,525	1,639	1,814
600 ～ 700	6,658	197	880	1,426	1,699	1,400
700 ～ 800	5,615	36	624	1,345	1,777	1,065
800 ～ 900	4,363	46	493	1,078	1,474	823
900 ～ 1,000	3,747	22	325	848	1,430	726
1,000 ～ 1,250	4,675	28	392	1,180	1,796	834
1,250 ～ 1,500	2,269	9	144	494	932	481
1,500 ～ 2,000	1,518	0	94	311	684	303
2,000万円以上	893	－	17	156	356	218
在学者の有無別世帯数						
いる世帯	17,466	89	2,407	7,357	5,857	1,119
いない世帯 1)	82,534	5,289	5,324	5,142	13,445	20,820

1) 在学者のいない世帯には、単身世帯を含む。

年齢階級別世帯分布（総世帯）
by Age Group of Household Head (Total Households)

単位　10万分比　Numbers per 100,000

70～79歳	80歳～	Item
years old	years old	
24,999	8,153	Distribution of households (rate to the whole = 100,000)
5,767	1,868	Number of tabulated households
1.88	1.87	Number of persons per household (persons)
		Number of households by number of household members
9,493	3,065	1 person
11,015	3,779	2 persons
3,305	914	3 persons
774	241	4 persons
199	76	5 persons
214	77	6 or more persons
		Number of households by employed persons
13,620	5,930	0 person
7,264	1,530	1 person
3,122	498	2 persons
993	194	3 or more persons
		Number of households by age group of household head
		(5-Year Age Group)
...	...	-34 years old
...	...	35-39
...	...	40-44
...	...	45-49
...	...	50-54
...	...	55-59
...	...	60-64
...	...	65-69
14,441	...	70-74
10,559	...	75-79
...	5,542	80-84
...	2,611	85-
		(10-Year Age Group A)
...	...	-34 years old
...	...	35-44
...	...	45-54
...	...	55-64
14,441	...	65-74
10,559	5,542	75-84
...	2,611	85-
24,999	8,153	(Regrouped) 65 years old or more
		(10-Year Age Group B)
...	...	-29 years old
...	...	30-39
...	...	40-49
...	...	50-59
...	...	60-69
24,999	...	70-79
...	8,153	80-
24,999	8,153	(Regrouped) 60 years old or more
24,999	8,153	(Regrouped) 70 years old or more
		Number of households by occupation of household head
4,079	238	Employee
820	97	Corporative administrators
3,050	587	Individual proprietors and others
17,051	7,231	No-occupation
		Number of households by kind of residence
21,782	7,198	Owned houses
1,255	232	of which household paying back debts for houses and/or land
1,650	507	Privately owned rented houses
821	211	Publicly owned rented houses
378	138	Rented houses owned by Urban Renaissance Agency or public corporation
32	7	Issued houses
320	79	Others
		Number of households by yearly income group
7,679	2,622	-　1,999,999 yen
6,004	2,124	2,000,000-　2,999,999
4,124	1,441	3,000,000-　3,999,999
2,335	591	4,000,000-　4,999,999
1,334	352	5,000,000-　5,999,999
846	210	6,000,000-　6,999,999
641	128	7,000,000-　7,999,999
363	87	8,000,000-　8,999,999
318	77	9,000,000-　9,999,999
335	111	10,000,000- 12,499,999
172	38	12,500,000- 14,999,999
103	23	15,000,000- 19,999,999
110	35	20,000,000-
		Number of households by presence of student
518	119	Households with student
24,481	8,034	Households without student　1)

1) It includes one-person households.

2023年平均
2023 Average

項　目	平均 Average	～29歳 years old	30～39歳 years old	40～49歳 years old	50～59歳 years old	60～69歳 years old
世帯数分布（１０万分比）	100,000	658	6,617	15,476	20,600	24,000
集計世帯数	19,446	122	1,203	2,843	3,885	4,787
世帯人員（人）	2.90	3.02	3.65	3.69	3.16	2.65
世帯人員別世帯数						
1人	...	...	...	...	...	...
2人	47,243	234	1,020	2,365	6,586	13,583
3人	25,911	244	1,822	3,761	6,624	6,771
4人	19,025	137	2,614	6,424	5,538	2,705
5人	5,711	30	892	2,350	1,416	588
6人～	2,110	13	270	578	436	353
就業者数別世帯数						
0人	18,814	5	44	122	299	3,206
1人	28,001	176	1,865	3,785	4,662	7,624
2人	40,651	463	4,498	10,192	10,780	8,979
3人～	12,534	15	211	1,378	4,859	4,191
世帯主の年齢階級別世帯数						
（年齢5歳階級）						
～34歳	2,804	658	2,146	...	...	...
35～39歳	4,471	...	4,471	...	...	...
40～44歳	6,496	...	...	6,496	...	...
45～49歳	8,981	...	...	8,981	...	...
50～54歳	10,561	...	...	...	10,561	...
55～59歳	10,039	...	...	...	10,039	...
60～64歳	11,364	...	...	...	...	11,364
65～69歳	12,636	...	...	...	...	12,636
70～74歳	14,558	...	...	...	...	...
75～79歳	10,025	...	...	...	...	...
80～84歳	5,397	...	...	...	...	...
85歳～	2,670	...	...	...	...	...
（年齢10歳階級A）						
～34歳	2,804	658	2,146	...	...	...
35～44歳	10,967	...	4,471	6,496	...	...
45～54歳	19,542	...	...	8,981	10,561	...
55～64歳	21,402	...	...	...	10,039	11,364
65～74歳	27,194	...	...	...	...	12,636
75～84歳	15,421	...	...	...	...	...
85歳～	2,670	...	...	...	...	...
（再掲）65歳～	45,285	...	...	...	...	12,636
（年齢10歳階級B）						
～29歳	658	658	...	...	...	...
30～39歳	6,617	...	6,617	...	...	...
40～49歳	15,476	...	...	15,476	...	...
50～59歳	20,600	...	...	...	20,600	...
60～69歳	24,000	...	...	...	...	24,000
70～79歳	24,583	...	...	...	...	...
80歳～	8,067	...	...	...	...	...
（再掲）60歳～	56,649	...	...	...	...	24,000
（再掲）70歳～	32,649	...	...	...	...	...
世帯主の勤めか自営かの別世帯数						
雇用されている人（勤労者）	53,110	585	5,885	12,988	16,503	12,561
会社などの役員	5,427	30	257	918	1,387	1,692
自営業主・その他	11,503	36	380	1,288	2,080	3,440
非就業（無職）	29,961	7	95	283	630	6,306
住居の種類別世帯数						
持ち家	85,722	242	4,380	12,166	17,429	21,654
うち住宅ローンあり	29,031	192	3,779	9,514	9,428	4,219
民営の賃貸住宅	8,505	278	1,609	2,158	1,902	1,394
公営の賃貸住宅	1,960	48	171	286	329	355
都市再生機構・公社等の賃貸住宅	1,195	12	49	155	238	232
給与住宅	1,193	49	283	374	343	110
その他	1,367	29	119	331	353	249
年間収入階級別世帯数						
200万円未満	7,094	30	114	405	646	1,829
200万円以上300万円未満	12,952	45	228	511	950	3,201
300　～　400	14,466	92	562	1,133	1,291	3,803
400　～　500	11,715	107	834	1,543	1,673	3,428
500　～　600	9,806	95	1,025	1,770	1,887	2,603
600　～　700	8,639	95	967	1,969	2,045	1,971
700　～　800	7,697	27	768	1,904	2,216	1,602
800　～　900	6,200	73	654	1,530	2,044	1,192
900　～1,000	5,345	35	444	1,275	1,957	1,084
1,000　～1,250	7,038	44	594	1,711	2,714	1,292
1,250　～1,500	3,437	14	182	760	1,411	745
1,500　～2,000	2,328	1	149	492	1,031	464
2,000万円以上	1,278	-	27	247	454	341
在学者の有無別世帯数						
いる世帯	27,692	141	3,817	11,664	9,287	1,774
いない世帯	72,308	517	2,801	3,813	11,313	22,226

年齢階級別世帯分布（二人以上の世帯）
by Age Group of Household Head (Two-or-more-person Households)

単位　10万分比　Numbers per 100,000

70～79歳 years old	80歳～ years old	Item
24,583	8,067	Distribution of households (rate to the whole = 100,000)
4,992	1,614	Number of tabulated households
2.41	2.38	Number of persons per household (persons)
		Number of households by number of household members
...	...	1 person
17,462	5,992	2 persons
5,239	1,450	3 persons
1,226	382	4 persons
316	120	5 persons
339	123	6 or more persons
		Number of households by employed persons
10,128	5,011	0 person
7,930	1,959	1 person
4,950	790	2 persons
1,575	307	3 or more persons
		Number of households by age group of household head
		(5-Year Age Group)
...	...	-34 years old
...	...	35-39
...	...	40-44
...	...	45-49
...	...	50-54
...	...	55-59
...	...	60-64
...	...	65-69
14,558	...	70-74
10,025	...	75-79
...	5,397	80-84
...	2,670	85-
		(10-Year Age Group A)
...	...	-34 years old
...	...	35-44
...	...	45-54
...	...	55-64
14,558	...	65-74
10,025	5,397	75-84
...	2,670	85-
24,583	8,067	(Regrouped) 65 years old or more
		(10-Year Age Group B)
...	...	-29 years old
...	...	30-39
...	...	40-49
...	...	50-59
...	...	60-69
24,583	...	70-79
...	8,067	80-
24,583	8,067	(Regrouped) 60 years old or more
24,583	8,067	(Regrouped) 70 years old or more
		Number of households by occupation of household head
4,410	177	Employee
1,011	132	Corporative administrators
3,594	685	Individual proprietors and others
15,567	7,073	No-occupation
		Number of households by kind of residence
22,461	7,391	Owned houses
1,651	248	of which household paying back debts for houses and/or land
886	277	Privately owned rented houses
595	177	Publicly owned rented houses
370	140	Rented houses owned by Urban Renaissance Agency or public corporation
26	9	Issued houses
229	57	Others
		Number of households by yearly income group
2,814	1,256	- 1,999,999 yen
5,894	2,122	2,000,000- 2,999,999
5,641	1,944	3,000,000- 3,999,999
3,284	846	4,000,000- 4,999,999
1,915	512	5,000,000- 5,999,999
1,270	323	6,000,000- 6,999,999
989	192	7,000,000- 7,999,999
569	138	8,000,000- 8,999,999
436	113	9,000,000- 9,999,999
509	175	10,000,000- 12,499,999
271	56	12,500,000- 14,999,999
161	30	15,000,000- 19,999,999
163	46	20,000,000-
		Number of households by presence of student
822	189	Households with student
23,761	7,878	Households without student

第5-3表　世帯主の勤めか自営かの別世帯分布（総世帯）
Table 5-3　Distribution of Households by Occupation of Household Head (Total Households)

2023年平均
2023 Average　　　　　　　　　　　　　　　　　　　　　　　　　　　単位　10万分比　Numbers per 100,000

項　目	平均 Average	就業 Occupation 雇用されている人（勤労者）Employee	会社などの役員 Corporative administrators	自営業主・その他 (a)	非就業（無職）No-occupation	Item
世帯数分布（10万分比）	100,000	51,459	4,453	10,216	33,872	Distribution of households (rate to the whole = 100,000)
集計世帯数	21,512	10,780	1,098	2,429	7,204	Number of tabulated households
世帯人員（人）	2.20	2.41	2.59	2.36	1.79	Number of persons per household (persons)
世帯人員別世帯数						Number of households by number of household members
1人	36,925	17,960	1,031	2,960	14,974	1 person
2人	29,798	11,406	1,442	3,501	13,450	2 persons
3人	16,343	9,617	863	1,907	3,957	3 persons
4人	12,000	9,088	708	1,166	1,038	4 persons
5人	3,602	2,636	295	438	234	5 persons
6人～	1,331	753	115	245	220	6 or more persons
就業者数別世帯数						Number of households by employed persons
0人	26,841	...	...	...	26,841	0 person
1人	39,613	27,517	1,834	4,857	5,405	1 person
2人	25,640	18,547	1,948	3,801	1,344	2 persons
3人～	7,906	5,395	672	1,557	283	3 or more persons
世帯主の年齢階級別世帯数						Number of households by age group of household head
（年齢5歳階級）						(5-Year Age Group)
～34歳	9,350	8,297	167	516	369	-34 years old
35～39歳	3,760	3,246	155	218	140	35-39
40～44歳	4,937	4,125	264	374	174	40-44
45～49歳	7,562	6,095	467	684	316	45-49
50～54歳	9,419	7,440	565	866	549	50-54
55～59歳	9,882	7,304	645	1,057	876	55-59
60～64歳	10,035	6,135	703	1,223	1,975	60-64
65～69歳	11,904	4,501	572	1,640	5,192	65-69
70～74歳	14,441	2,984	545	1,878	9,034	70-74
75～79歳	10,559	1,095	275	1,172	8,017	75-79
80～84歳	5,542	218	70	452	4,801	80-84
85歳～	2,611	20	26	136	2,429	85-
（年齢10歳階級A）						(10-Year Age Group A)
～34歳	9,350	8,297	167	516	369	-34 years old
35～44歳	8,696	7,370	419	593	314	35-44
45～54歳	16,981	13,535	1,031	1,550	865	45-54
55～64歳	19,917	13,439	1,348	2,279	2,851	55-64
65～74歳	26,345	7,485	1,117	3,518	14,226	65-74
75～84歳	16,101	1,314	345	1,623	12,819	75-84
85歳～	2,611	20	26	136	2,429	85-
（再掲）65歳～	45,056	8,817	1,488	5,277	29,474	(Regrouped) 65 years old or more
（年齢10歳階級B）						(10-Year Age Group B)
～29歳	5,378	4,853	53	237	234	-29 years old
30～39歳	7,731	6,689	269	497	276	30-39
40～49歳	12,499	10,220	731	1,059	490	40-49
50～59歳	19,301	14,744	1,209	1,923	1,425	50-59
60～69歳	21,938	10,636	1,274	2,862	7,166	60-69
70～79歳	24,999	4,079	820	3,050	17,051	70-79
80歳～	8,153	238	97	587	7,231	80-
（再掲）60歳～	55,091	14,952	2,191	6,500	31,448	(Regrouped) 60 years old or more
（再掲）70歳～	33,152	4,317	916	3,637	24,282	(Regrouped) 70 years old or more
世帯主の勤めか自営かの別世帯数						Number of households by occupation of household head
雇用されている人（勤労者）	51,459	51,459	...	...	...	Employee
会社などの役員	4,453	...	4,453	...	...	Corporative administrators
自営業主・その他	10,216	...	...	10,216	...	Individual proprietors and others
非就業（無職）	33,872	...	...	...	33,872	No-occupation
住居の種類別世帯数						Number of households by kind of residence
持ち家	75,113	34,408	3,593	8,266	28,846	Owned houses
うち住宅ローンあり	21,079	16,273	1,494	1,832	1,480	(b)
民営の賃貸住宅	17,217	12,393	440	1,484	2,899	Privately owned rented houses
公営の賃貸住宅	2,717	1,345	124	154	1,095	Publicly owned rented houses
都市再生機構・公社等の賃貸住宅	1,216	630	35	44	508	(c)
給与住宅	1,903	1,685	145	34	38	Issued houses
その他	1,773	985	109	226	453	Others
年間収入階級別世帯数						Number of households by yearly income group
200万円未満	19,095	4,472	191	1,769	12,663	- 1,999,999 yen
200万円以上300万円未満	16,134	5,802	315	1,565	8,451	2,000,000- 2,999,999
300 ～ 400	14,059	6,768	335	1,588	5,367	3,000,000- 3,999,999
400 ～ 500	10,937	6,814	389	1,242	2,491	4,000,000- 4,999,999
500 ～ 600	8,154	5,537	428	845	1,345	5,000,000- 5,999,999
600 ～ 700	6,658	4,776	393	580	909	6,000,000- 6,999,999
700 ～ 800	5,615	4,103	411	518	583	7,000,000- 7,999,999
800 ～ 900	4,363	3,271	321	422	348	8,000,000- 8,999,999
900 ～ 1,000	3,747	2,741	286	416	304	9,000,000- 9,999,999
1,000 ～ 1,250	4,675	3,521	427	446	282	10,000,000- 12,499,999
1,250 ～ 1,500	2,269	1,643	320	168	139	12,500,000- 14,999,999
1,500 ～ 2,000	1,518	1,043	253	182	40	15,000,000- 19,999,999
2,000万円以上	893	337	306	201	49	20,000,000-
在学者の有無別世帯数						Number of households by presence of student
いる世帯	17,466	14,004	1,125	1,576	761	Households with student
いない世帯 1)	82,534	37,455	3,328	8,640	33,111	Households without student 1)

1) 在学者のいない世帯には、単身世帯を含む。

(a) Individual proprietors and others
(b) of which household paying back debts for houses and/or land
(c) Rented houses owned by Urban Renaissance Agency or public corporation

1) It includes one-person households.

第５－３表　世帯主の勤めか自営かの別世帯分布（二人以上の世帯）
Table 5-3　Distribution of Households by Occupation of Household Head (Two-or-more-person Households)

2023年平均
2023 Average　　　　　　　　　　　　　　　　　　　　　　　　　　単位　10万分比　Numbers per 100,000

項　目	平均 Average	就業 Occupation 雇用されている人（勤労者）Employee	会社などの役員 Corporative administrators	自営業主・その他 (a)	非就業（無職）No-occupation	Item
世帯数分布（１０万分比）	100,000	53,110	5,427	11,503	29,961	Distribution of households (rate to the whole = 100,000)
集計世帯数	19,446	10,081	1,046	2,258	6,061	Number of tabulated households
世帯人員（人）	2.90	3.16	3.07	2.92	2.41	Number of persons per household (persons)
世帯人員別世帯数						Number of households by number of household members
１人	...	...	...	...	...	1 person
２人	47,243	18,083	2,286	5,550	21,324	2 persons
３人	25,911	15,247	1,369	3,023	6,272	3 persons
４人	19,025	14,408	1,122	1,849	1,645	4 persons
５人	5,711	4,178	468	694	371	5 persons
６人～	2,110	1,193	182	388	348	6 or more persons
就業者数別世帯数						Number of households by employed persons
０人	18,814	...	...	...	18,814	0 person
１人	28,001	15,151	1,273	3,008	8,568	1 person
２人	40,651	29,406	3,088	6,027	2,130	2 persons
３人～	12,534	8,553	1,065	2,468	449	3 or more persons
世帯主の年齢階級別世帯数						Number of households by age group of household head
（年齢５歳階級）						(5-Year Age Group)
～３４歳	2,804	2,552	73	133	45	-34 years old
３５～３９歳	4,471	3,918	215	282	57	35-39
４０～４４歳	6,496	5,525	366	491	115	40-44
４５～４９歳	8,981	7,463	552	797	169	45-49
５０～５４歳	10,561	8,614	677	999	272	50-54
５５～５９歳	10,039	7,890	710	1,081	358	55-59
６０～６４歳	11,364	7,438	999	1,495	1,432	60-64
６５～６９歳	12,636	5,123	693	1,946	4,874	65-69
７０～７４歳	14,558	3,252	697	2,253	8,357	70-74
７５～７９歳	10,025	1,158	314	1,342	7,211	75-79
８０～８４歳	5,397	167	90	497	4,642	80-84
８５歳～	2,670	10	42	188	2,430	85-
（年齢１０歳階級Ａ）						(10-Year Age Group A)
～３４歳	2,804	2,552	73	133	45	-34 years old
３５～４４歳	10,967	9,442	580	773	171	35-44
４５～５４歳	19,542	16,077	1,229	1,795	441	45-54
５５～６４歳	21,402	15,328	1,709	2,576	1,790	55-64
６５～７４歳	27,194	8,375	1,389	4,199	13,231	65-74
７５～８４歳	15,421	1,325	404	1,839	11,853	75-84
８５歳～	2,670	10	42	188	2,430	85-
（再掲）６５歳～	45,285	9,710	1,835	6,226	27,514	(Regrouped) 65 years old or more
（年齢１０歳階級Ｂ）						(10-Year Age Group B)
～２９歳	658	585	30	36	7	-29 years old
３０～３９歳	6,617	5,885	257	380	95	30-39
４０～４９歳	15,476	12,988	918	1,288	283	40-49
５０～５９歳	20,600	16,503	1,387	2,080	630	50-59
６０～６９歳	24,000	12,561	1,692	3,440	6,306	60-69
７０～７９歳	24,583	4,410	1,011	3,594	15,567	70-79
８０歳～	8,067	177	132	685	7,073	80-
（再掲）６０歳～	56,649	17,148	2,834	7,720	28,946	(Regrouped) 60 years old or more
（再掲）７０歳～	32,649	4,587	1,143	4,280	22,640	(Regrouped) 70 years old or more
世帯主の勤めか自営かの別世帯数						Number of households by occupation of household head
雇用されている人（勤労者）	53,110	53,110	...	...	...	Employee
会社などの役員	5,427	...	5,427	...	...	Corporative administrators
自営業主・その他	11,503	...	...	11,503	...	Individual proprietors and others
非就業（無職）	29,961	...	...	...	29,961	No-occupation
住居の種類別世帯数						Number of households by kind of residence
持ち家	85,722	43,580	4,777	10,069	27,296	Owned houses
うち住宅ローンあり	29,031	22,692	2,039	2,628	1,672	(b)
民営の賃貸住宅	8,505	6,101	355	869	1,181	Privately owned rented houses
公営の賃貸住宅	1,960	952	40	185	784	Publicly owned rented houses
都市再生機構・公社等の賃貸住宅	1,195	674	38	61	423	(c)
給与住宅	1,193	1,034	105	40	15	Issued houses
その他	1,367	749	109	271	237	Others
年間収入階級別世帯数						Number of households by yearly income group
200万円未満	7,094	1,592	79	1,083	4,340	- 1,999,999 yen
200万円以上300万円未満	12,952	3,119	178	1,542	8,113	2,000,000- 2,999,999
300 ～ 400	14,466	5,218	298	1,719	7,231	3,000,000- 3,999,999
400 ～ 500	11,715	6,213	452	1,474	3,576	4,000,000- 4,999,999
500 ～ 600	9,806	6,214	465	1,157	1,970	5,000,000- 5,999,999
600 ～ 700	8,639	5,977	530	862	1,269	6,000,000- 6,999,999
700 ～ 800	7,697	5,469	580	749	899	7,000,000- 7,999,999
800 ～ 900	6,200	4,640	409	610	541	8,000,000- 8,999,999
900 ～ 1,000	5,345	3,975	410	517	443	9,000,000- 9,999,999
1,000 ～ 1,250	7,038	5,291	665	657	426	10,000,000- 12,499,999
1,250 ～ 1,500	3,437	2,493	476	266	203	12,500,000- 14,999,999
1,500 ～ 2,000	2,328	1,599	399	267	63	15,000,000- 19,999,999
2,000万円以上	1,278	534	404	281	58	20,000,000-
在学者の有無別世帯数						Number of households by presence of student
いる世帯	27,692	22,202	1,784	2,499	1,207	Households with student
いない世帯	72,308	30,907	3,643	9,004	28,754	Households without student

(a) Individual proprietors and others
(b) of which household paying back debts for houses and/or land
(c) Rented houses owned by Urban Renaissance Agency or public corporation

2023年平均
2023 Average

項　　目	平均	**世帯人員別**　by Number of household members					
		1人	2人	3人	4人	5人	6人～
	Average	person	persons	persons	persons	persons	persons
世帯数分布（１０万分比）	100,000	36,925	29,798	16,343	12,000	3,602	1,331
集計世帯数	21,512	2,066	9,778	4,842	3,396	1,044	386
世帯人員（人）	2.20	1.00	2.00	3.00	4.00	5.00	6.35
世帯人員別世帯数							
1人	36,925	36,925	...	...	...	...	...
2人	29,798	...	29,798	...	...	...	...
3人	16,343	...	...	16,343	...	...	...
4人	12,000	...	...	...	12,000	...	...
5人～	3,602	...	...	...	...	3,602	...
6人～	1,331	...	...	...	...	...	1,331
就業者数別世帯数							
0人	26,841	14,974	10,662	1,018	153	31	5
1人	39,613	21,951	10,062	4,732	2,196	535	137
2人	25,640	...	9,074	7,527	6,586	1,946	507
3人～	7,906	...	...	3,067	3,065	1,091	682
世帯主の年齢階級別世帯数							
（年齢5歳階級）							
～３４歳	9,350	7,581	434	608	522	155	51
３５～３９歳	3,760	940	357	695	1,213	427	128
４０～４４歳	4,937	840	525	892	1,802	709	170
４５～４９歳	7,562	1,897	967	1,480	2,250	773	195
５０～５４歳	9,419	2,758	1,695	2,078	2,132	577	179
５５～５９歳	9,882	3,550	2,459	2,100	1,361	316	96
６０～６４歳	10,035	2,867	3,725	2,126	992	220	105
６５～６９歳	11,904	3,934	4,842	2,145	714	151	118
７０～７４歳	14,441	5,257	6,347	2,051	528	129	129
７５～７９歳	10,559	4,236	4,668	1,254	245	70	85
８０～８４歳	5,542	2,138	2,548	601	157	56	43
８５歳～	2,611	927	1,232	314	84	20	34
（年齢１０歳階級Ａ）							
～３４歳	9,350	7,581	434	608	522	155	51
３５～４４歳	8,696	1,779	882	1,587	3,015	1,135	297
４５～５４歳	16,981	4,655	2,662	3,558	4,382	1,351	374
５５～６４歳	19,917	6,417	6,185	4,226	2,353	535	200
６５～７４歳	26,345	9,191	11,189	4,196	1,242	280	247
７５～８４歳	16,101	6,374	7,216	1,855	402	126	128
８５歳～	2,611	927	1,232	314	84	20	34
（再掲）６５歳～	45,056	16,491	19,637	6,364	1,729	426	409
（年齢１０歳階級Ｂ）							
～２９歳	5,378	4,963	148	154	86	19	8
３０～３９歳	7,731	3,558	643	1,150	1,649	562	170
４０～４９歳	12,499	2,737	1,492	2,372	4,052	1,482	364
５０～５９歳	19,301	6,309	4,154	4,178	3,493	893	275
６０～６９歳	21,938	6,801	8,568	4,271	1,706	371	222
７０～７９歳	24,999	9,493	11,015	3,305	774	199	214
８０歳～	8,153	3,065	3,779	914	241	76	77
（再掲）６０歳～	55,091	19,359	23,362	8,490	2,720	646	514
（再掲）７０歳～	33,152	12,558	14,794	4,219	1,015	275	291
世帯主の勤めか自営かの別世帯数							
雇用されている人（勤労者）	51,459	17,960	11,406	9,617	9,088	2,636	753
会社などの役員	4,453	1,031	1,442	863	708	295	115
自営業主・その他	10,216	2,960	3,501	1,907	1,166	438	245
非就業（無職）	33,872	14,974	13,450	3,957	1,038	234	220
住居の種類別世帯数							
持ち家	75,113	21,043	25,561	13,792	10,348	3,135	1,234
うち住宅ローンあり	21,079	2,768	4,269	5,111	6,364	1,954	613
民営の賃貸住宅	17,217	11,853	2,409	1,608	1,037	261	49
公営の賃貸住宅	2,717	1,480	741	292	149	44	12
都市再生機構・公社等の賃貸住宅	1,216	462	452	187	79	31	5
給与住宅	1,903	1,151	247	223	198	72	12
その他	1,773	912	371	233	182	56	20
年間収入階級別世帯数							
200万円未満	19,095	14,620	3,495	659	240	56	26
200万円以上300万円未満	16,134	7,964	6,270	1,355	399	100	45
300　～　400	14,059	4,934	6,136	1,853	804	250	82
400　～　500	10,937	3,548	3,804	2,014	1,094	380	97
500　～　600	8,154	1,970	2,431	1,988	1,222	412	131
600　～　700	6,658	1,208	1,751	1,634	1,490	408	166
700　～　800	5,615	760	1,325	1,611	1,375	420	124
800　～　900	4,363	452	954	1,253	1,192	370	142
900　～　1,000	3,747	376	766	1,004	1,151	311	141
1,000　～　1,250	4,675	236	1,095	1,307	1,470	409	159
1,250　～　1,500	2,269	101	531	658	675	225	80
1,500　～　2,000	1,518	50	337	439	496	138	58
2,000万円以上	893	87	260	239	213	63	30
在学者の有無別世帯数							
いる世帯	17,466	...	419	4,883	8,170	2,926	1,069
いない世帯　1）	82,534	36,925	29,379	11,461	3,830	677	263

1）在学者のいない世帯には、単身世帯を含む。

世帯分布（総世帯）
Members and Employed Persons (Total Households)

単位　10万分比　Numbers per 100,000

就業者数別	by Employed Persons			Item
0人 person	1人 person	2人 persons	3人~ persons	
26,841	39,613	25,640	7,906	Distribution of households (rate to the whole = 100,000)
5,017	6,424	7,763	2,308	Number of tabulated households
1.49	1.73	3.12	3.96	Number of persons per household (persons)
				Number of households by number of household members
14,974	21,951	...	...	1 person
10,662	10,062	9,074	...	2 persons
1,018	4,732	7,527	3,067	3 persons
153	2,196	6,586	3,065	4 persons
31	535	1,946	1,091	5 persons
5	137	507	682	6 or more persons
				Number of households by employed persons
26,841	...	...	...	0 person
...	39,613	...	...	1 person
...	...	25,640	...	2 persons
...	...	...	7,906	3 or more persons
				Number of households by age group of household head (5-Year Age Group)
355	7,741	1,206	48	-34 years old
122	1,621	1,923	94	35-39
139	1,795	2,765	238	40-44
249	3,019	3,663	631	45-49
463	3,929	3,601	1,427	50-54
753	4,293	3,198	1,638	55-59
1,518	3,818	3,100	1,599	60-64
3,692	4,604	2,564	1,044	65-69
7,068	4,559	2,101	713	70-74
6,552	2,705	1,021	280	75-79
3,947	1,111	349	135	80-84
1,984	419	149	58	85-
				(10-Year Age Group A)
355	7,741	1,206	48	-34 years old
261	3,416	4,688	331	35-44
712	6,947	7,265	2,058	45-54
2,272	8,111	6,298	3,237	55-64
10,760	9,162	4,665	1,758	65-74
10,499	3,816	1,370	415	75-84
1,984	419	149	58	85-
23,242	13,398	6,185	2,232	(Regrouped) 65 years old or more
				(10-Year Age Group B)
232	4,845	292	9	-29 years old
244	4,518	2,837	133	30-39
388	4,813	6,428	869	40-49
1,216	8,222	6,799	3,065	50-59
5,210	8,421	5,663	2,643	60-69
13,620	7,264	3,122	993	70-79
5,930	1,530	498	194	80-
24,760	17,215	9,284	3,831	(Regrouped) 60 years old or more
19,550	8,794	3,621	1,187	(Regrouped) 70 years old or more
				Number of households by occupation of household head
...	27,517	18,547	5,395	Employee
...	1,834	1,948	672	Corporative administrators
...	4,857	3,801	1,557	Individual proprietors and others
26,841	5,405	1,344	283	No-occupation
				Number of households by kind of residence
22,447	24,187	21,290	7,190	Owned houses
834	6,165	10,912	3,167	of which household paying back debts for houses and/or land
2,577	11,363	2,865	413	Privately owned rented houses
941	1,277	425	73	Publicly owned rented houses
424	467	257	68	Rented houses owned by Urban Renaissance Agency or public corporation
36	1,449	371	48	Issued houses
389	853	418	113	Others
				Number of households by yearly income group
11,997	6,186	789	124	- 1,999,999 yen
7,356	7,072	1,454	250	2,000,000- 2,999,999
3,989	7,245	2,365	461	3,000,000- 3,999,999
1,463	5,801	3,031	642	4,000,000- 4,999,999
564	3,894	2,978	719	5,000,000- 5,999,999
327	2,582	2,957	792	6,000,000- 6,999,999
142	1,970	2,649	854	7,000,000- 7,999,999
71	1,229	2,257	805	8,000,000- 8,999,999
85	1,007	1,815	841	9,000,000- 9,999,999
80	1,090	2,471	1,034	10,000,000- 12,499,999
50	402	1,185	632	12,500,000- 14,999,999
12	250	836	420	15,000,000- 19,999,999
28	260	424	181	20,000,000-
				Number of households by presence of student
204	3,937	10,672	2,653	Households with student
26,637	35,676	14,968	5,253	Households without student 1)

1) It includes one-person households.

2023年平均
2023 Average

項　　目	平均	世帯人員別　by Number of household members					
	Average	1人	2人	3人	4人	5人	6人～
		person	persons	persons	persons	persons	persons
世帯数分布（１０万分比）	100,000	...	47,243	25,911	19,025	5,711	2,110
集計世帯数	19,446	...	9,778	4,842	3,396	1,044	386
世帯人員（人）	2.90	...	2.00	3.00	4.00	5.00	6.35
世帯人員別世帯数							
１人	...	...	...	...	...	...	...
２人	47,243	...	47,243	...	...	...	...
３人	25,911	...	...	25,911	...	...	...
４人	19,025	...	...	...	19,025	...	...
５人	5,711	...	...	...	...	5,711	...
６人～	2,110	...	...	...	...	...	2,110
就業者数別世帯数							
０人	18,814	...	16,903	1,613	242	49	7
１人	28,001	...	15,953	7,501	3,481	848	218
２人	40,651	...	14,387	11,934	10,442	3,085	804
３人～	12,534	...	...	4,863	4,860	1,730	1,082
世帯主の年齢階級別世帯数							
（年齢５歳階級）							
～３４歳	2,804	...	687	964	827	245	80
３５～３９歳	4,471	...	566	1,103	1,923	676	202
４０～４４歳	6,496	...	832	1,414	2,857	1,124	269
４５～４９歳	8,981	...	1,533	2,346	3,567	1,226	309
５０～５４歳	10,561	...	2,687	3,295	3,380	915	284
５５～５９歳	10,039	...	3,899	3,329	2,158	501	152
６０～６４歳	11,364	...	5,907	3,371	1,572	348	166
６５～６９歳	12,636	...	7,677	3,400	1,132	240	187
７０～７４歳	14,558	...	10,061	3,251	837	204	204
７５～７９歳	10,025	...	7,401	1,988	389	112	135
８０～８４歳	5,397	...	4,040	952	249	89	68
８５歳～	2,670	...	1,953	498	133	32	54
（年齢１０歳階級Ａ）							
～３４歳	2,804	...	687	964	827	245	80
３５～４４歳	10,967	...	1,398	2,517	4,780	1,800	471
４５～５４歳	19,542	...	4,220	5,642	6,947	2,141	593
５５～６４歳	21,402	...	9,806	6,699	3,730	849	318
６５～７４歳	27,194	...	17,738	6,651	1,969	444	391
７５～８４歳	15,421	...	11,440	2,940	638	200	203
８５歳～	2,670	...	1,953	498	133	32	54
（再掲）６５歳～	45,285	...	31,131	10,089	2,741	676	648
（年齢１０歳階級Ｂ）							
～２９歳	658	...	234	244	137	30	13
３０～３９歳	6,617	...	1,020	1,822	2,614	892	270
４０～４９歳	15,476	...	2,365	3,761	6,424	2,350	578
５０～５９歳	20,600	...	6,586	6,624	5,538	1,416	436
６０～６９歳	24,000	...	13,583	6,771	2,705	588	353
７０～７９歳	24,583	...	17,462	5,239	1,226	316	339
８０歳～	8,067	...	5,992	1,450	382	120	123
（再掲）６０歳～	56,649	...	37,038	13,460	4,313	1,024	814
（再掲）７０歳～	32,649	...	23,455	6,689	1,609	436	462
世帯主の勤めか自営かの別世帯数							
雇用されている人（勤労者）	53,110	...	18,083	15,247	14,408	4,178	1,193
会社などの役員	5,427	...	2,286	1,369	1,122	468	182
自営業主・その他	11,503	...	5,550	3,023	1,849	694	388
非就業（無職）	29,961	...	21,324	6,272	1,645	371	348
住居の種類別世帯数							
持ち家	85,722	...	40,525	21,865	16,405	4,971	1,956
うち住宅ローンあり	29,031	...	6,769	8,104	10,089	3,098	971
民営の賃貸住宅	8,505	...	3,819	2,550	1,645	414	77
公営の賃貸住宅	1,960	...	1,174	463	235	69	19
都市再生機構・公社等の賃貸住宅	1,195	...	717	296	126	49	7
給与住宅	1,193	...	392	355	314	115	18
その他	1,367	...	589	369	289	88	32
年間収入階級別世帯数							
２００万円未満	7,094	...	5,540	1,044	380	89	40
２００万円以上３００万円未満	12,952	...	9,940	2,148	633	158	72
３００　～　４００	14,466	...	9,729	2,937	1,274	396	130
４００　～　５００	11,715	...	6,031	3,193	1,734	603	155
５００　～　６００	9,806	...	3,855	3,152	1,938	654	208
６００　～　７００	8,639	...	2,776	2,591	2,362	647	263
７００　～　８００	7,697	...	2,101	2,554	2,181	665	196
８００　～　９００	6,200	...	1,513	1,986	1,890	587	224
９００　～ 1,000	5,345	...	1,214	1,592	1,825	492	223
1,000　～ 1,250	7,038	...	1,736	2,072	2,331	649	252
1,250　～ 1,500	3,437	...	842	1,043	1,070	357	126
1,500　～ 2,000	2,328	...	535	695	787	219	92
2,000万円以上	1,278	...	412	380	338	100	49
在学者の有無別世帯数							
いる世帯	27,692	...	665	7,742	12,953	4,639	1,694
いない世帯	72,308	...	46,578	18,169	6,072	1,072	416

世帯分布（二人以上の世帯）
Members and Employed Persons (Two-or-more-person Households)

単位　10万分比　Numbers per 100,000

就業者数別	by Employed Persons			
0人	1人	2人	3人～	Item
person	person	persons	persons	
18,814	28,001	40,651	12,534	Distribution of households (rate to the whole = 100,000)
3,874	5,501	7,763	2,308	Number of tabulated households
2.12	2.64	3.12	3.96	Number of persons per household (persons)
				Number of households by number of household members
...	...	...	...	1 person
16,903	15,953	14,387	...	2 persons
1,613	7,501	11,934	4,863	3 persons
242	3,481	10,442	4,860	4 persons
49	848	3,085	1,730	5 persons
7	218	804	1,082	6 or more persons
				Number of households by employed persons
18,814	...	...	...	0 person
...	28,001	...	...	1 person
...	...	40,651	...	2 persons
...	...	...	12,534	3 or more persons
				Number of households by age group of household head
				(5-Year Age Group)
22	794	1,912	77	-34 years old
27	1,246	3,049	149	35-39
60	1,676	4,384	377	40-44
63	2,109	5,808	1,001	45-49
136	2,454	5,709	2,262	50-54
163	2,209	5,071	2,597	55-59
709	3,206	4,914	2,535	60-64
2,497	4,419	4,065	1,656	65-69
5,239	4,857	3,331	1,131	70-74
4,888	3,073	1,620	444	75-79
3,287	1,342	553	215	80-84
1,723	617	237	93	85-
				(10-Year Age Group A)
22	794	1,912	77	-34 years old
86	2,922	7,433	526	35-44
199	4,563	11,518	3,262	45-54
872	5,414	9,985	5,132	55-64
7,736	9,276	7,395	2,787	65-74
8,176	4,415	2,173	659	75-84
1,723	617	237	93	85-
17,635	14,307	9,805	3,538	(Regrouped) 65 years old or more
				(10-Year Age Group B)
5	176	463	15	-29 years old
44	1,865	4,498	211	30-39
122	3,785	10,192	1,378	40-49
299	4,662	10,780	4,859	50-59
3,206	7,624	8,979	4,191	60-69
10,128	7,930	4,950	1,575	70-79
5,011	1,959	790	307	80-
18,344	17,513	14,719	6,073	(Regrouped) 60 years old or more
15,138	9,888	5,740	1,882	(Regrouped) 70 years old or more
				Number of households by occupation of household head
...	15,151	29,406	8,553	Employee
...	1,273	3,088	1,065	Corporative administrators
...	3,008	6,027	2,468	Individual proprietors and others
18,814	8,568	2,130	449	No-occupation
				Number of households by kind of residence
17,151	23,419	33,754	11,399	Owned houses
649	6,060	17,301	5,021	of which household paying back debts for houses and/or land
670	2,639	4,542	654	Privately owned rented houses
539	631	674	116	Publicly owned rented houses
291	390	407	107	Rented houses owned by Urban Renaissance Agency or public corporation
10	519	587	77	Issued houses
136	389	663	178	Others
				Number of households by yearly income group
3,284	2,364	1,250	197	- 1,999,999 yen
6,377	3,872	2,306	397	2,000,000- 2,999,999
5,046	4,941	3,749	731	3,000,000- 3,999,999
1,947	3,945	4,806	1,018	4,000,000- 4,999,999
732	3,213	4,722	1,139	5,000,000- 5,999,999
347	2,349	4,688	1,255	6,000,000- 6,999,999
200	1,943	4,200	1,355	7,000,000- 7,999,999
102	1,242	3,579	1,277	8,000,000- 8,999,999
95	1,040	2,877	1,333	9,000,000- 9,999,999
107	1,375	3,917	1,639	10,000,000- 12,499,999
63	494	1,880	1,002	12,500,000- 14,999,999
19	318	1,326	665	15,000,000- 19,999,999
24	294	673	287	20,000,000-
				Number of households by presence of student
324	6,242	16,921	4,206	Households with student
18,490	21,759	23,731	8,328	Households without student

2023年平均
2023 Average

項　目	平均 Average	200万円 未　満 2 million yen under	200万円 以　上 300万円 未　満 2 million yen - 3 million yen	300～400 3 million yen - 4 million yen	400～500 4 million yen - 5 million yen	500～600 5 million yen - 6 million yen	600～700 6 million yen - 7 million yen	700～800 7 million yen - 8 million yen
世帯数分布（10万分比）	100,000	19,095	16,134	14,059	10,937	8,154	6,658	5,615
集計世帯数	21,512	2,514	3,124	3,121	2,436	1,969	1,692	1,480
世帯人員（人）	2.20	1.31	1.67	1.97	2.20	2.53	2.80	2.96
世帯人員別世帯数								
1人	36,925	14,620	7,964	4,934	3,548	1,970	1,208	760
2人	29,798	3,495	6,270	6,136	3,804	2,431	1,751	1,325
3人	16,343	659	1,355	1,853	2,014	1,988	1,634	1,611
4人	12,000	240	399	804	1,094	1,222	1,490	1,375
5人	3,602	56	100	250	380	412	408	420
6人～	1,331	26	45	82	97	131	166	124
就業者数別世帯数								
0人	26,841	11,997	7,356	3,989	1,463	564	327	142
1人	39,613	6,186	7,072	7,245	5,801	3,894	2,582	1,970
2人	25,640	789	1,454	2,365	3,031	2,978	2,957	2,649
3人～	7,906	124	250	461	642	719	792	854
世帯主の年齢階級別世帯数								
（年齢5歳階級）								
～34歳	9,350	914	1,954	2,124	1,814	986	589	307
35～39歳	3,760	222	215	349	596	506	488	353
40～44歳	4,937	235	247	495	538	653	636	480
45～49歳	7,562	628	411	598	803	871	790	865
50～54歳	9,419	962	690	793	870	816	950	957
55～59歳	9,882	1,172	899	1,018	866	823	748	820
60～64歳	10,035	2,011	1,224	1,212	1,165	888	743	595
65～69歳	11,904	2,650	2,364	1,905	1,360	926	657	470
70～74歳	14,441	4,098	3,329	2,497	1,397	846	566	436
75～79歳	10,559	3,581	2,676	1,627	937	488	280	205
80～84歳	5,542	1,855	1,427	988	392	241	147	89
85歳～	2,611	767	697	454	199	111	64	39
（年齢10歳階級A）								
～34歳	9,350	914	1,954	2,124	1,814	986	589	307
35～44歳	8,696	457	462	845	1,135	1,159	1,124	833
45～54歳	16,981	1,591	1,101	1,391	1,672	1,688	1,740	1,822
55～64歳	19,917	3,183	2,123	2,230	2,031	1,711	1,491	1,415
65～74歳	26,345	6,749	5,693	4,402	2,757	1,772	1,223	906
75～84歳	16,101	5,435	4,103	2,614	1,330	729	427	293
85歳～	2,611	767	697	454	199	111	64	39
（再掲）65歳～	45,056	12,951	10,493	7,470	4,285	2,612	1,713	1,238
（年齢10歳階級B）								
～29歳	5,378	699	1,351	1,463	1,134	335	197	36
30～39歳	7,731	437	819	1,010	1,277	1,157	880	624
40～49歳	12,499	863	658	1,094	1,341	1,525	1,426	1,345
50～59歳	19,301	2,134	1,590	1,811	1,735	1,639	1,699	1,777
60～69歳	21,938	4,662	3,588	3,117	2,525	1,814	1,400	1,065
70～79歳	24,999	7,679	6,004	4,124	2,335	1,334	846	641
80歳～	8,153	2,622	2,124	1,441	591	352	210	128
（再掲）60歳～	55,091	14,962	11,717	8,682	5,450	3,499	2,456	1,833
（再掲）70歳～	33,152	10,301	8,128	5,565	2,926	1,686	1,056	768
世帯主の勤めか自営かの別世帯数								
雇用されている人（勤労者）	51,459	4,472	5,802	6,768	6,814	5,537	4,776	4,103
会社などの役員	4,453	191	315	335	389	428	393	411
自営業主・その他	10,216	1,769	1,565	1,588	1,242	845	580	518
非就業（無職）	33,872	12,663	8,451	5,367	2,491	1,345	909	583
住居の種類別世帯数								
持ち家	75,113	13,524	11,545	10,031	7,637	6,129	5,157	4,670
うち住宅ローンあり	21,079	774	978	1,543	2,100	2,337	2,518	2,468
民営の賃貸住宅	17,217	3,538	3,206	2,939	2,251	1,581	1,163	637
公営の賃貸住宅	2,717	1,066	628	387	305	115	68	46
都市再生機構・公社等の賃貸住宅	1,216	313	227	187	113	96	68	68
給与住宅	1,903	102	148	281	440	120	121	131
その他	1,773	549	371	229	189	111	76	62
年間収入階級別世帯数								
200万円未満	19,095	19,095	...	...	...	...	...	...
200万円以上300万円未満	16,134	...	16,134	...	...	...	...	...
300　～　400	14,059	...	...	14,059	...	...	...	...
400　～　500	10,937	...	...	...	10,937	...	...	...
500　～　600	8,154	...	...	...	...	8,154	...	...
600　～　700	6,658	...	...	...	...	...	6,658	...
700　～　800	5,615	...	...	...	...	...	...	5,615
800　～　900	4,363	...	...	...	...	...	...	...
900　～　1,000	3,747	...	...	...	...	...	...	...
1,000　～　1,250	4,675	...	...	...	...	...	...	...
1,250　～　1,500	2,269	...	...	...	...	...	...	...
1,500　～　2,000	1,518	...	...	...	...	...	...	...
2,000万円以上	893	...	...	...	...	...	...	...
在学者の有無別世帯数								
いる世帯	17,466	423	604	1,176	1,686	1,922	2,111	2,004
いない世帯　1)	82,534	18,673	15,530	12,883	9,251	6,233	4,547	3,611

1）在学者のいない世帯には、単身世帯を含む。

世帯分布（総世帯）
Income Group (Total Households)

単位　10万分比　Numbers per 100,000

800～900 8 million yen – 9 million yen	900～1,000 9 million yen – 10 million yen	1,000～1,250 10 million yen – 12.5 million yen	1,250～1,500 12.5 million yen – 15 million yen	1,500～2,000 15 million yen – 20 million yen	2,000万円 以　　上 20 million yen or more	Item
4,363	3,747	4,675	2,269	1,518	893	Distribution of households (rate to the whole = 100,000)
1,174	1,007	1,289	632	409	228	Number of tabulated households
3.13	3.19	3.27	3.30	3.35	3.02	Number of persons per household (persons)
						Number of households by number of household members
452	376	236	101	50	87	1 person
954	766	1,095	531	337	260	2 persons
1,253	1,004	1,307	658	439	239	3 persons
1,192	1,151	1,470	675	496	213	4 persons
370	311	409	225	138	63	5 persons
142	141	159	80	58	30	6 or more persons
						Number of households by employed persons
71	85	80	50	12	28	0 person
1,229	1,007	1,090	402	250	260	1 person
2,257	1,815	2,471	1,185	836	424	2 persons
805	841	1,034	632	420	181	3 or more persons
						Number of households by age group of household head (5-Year Age Group)
265	128	141	34	17	8	-34 years old
274	219	278	118	78	9	35-39
449	325	432	173	123	70	40-44
629	524	748	320	188	86	45-49
771	712	859	434	332	161	50-54
703	717	937	498	352	195	55-59
453	426	508	307	219	120	60-64
369	300	327	174	85	98	65-69
249	209	219	104	66	76	70-74
114	110	116	68	37	35	75-79
58	39	63	26	7	21	80-84
29	38	49	12	16	14	85-
						(10-Year Age Group A)
265	128	141	34	17	8	-34 years old
723	544	710	292	201	78	35-44
1,400	1,236	1,607	755	519	247	45-54
1,156	1,144	1,444	804	571	315	55-64
618	509	546	278	151	174	65-74
172	149	179	94	44	56	75-84
29	38	49	12	16	14	85-
820	696	773	384	211	244	(Regrouped) 65 years old or more
						(10-Year Age Group B)
46	22	28	9	0	-	-29 years old
493	325	392	144	94	17	30-39
1,078	848	1,180	494	311	156	40-49
1,474	1,430	1,796	932	684	356	50-59
823	726	834	481	303	218	60-69
363	318	335	172	103	110	70-79
87	77	111	38	23	35	80-
1,273	1,122	1,281	691	429	364	(Regrouped) 60 years old or more
450	396	446	210	126	145	(Regrouped) 70 years old or more
						Number of households by occupation of household head
3,271	2,741	3,521	1,643	1,043	337	Employee
321	286	427	320	253	306	Corporative administrators
422	416	446	168	182	201	Individual proprietors and others
348	304	282	139	40	49	No-occupation
						Number of households by kind of residence
3,537	3,180	3,986	2,031	1,326	814	Owned houses
1,951	1,768	2,212	1,053	698	374	of which household paying back debts for houses and/or land
534	383	433	174	113	54	Privately owned rented houses
29	19	18	3	5	1	Publicly owned rented houses
30	38	46	11	-	-	Rented houses owned by Urban Renaissance Agency or public corporation
199	98	143	37	59	17	Issued houses
34	28	50	14	15	7	Others
						Number of households by yearly income group
...	...	...	...	...	...	-　1,999,999 yen
...	...	...	...	...	...	2,000,000-　2,999,999
...	...	...	...	...	...	3,000,000-　3,999,999
...	...	...	...	...	...	4,000,000-　4,999,999
...	...	...	...	...	...	5,000,000-　5,999,999
...	...	...	...	...	...	6,000,000-　6,999,999
...	...	...	...	...	...	7,000,000-　7,999,999
4,363	...	...	...	...	...	8,000,000-　8,999,999
...	3,747	...	...	...	...	9,000,000-　9,999,999
...	...	4,675	...	...	...	10,000,000- 12,499,999
...	...	...	2,269	...	...	12,500,000- 14,999,999
...	...	...	...	1,518	...	15,000,000- 19,999,999
...	...	...	...	...	893	20,000,000-
						Number of households by presence of student
1,774	1,569	2,009	931	694	339	Households with student
2,589	2,178	2,666	1,338	824	554	Households without student 1)

1) It includes one-person households.

2023年平均
2023 Average

項　　目	平均 Average	200万円 未満 2 million yen under	200万円 以上 300万円 未満 2 million yen - 3 million yen	300～400 3 million yen - 4 million yen	400～500 4 million yen - 5 million yen	500～600 5 million yen - 6 million yen	600～700 6 million yen - 7 million yen	700～800 7 million yen - 8 million yen
世帯数分布（１０万分比）	100,000	7,094	12,952	14,466	11,715	9,806	8,639	7,697
集計世帯数	19,446	1,468	2,668	2,921	2,315	1,899	1,647	1,450
世帯人員（人）	2.90	2.32	2.33	2.50	2.78	3.01	3.20	3.27
世帯人員別世帯数								
１人	...	...	...	...	...	...	...	...
２人	47,243	5,540	9,940	9,729	6,031	3,855	2,776	2,101
３人	25,911	1,044	2,148	2,937	3,193	3,152	2,591	2,554
４人	19,025	380	633	1,274	1,734	1,938	2,362	2,181
５人	5,711	89	158	396	603	654	647	665
６人～	2,110	40	72	130	155	208	263	196
就業者数別世帯数								
０人	18,814	3,284	6,377	5,046	1,947	732	347	200
１人	28,001	2,364	3,872	4,941	3,945	3,213	2,349	1,943
２人	40,651	1,250	2,306	3,749	4,806	4,722	4,688	4,200
３人～	12,534	197	397	731	1,018	1,139	1,255	1,355
世帯主の年齢階級別世帯数								
（年齢５歳階級）								
～３４歳	2,804	72	126	308	411	474	389	239
３５～３９歳	4,471	72	148	346	531	646	672	556
４０～４４歳	6,496	156	194	465	702	806	921	746
４５～４９歳	8,981	250	317	668	840	963	1,048	1,157
５０～５４歳	10,561	300	483	646	882	1,033	1,150	1,157
５５～５９歳	10,039	346	468	645	792	854	895	1,059
６０～６４歳	11,364	870	1,117	1,434	1,520	1,229	1,035	876
６５～６９歳	12,636	960	2,083	2,369	1,909	1,374	937	726
７０～７４歳	14,558	1,487	3,278	3,317	1,956	1,253	838	671
７５～７９歳	10,025	1,327	2,617	2,324	1,327	662	433	318
８０～８４歳	5,397	825	1,411	1,324	582	349	233	133
８５歳～	2,670	431	711	620	264	162	90	59
（年齢１０歳階級Ａ）								
～３４歳	2,804	72	126	308	411	474	389	239
３５～４４歳	10,967	228	342	812	1,233	1,452	1,593	1,302
４５～５４歳	19,542	550	800	1,314	1,722	1,996	2,198	2,314
５５～６４歳	21,402	1,216	1,585	2,079	2,311	2,083	1,929	1,935
６５～７４歳	27,194	2,447	5,361	5,686	3,865	2,627	1,775	1,397
７５～８４歳	15,421	2,151	4,028	3,648	1,909	1,011	665	452
８５歳～	2,670	431	711	620	264	162	90	59
（再掲）６５歳～	45,285	5,029	10,100	9,954	6,039	3,801	2,530	1,908
（年齢１０歳階級Ｂ）								
～２９歳	658	30	45	92	107	95	95	27
３０～３９歳	6,617	114	228	562	834	1,025	967	768
４０～４９歳	15,476	405	511	1,133	1,543	1,770	1,969	1,904
５０～５９歳	20,600	646	950	1,291	1,673	1,887	2,045	2,216
６０～６９歳	24,000	1,829	3,201	3,803	3,428	2,603	1,971	1,602
７０～７９歳	24,583	2,814	5,894	5,641	3,284	1,915	1,270	989
８０歳～	8,067	1,256	2,122	1,944	846	512	323	192
（再掲）６０歳～	56,649	5,899	11,217	11,388	7,558	5,030	3,564	2,784
（再掲）７０歳～	32,649	4,069	8,016	7,585	4,130	2,427	1,593	1,182
世帯主の勤めか自営かの別世帯数								
雇用されている人（勤労者）	53,110	1,592	3,119	5,218	6,213	6,214	5,977	5,469
会社などの役員	5,427	79	178	298	452	465	530	580
自営業主・その他	11,503	1,083	1,542	1,719	1,474	1,157	862	749
非就業（無職）	29,961	4,340	8,113	7,231	3,576	1,970	1,269	899
住居の種類別世帯数								
持ち家	85,722	5,580	10,965	12,548	10,078	8,351	7,359	6,617
うち住宅ローンあり	29,031	454	995	1,890	2,785	3,170	3,585	3,431
民営の賃貸住宅	8,505	712	969	1,138	1,034	940	821	683
公営の賃貸住宅	1,960	525	543	304	196	121	75	51
都市再生機構・公社等の賃貸住宅	1,195	134	228	216	142	119	95	96
給与住宅	1,193	13	16	58	66	120	162	160
その他	1,367	131	217	197	196	149	120	90
年間収入階級別世帯数								
200万円未満	7,094	7,094	...	...	...	...	...	...
200万円以上300万円未満	12,952	...	12,952	...	...	...	...	...
300　～　400	14,466	...	...	14,466	...	...	...	...
400　～　500	11,715	...	...	...	11,715	...	...	...
500　～　600	9,806	...	...	...	...	9,806	...	...
600　～　700	8,639	...	...	...	...	...	8,639	...
700　～　800	7,697	...	...	...	...	...	...	7,697
800　～　900	6,200	...	...	...	...	...	...	...
900　～　1,000	5,345	...	...	...	...	...	...	...
1,000　～　1,250	7,038	...	...	...	...	...	...	...
1,250　～　1,500	3,437	...	...	...	...	...	...	...
1,500　～　2,000	2,328	...	...	...	...	...	...	...
2,000万円以上	1,278	...	...	...	...	...	...	...
在学者の有無別世帯数								
いる世帯	27,692	670	957	1,865	2,674	3,047	3,347	3,177
いない世帯	72,308	6,425	11,995	12,602	9,041	6,759	5,293	4,521

世帯分布（二人以上の世帯）
Income Group (Two-or-more-person Households)

単位　10万分比　Numbers per 100,000

800～900 8 million yen – 9 million yen	900～1,000 9 million yen – 10 million yen	1,000～1,250 10 million yen – 12.5 million yen	1,250～1,500 12.5 million yen – 15 million yen	1,500～2,000 15 million yen – 20 million yen	2,000万円 以　上 20 million yen or more	Item
6,200	5,345	7,038	3,437	2,328	1,278	Distribution of households (rate to the whole = 100,000)
1,155	991	1,278	628	407	224	Number of tabulated households
3.37	3.44	3.39	3.40	3.43	3.24	Number of persons per household (persons)
						Number of households by number of household members
...	...	...	...	...	...	1 person
1,513	1,214	1,736	842	535	412	2 persons
1,986	1,592	2,072	1,043	695	380	3 persons
1,890	1,825	2,331	1,070	787	338	4 persons
587	492	649	357	219	100	5 persons
224	223	252	126	92	49	6 or more persons
						Number of households by employed persons
102	95	107	63	19	24	0 person
1,242	1,040	1,375	494	318	294	1 person
3,579	2,877	3,917	1,880	1,326	673	2 persons
1,277	1,333	1,639	1,002	665	287	3 or more persons
						Number of households by age group of household head (5-Year Age Group)
309	141	224	54	26	13	-34 years old
417	337	413	142	123	14	35-39
660	503	650	271	196	110	40-44
870	772	1,061	489	297	137	45-49
1,042	1,018	1,350	651	492	221	50-54
1,002	940	1,365	760	539	233	55-59
670	616	792	469	343	190	60-64
522	468	500	276	121	150	65-69
392	288	325	163	103	118	70-74
178	148	184	107	58	45	75-79
92	62	98	36	12	33	80-84
46	52	77	20	19	12	85-
						(10-Year Age Group A)
309	141	224	54	26	13	-34 years old
1,077	841	1,063	413	319	124	35-44
1,913	1,789	2,411	1,139	789	358	45-54
1,671	1,556	2,157	1,228	882	423	55-64
914	756	825	439	225	269	65-74
270	210	282	144	69	78	75-84
46	52	77	20	19	12	85-
1,230	1,018	1,184	603	312	359	(Regrouped) 65 years old or more
						(10-Year Age Group B)
73	35	44	14	1	–	-29 years old
654	444	594	182	149	27	30-39
1,530	1,275	1,711	760	492	247	40-49
2,044	1,957	2,714	1,411	1,031	454	50-59
1,192	1,084	1,292	745	464	341	60-69
569	436	509	271	161	163	70-79
138	113	175	56	30	46	80-
1,900	1,634	1,976	1,071	656	550	(Regrouped) 60 years old or more
708	550	684	327	191	209	(Regrouped) 70 years old or more
						Number of households by occupation of household head
4,640	3,975	5,291	2,493	1,599	534	Employee
409	410	665	476	399	404	Corporative administrators
610	517	657	266	267	281	Individual proprietors and others
541	443	426	203	63	58	No-occupation
						Number of households by kind of residence
5,353	4,730	6,088	3,085	2,056	1,153	Owned houses
3,029	2,714	3,392	1,600	1,098	500	of which household paying back debts for houses and/or land
558	396	620	253	166	86	Privately owned rented houses
34	30	28	4	8	1	Publicly owned rented houses
48	38	50	17	–	–	Rented houses owned by Urban Renaissance Agency or public corporation
153	105	173	56	75	27	Issued houses
54	44	79	21	24	10	Others
						Number of households by yearly income group
...	...	...	...	...	...	- 1,999,999 yen
...	...	...	...	...	...	2,000,000- 2,999,999
...	...	...	...	...	...	3,000,000- 3,999,999
...	...	...	...	...	...	4,000,000- 4,999,999
...	...	...	...	...	...	5,000,000- 5,999,999
...	...	...	...	...	...	6,000,000- 6,999,999
...	...	...	...	...	...	7,000,000- 7,999,999
6,200	...	...	...	...	...	8,000,000- 8,999,999
...	5,345	...	...	...	...	9,000,000- 9,999,999
...	...	7,038	...	...	...	10,000,000- 12,499,999
...	...	...	3,437	...	...	12,500,000- 14,999,999
...	...	...	...	2,328	...	15,000,000- 19,999,999
...	...	...	...	...	1,278	20,000,000-
						Number of households by presence of student
2,812	2,488	3,185	1,476	1,100	537	Households with student
3,388	2,857	3,853	1,961	1,228	741	Households without student

2023年平均
2023 Average

項　目	全国	地　方						
		北海道	東北	関東	北陸	東海	近畿	中国
	All Japan	Hokkaido	Tohoku	Kanto	Hokuriku	Tokai	Kinki	Chugoku
世帯数分布（抽出率調整）	10,000	438	738	3,721	404	1,176	1,541	595
特定50品目の支出があった世帯								
集計世帯数	19,182	911	1,505	6,404	884	2,244	3,073	1,248
世帯人員（人）	2.25	2.07	2.19	2.23	2.31	2.31	2.32	2.21
有業人員（人）	1.20	1.10	1.18	1.24	1.28	1.23	1.16	1.16
世帯主の年齢（歳）	59.1	60.0	58.7	56.7	60.0	60.1	61.3	60.3
５０品目計	85,724	71,982	81,604	89,535	85,466	91,343	82,900	84,745
通信								
０１　スマートフォン・携帯電話などの通信、通話使用料	11,124	11,036	11,571	10,937	11,468	11,017	10,847	11,441
０２　インターネット接続料	6,190	6,142	6,121	6,301	6,298	5,965	6,346	5,870
０３　スマートフォン・携帯電話の本体価格	51,075	53,071	51,815	49,265	58,150	50,616	51,273	64,530
旅行関係								
０４　航空運賃	65,744	54,160	60,862	66,391	53,525	70,582	73,957	70,638
０５　宿泊料	40,305	32,190	33,403	43,805	30,290	40,717	44,742	37,588
０６　パック旅行費（国内）	77,384	97,290	86,392	81,172	64,938	66,819	66,926	80,310
０７　パック旅行費（外国）	389,710	178,148	170,971	433,943	90,227	357,425	366,429	435,760
教育、教養娯楽								
０８　国公立授業料等（幼稚園～大学、専修学校）	35,477	43,980	45,780	34,303	33,471	30,712	35,045	33,902
０９　私立授業料等（幼稚園～大学、専修学校）	168,752	145,590	144,193	189,723	165,234	130,031	214,093	139,750
１０　補習教育費	40,877	33,240	35,881	46,931	30,490	36,813	40,470	30,481
１１　自動車教習料	119,346	98,929	128,793	128,737	108,879	110,891	122,806	142,560
１２　スポーツ施設使用料	11,590	11,120	10,570	12,506	9,936	10,765	11,397	9,409
衣類等								
１３　背広服	36,956	38,500	46,872	36,861	36,562	35,087	32,865	41,516
１４　婦人用スーツ・ワンピース	20,577	21,190	21,961	20,687	17,508	20,366	20,586	22,621
１５　和服	88,029	67,665	48,451	95,383	73,400	84,009	98,290	114,570
１６　腕時計	31,864	23,752	20,118	34,045	44,951	41,466	37,982	19,960
１７　装身具（アクセサリー類）	35,669	55,321	50,358	33,125	38,960	38,165	35,165	45,843
医療								
１８　出産入院料	318,890	84,985	192,689	303,665	247,800	292,550	349,180	130,257
１９　出産以外の入院料	85,023	70,581	83,611	92,590	89,448	83,036	87,130	80,745
家具等								
２０　たんす	24,067	16,239	32,400	27,265	21,248	23,255	25,186	26,287
２１　ベッド	66,480	53,601	66,365	68,878	59,724	67,084	67,920	64,518
２２　布団	21,054	27,161	24,324	17,494	19,738	26,027	22,859	27,023
２３　机・いす（事務用・学習用）	24,265	29,115	17,457	27,305	19,418	25,772	22,384	20,351
２４　食器棚	38,334	31,583	50,497	37,452	25,940	50,555	35,575	57,038
２５　食卓セット	27,211	23,895	29,201	31,807	51,835	23,218	23,464	41,567
２６　応接セット	76,955	110,620	88,628	76,506	67,770	104,567	55,275	68,390
２７　楽器（部品を含む）	37,416	15,509	31,249	37,950	50,524	49,375	46,356	28,882
家電等								
２８　冷蔵庫	133,640	131,236	135,697	140,544	115,170	134,430	130,249	144,416
２９　掃除機	28,824	30,378	26,479	28,149	30,411	28,435	30,006	28,806
３０　洗濯機	101,326	93,904	81,318	104,293	118,910	93,972	107,208	99,373
３１　エアコン	171,684	154,632	196,530	169,265	213,747	166,919	173,283	182,247
３２　パソコン（タブレット型を含む。周辺機器・ソフトは除く）	101,976	90,790	90,385	110,578	118,117	92,560	87,945	99,725
３３　テレビ	101,254	111,608	109,941	98,176	115,512	100,532	98,930	83,182
３４　ビデオデッキ	35,061	34,133	33,068	35,386	26,591	40,485	35,995	34,194
３５　ゲーム機（ソフトは除く）	39,822	24,122	35,303	43,085	36,034	30,853	40,587	33,783
３６　カメラ（交換レンズのみを含む。使い捨てのカメラは除く）	68,122	25,162	62,140	77,683	57,871	74,374	72,141	70,185
３７　ビデオカメラ	54,886	－	21,088	58,420	19,811	34,671	46,213	22,133
住宅関係								
３８　家屋に関する設備費・工事費・修理費	356,823	307,047	342,689	384,983	260,470	377,600	324,234	355,479
３９　給排水関係工事費	118,716	158,770	123,579	120,456	91,965	131,235	147,892	79,316
４０　庭・植木の手入れ代	44,159	20,205	39,918	53,175	43,952	40,191	39,627	37,479
自動車等関係								
４１　自動車（新車）	2,710,785	2,130,429	3,140,609	2,861,181	2,420,529	2,720,547	2,897,926	2,385,226
４２　自動車（中古車）	1,307,586	1,211,352	1,183,060	1,312,448	1,300,305	1,313,862	1,394,485	1,173,272
４３　自動車保険料（自賠責）	20,272	20,638	20,058	20,776	19,189	20,437	20,049	20,294
４４　自動車保険料（任意）	23,465	16,450	20,818	23,792	26,291	28,138	30,020	24,266
４５　自動車以外の原動機付輸送機器	270,332	49,087	142,544	258,220	159,716	304,472	184,811	313,399
４６　自動車整備費	63,261	68,641	63,288	65,537	54,903	65,135	62,612	61,763
その他								
４７　挙式・披露宴費用	474,908	95,243	367,124	548,650	426,321	638,931	709,567	139,504
４８　葬儀・法事費用	438,717	529,660	555,717	439,557	536,951	479,244	355,631	389,921
４９　信仰関係費	30,947	28,145	30,394	45,626	16,333	28,340	28,007	37,005
５０　仕送り金	84,465	72,367	102,390	75,313	81,913	91,347	80,080	107,381
インターネットを通じて注文をした世帯								
集計世帯数	10,691	445	717	4,093	443	1,224	1,768	628
世帯人員（人）	2.44	2.27	2.33	2.36	2.60	2.61	2.57	2.45
有業人員（人）	1.43	1.35	1.38	1.41	1.54	1.50	1.44	1.43
世帯主の年齢（歳）	53.6	54.0	52.7	51.8	54.9	54.9	56.1	53.9
インターネットを利用した支出総額（２２品目計）	40,917	34,678	36,585	45,365	34,701	39,445	40,468	33,081
贈答用								
５１　贈答品	12,401	13,302	11,961	12,479	11,223	11,563	12,485	12,704
自宅用								
自宅用計	39,850	33,913	35,568	44,215	34,079	38,620	39,260	32,097
５２～５４計（食料）	18,305	18,238	16,683	19,260	16,734	18,345	18,076	15,678
５２　食料品	17,932	18,890	16,164	18,835	16,141	17,545	17,888	15,317
５３　飲料	7,234	8,268	6,750	7,530	8,097	6,711	6,805	7,670
５４　出前	8,959	7,417	7,935	8,902	9,180	9,683	9,317	9,820
５５　家電	22,003	20,904	24,336	23,294	25,662	24,131	19,417	15,079
５６　家具	16,047	15,657	12,793	18,080	14,510	14,192	15,159	12,405
５７～５９計（衣類・履物）	13,581	13,517	13,856	14,017	14,094	13,682	12,919	13,806
５７　紳士用衣類	11,874	12,329	12,619	11,969	12,414	11,596	10,616	14,787
５８　婦人用衣類	12,288	12,665	12,452	12,632	13,076	12,574	11,928	11,541
５９　履物・その他の衣類	7,936	7,963	8,174	8,178	8,433	7,780	7,688	7,645
６０～６１計（保健・医療）	8,107	7,636	7,876	8,008	8,164	8,814	8,127	8,230
６０　医薬品	5,546	5,641	5,588	5,464	5,639	5,910	5,189	6,693
６１　健康食品	8,225	7,438	8,473	8,068	8,068	8,941	8,465	7,918
６２　化粧品	8,302	7,814	8,282	8,233	8,231	9,792	8,266	7,396
６３　自動車等関係用品	17,350	15,752	19,886	17,704	15,717	16,407	15,062	18,138
６４　書籍	4,744	4,328	4,188	4,810	3,838	5,015	4,396	5,620
６５　音楽・映像ソフト、パソコン用ソフト、ゲームソフト	8,557	5,908	8,436	9,542	7,643	7,953	7,910	6,787
６６～６７計（デジタルコンテンツ）	5,424	4,625	4,834	6,829	6,947	7,185	5,730	5,150
６６　電子書籍	5,329	4,547	4,678	5,366	6,531	6,229	4,733	4,833
６７　ダウンロード版の音楽・映像、アプリなど	5,576	5,561	5,091	6,021	6,125	6,125	5,138	4,276
６８　保険	19,271	21,481	19,270	18,313	21,900	20,848	18,915	23,860
６９～７０計（旅行関係費）	52,354	47,517	41,798	54,531	44,436	46,290	56,240	55,065
６９　宿泊料、運賃、パック旅行費（インターネット上での決済）	51,950	51,119	41,766	52,798	45,643	46,244	54,552	54,148
７０　宿泊料、運賃、パック旅行費（上記以外の決済）	40,995	29,850	32,101	44,840	35,629	36,971	46,975	44,817
７１　チケット	12,690	12,964	9,523	12,996	13,651	13,506	12,687	13,091
７２　上記に当てはまらない商品・サービス	15,157	13,441	13,145	16,100	15,484	15,075	14,999	13,665

当たり1か月間の支出金額（総世帯）
All Japan, Districts and City Groups (Total Households)

単位　円　　In Yen

Districts		都市階級 City Groups				
四国	九州・沖縄	大都市	中都市	小都市A	小都市B・町村	Item
	Kyushu &	Major	Middle	Small	Small cities B,	
Shikoku	Okinawa	cities	cities	cities A	Towns & villages	
289	1,099	3,049	3,091	2,325	1,535	Distribution of households
						Households expending on specific goods and services (50 items)
634	2,278	5,089	6,134	4,736	3,223	Number of tabulated households
2.21	2.26	2.24	2.25	2.25	2.23	Number of persons per household (persons)
1.12	1.17	1.24	1.18	1.18	1.21	Number of earners per household (persons)
61.3	61.3	57.0	59.4	60.1	61.1	Age of household head (years old)
85,174	79,939	84,060	85,854	86,683	87,367	Total expenditure on specific goods and services (50 items)
						Communication
11,155	11,705	10,758	10,936	11,401	11,864	01 Mobile telephones charges
6,080	5,988	5,981	6,296	6,363	6,170	02 Internet connection charges
53,260	48,726	50,739	51,971	49,846	53,140	03 Mobile telephones unit prices
						Travel-related costs
45,411	67,433	65,719	68,703	61,237	76,070	04 Airplane fares
29,077	34,537	45,736	37,396	37,682	35,312	05 Accommodation services
74,882	89,573	74,875	81,284	72,501	88,801	06 Package tour costs (domestic)
183,849	263,811	405,039	345,728	443,287	435,109	07 Package tour costs (overseas)
						Education, Culture and recreation
43,353	33,597	35,631	35,738	34,621	36,284	08 Tuition (kindergarten-university) (public)
108,729	110,519	169,875	156,378	179,787	185,840	09 Tuition (kindergarten-university) (private)
35,367	33,626	44,789	41,514	36,997	30,802	10 Tutorial fees
114,187	123,299	139,252	113,666	117,509	102,144	11 Lesson fees, driving school
11,808	11,113	12,511	11,394	10,833	9,909	12 Rental fees for sports facilities
						Clothing
41,348	36,705	40,765	36,443	34,061	35,394	13 Men's suits
26,134	18,338	21,912	21,108	18,235	19,103	14 Women's one-piece dresses and suits
28,904	91,617	99,517	85,237	82,850	77,324	15 Japanese clothing
33,165	25,522	36,357	26,192	30,711	42,087	16 Wrist watches
27,291	41,524	41,493	28,615	35,571	40,461	17 Accessories
						Medical care
114,623	225,868	323,447	306,369	320,148	185,897	18 Delivery fees
90,673	72,879	88,056	87,772	81,883	81,104	19 Hospital charges (excluding delivery)
						Furniture, etc.
19,320	18,603	26,509	21,404	24,770	26,759	20 Chests of drawers
78,653	66,408	73,435	65,584	68,056	64,312	21 Beds
23,420	19,708	20,690	21,585	22,072	22,326	22 Quilts
21,981	24,605	27,956	23,127	22,190	22,319	23 Desks and chairs (for work or study)
19,108	41,897	47,907	38,256	39,775	34,503	24 Sideboards
25,667	21,027	34,634	30,413	22,422	17,018	25 Dining tables and chairs
31,453	73,201	72,441	77,216	88,068	76,728	26 Drawing room suites
23,782	25,618	38,523	33,226	46,001	36,020	27 Musical instruments (including parts of instruments)
						Home electric appliances, etc.
129,626	138,137	138,790	138,716	127,438	128,130	28 Refrigerators
31,603	28,439	29,114	28,736	28,774	29,291	29 Vacuum cleaners
93,288	114,292	101,843	109,185	102,132	92,366	30 Washing machines
179,663	159,281	172,690	178,462	167,366	165,211	31 Air conditioners
94,128	97,675	112,671	99,654	87,907	95,874	32 Personal computers (including tablet devices, excluding peripherals and software)
116,613	103,751	98,351	106,974	98,772	95,934	33 TV
31,211	33,501	36,606	36,203	34,795	32,230	34 Video recorders (DVD or Blu-ray recorder, player, etc.)
14,787	36,749	41,038	36,124	40,939	32,618	35 Video game hardware (excluding software)
39,562	51,128	73,525	66,275	69,576	66,234	36 Cameras (including lenses only, excluding disposable cameras)
16,547	34,693	46,111	70,998	53,386	27,351	37 Video cameras
						Housing
307,390	384,988	368,393	352,902	390,251	294,527	38 House-related equipping/ construction/ repair costs
56,827	109,494	132,454	113,141	129,293	102,926	39 Water supply and drainage construction costs
42,679	39,387	45,511	43,759	48,481	39,878	40 Gardens, trees and plants tending costs
						Motor cars-related costs
2,574,139	2,487,333	2,863,005	2,783,594	2,566,734	2,569,751	41 Automobiles (new)
991,873	1,322,605	1,372,143	1,338,270	1,282,455	1,227,521	42 Automobiles (second-hand)
20,418	19,834	20,573	20,309	19,851	20,653	43 Automotive insurance premium (compulsion)
25,104	17,937	22,236	24,070	24,377	22,641	44 Automotive insurance premium (option)
124,786	281,871	217,000	290,440	221,610	208,404	45 Motorized vehicles other than automobiles
63,230	58,330	66,301	63,318	61,552	62,271	46 Automotive maintenance and repairs
						Others
403,055	279,169	708,395	493,798	668,774	283,798	47 Wedding ceremony and reception costs
492,414	417,040	430,098	411,953	436,270	478,623	48 Funeral service costs
27,771	20,845	30,250	29,983	32,968	30,440	49 Religion-related costs
79,304	87,040	84,398	76,205	85,904	98,678	50 Remittance
						Households ordering over the Internet
317	1,057	3,299	3,486	2,434	1,472	Number of tabulated households
2.45	2.55	2.37	2.45	2.51	2.56	Number of persons per household (persons)
1.41	1.44	1.42	1.40	1.44	1.52	Number of earners per household (persons)
54.9	56.1	52.0	54.1	54.4	55.8	Age of household head (years old)
33,521	36,761	46,146	39,183	37,739	34,874	Total expenditure on goods and services ordered over the Internet (22 items)
						For gift
11,926	13,499	12,182	12,355	13,431	11,588	51 gift items
						For home
32,743	35,550	45,024	38,154	36,602	33,952	Total expenditure for home
17,735	16,539	18,902	17,840	17,816	18,163	52-54 Total (Food)
17,578	16,403	18,321	17,647	17,439	18,154	52 Foods
6,811	6,706	7,390	7,084	7,060	7,253	53 Beverages
10,575	9,133	8,867	8,786	9,282	10,029	54 Deliveries
19,150	19,049	23,828	22,540	19,445	19,214	55 Home electronics
13,022	16,577	18,109	15,387	14,246	15,069	56 Furniture
12,724	12,331	14,090	13,213	13,022	13,931	57-59 Total (Clothing, footwear)
10,703	10,877	11,690	11,726	11,129	14,075	57 Men's clothing
11,513	11,121	12,909	12,034	11,717	11,868	58 Women's clothing
7,592	7,565	8,037	7,720	7,996	8,103	59 Footwears and other clothing
8,220	7,970	7,959	8,082	8,454	8,125	60-61 Total (Medical care)
5,475	5,611	5,313	5,439	6,085	5,808	60 Medicines
8,314	8,018	8,220	8,130	8,410	8,234	61 Health foods
8,816	7,660	7,790	8,673	8,655	8,282	62 Cosmetics
10,986	21,947	16,467	16,329	18,655	18,824	63 Private transportation
4,558	5,196	4,698	5,054	4,584	4,249	64 Books and other reading materials
7,587	7,498	9,554	7,539	8,429	7,555	65 Software (music, video, personal computer, TV game)
4,783	5,128	6,609	6,375	6,069	5,986	66-67 Total (Digital contents)
4,674	4,897	5,672	4,992	4,700	5,513	66 Digital books
2,905	4,273	5,497	5,735	5,542	4,794	67 Download music, video, applications
22,831	19,475	17,817	19,288	21,032	22,033	68 Insurance
47,342	57,614	55,881	50,953	48,229	49,456	69-70 Total (Travel-related costs)
48,058	59,553	53,330	51,696	47,336	52,556	69 Accommodation services, fares, package tours(payment on the Internet)
35,280	37,019	46,118	37,777	38,951	38,446	70 Accommodation services, fares, package tours(payment on-site)
10,487	11,782	12,372	12,858	13,607	11,970	71 Tickets
14,234	13,825	15,575	15,423	14,989	13,203	72 Other goods and services

2023年平均
2023 Average

項　　目	全国 All Japan	北海道 Hokkaido	東北 Tohoku	関東 Kanto	北陸 Hokuriku	東海 Tokai	近畿 Kinki	中国 Chugoku
世帯数分布（抽出率調整）	10,000	419	666	3,702	393	1,190	1,654	571
特定50品目の支出があった世帯								
集計世帯数	17,505	823	1,365	5,889	812	2,030	2,815	1,133
世帯人員（人）	2.92	2.72	3.02	2.90	3.07	3.01	2.89	2.91
有業人員（人）	1.52	1.41	1.58	1.53	1.64	1.58	1.45	1.51
世帯主の年齢（歳）	60.7	60.3	61.5	60.0	61.4	60.3	61.2	61.2
50品目計	104,756	82,325	105,185	110,169	106,713	112,570	98,765	105,350
通信								
01　スマートフォン・携帯電話などの通信、通話使用料	13,423	12,535	15,025	13,310	14,125	13,404	12,609	14,004
02　インターネット接続料	6,413	6,267	6,475	6,593	6,498	6,182	6,475	6,034
03　スマートフォン・携帯電話の本体価格	55,426	59,588	55,402	56,696	59,125	51,920	52,256	64,705
旅行関係								
04　航空運賃	71,777	49,718	51,512	79,979	65,445	90,261	68,992	83,221
05　宿泊料	45,239	34,307	37,485	50,209	37,236	42,877	46,781	41,936
06　パック旅行費（国内）	87,694	104,053	83,626	88,715	79,531	75,081	84,004	94,926
07　パック旅行費（外国）	380,536	178,148	175,618	435,187	51,788	370,400	343,904	350,597
教育、教養娯楽								
08　国公立授業料等（幼稚園～大学、専修学校）	34,179	39,056	43,622	33,988	33,471	30,712	35,127	31,731
09　私立授業料等（幼稚園～大学、専修学校）	166,724	132,664	133,953	187,998	160,083	127,410	214,495	139,750
10　補習教育費	40,626	33,176	33,296	46,238	30,745	37,132	41,123	31,525
11　自動車教習料	134,101	101,738	135,810	138,029	112,454	132,895	130,930	152,041
12　スポーツ施設使用料	12,182	9,931	11,202	13,310	10,547	11,598	11,061	11,076
衣類等								
13　背広服	38,816	41,084	47,094	39,944	36,578	35,502	35,438	40,194
14　婦人用スーツ・ワンピース	21,312	20,551	23,047	21,346	19,907	19,941	21,952	23,121
15　和服	91,026	70,796	48,389	97,953	47,921	86,079	95,652	114,570
16　腕時計	36,641	28,153	23,702	38,185	51,268	43,641	41,536	20,012
17　装身具（アクセサリー類）	40,663	43,971	37,050	41,164	43,977	36,973	40,278	45,332
医療								
18　出産入院料	322,477	84,985	192,689	303,665	229,194	292,550	349,180	130,257
19　出産以外の入院料	89,982	73,107	85,681	97,702	82,678	91,285	89,262	85,364
家具等								
20　たんす	25,621	16,386	37,824	27,639	21,248	24,614	27,455	26,617
21　ベッド	72,634	60,921	68,943	81,030	62,062	71,105	60,466	65,785
22　布団	21,796	29,067	23,957	19,585	20,336	26,875	20,957	24,905
23　机・いす（事務用・学習用）	25,652	29,163	18,423	29,332	20,592	22,834	23,997	19,907
24　食器戸棚	46,722	34,426	50,497	52,502	34,554	51,808	36,285	53,591
25　食卓セット	31,334	23,895	33,543	33,887	52,587	29,864	25,436	47,943
26　応接セット	81,394	110,620	79,239	78,830	70,003	118,925	59,171	68,390
27　楽器（部品を含む）	40,875	14,873	32,175	36,633	52,902	48,605	53,295	36,321
家電等								
28　冷蔵庫	142,707	125,464	131,406	151,904	123,412	144,114	135,088	155,077
29　掃除機	29,536	28,694	27,686	29,380	31,053	28,264	30,857	29,728
30　洗濯機	108,114	91,389	104,272	107,973	127,674	102,969	111,592	106,896
31　エアコン	173,109	150,347	188,463	167,452	202,385	173,726	170,428	193,928
32　パソコン（タブレット型を含む。周辺機器・ソフトは除く）	99,016	100,528	99,791	101,169	116,483	95,637	91,134	101,004
33　テレビ	102,962	113,747	108,917	102,234	114,761	109,492	95,858	88,078
34　ビデオデッキ	36,541	34,133	28,210	35,150	26,374	43,145	39,336	34,194
35　ゲーム機（ソフトは除く）	35,443	23,875	35,073	37,037	35,730	31,477	35,510	33,540
36　カメラ（交換レンズのみを含む。使い捨てのカメラは除く）	66,999	19,340	62,140	67,774	56,357	73,232	72,682	65,813
37　ビデオカメラ	57,329	－	21,088	58,139	15,190	34,671	49,473	22,133
住宅関係								
38　家屋に関する設備費・工事費・修理費	358,153	338,885	341,187	371,188	280,251	409,974	311,607	415,348
39　給排水関係工事費	124,370	152,714	127,658	121,606	96,747	133,243	152,649	86,300
40　庭・植木の手入れ代	44,495	37,017	46,626	47,795	53,848	47,343	35,039	33,507
自動車等関係								
41　自動車（新車）	2,726,008	2,259,102	3,063,519	2,833,323	2,442,936	2,651,557	2,905,637	2,377,350
42　自動車（中古車）	1,313,811	989,025	1,172,555	1,339,649	1,399,866	1,317,225	1,397,491	1,187,692
43　自動車保険料（自賠責）	20,558	20,165	20,406	20,963	20,003	20,873	20,553	20,806
44　自動車保険料（任意）	25,705	16,857	21,992	26,256	28,865	30,132	31,364	25,066
45　自動車以外の原動機付輸送機器	254,565	27,337	140,697	250,670	159,716	323,425	184,811	312,667
46　自動車整備費	64,164	65,830	63,439	67,350	59,419	60,973	64,752	61,671
その他								
47　挙式・披露宴費用	541,652	95,243	370,760	601,410	426,321	638,931	643,723	139,504
48　葬儀・法事費用	420,458	508,369	567,384	403,156	431,309	479,950	374,251	330,825
49　信仰関係費	32,618	22,154	36,163	43,230	16,757	30,435	29,751	39,657
50　仕送り金	81,401	70,858	91,936	77,785	82,335	80,977	78,888	92,041
インターネットを通じて注文をした世帯								
集計世帯数	10,072	416	669	3,858	422	1,156	1,670	590
世帯人員（人）	3.10	2.90	3.20	3.04	3.26	3.20	3.08	3.16
有業人員（人）	1.71	1.64	1.77	1.70	1.85	1.78	1.68	1.77
世帯主の年齢（歳）	56.7	55.8	57.5	56.5	57.5	56.3	57.1	56.6
インターネットを利用した支出総額（22品目計）	42,937	37,858	37,058	48,623	36,139	39,009	41,670	35,420
贈答用								
51　贈答品	12,253	12,120	13,705	12,322	11,940	11,379	11,771	12,158
自宅用								
自宅用計	41,810	36,992	35,883	47,359	35,455	38,130	40,537	34,552
52～54計（食料）	19,736	18,839	18,148	21,388	16,735	18,076	19,658	15,774
52　食料品	19,616	19,362	18,981	21,021	17,045	17,950	19,513	15,933
53　飲料	7,576	7,768	7,473	7,888	7,064	7,226	7,276	7,393
54　出前	9,667	8,218	9,329	9,922	8,951	9,145	9,604	9,654
55　家電	21,112	19,851	20,347	21,895	22,441	20,886	20,390	18,477
56　家具	16,402	17,647	16,540	16,990	15,514	16,151	15,907	13,680
57～59計（衣類・履物）	13,879	14,090	14,183	14,421	13,789	13,656	13,478	12,883
57　紳士用衣類	11,295	12,373	12,079	11,450	10,893	11,301	11,168	10,026
58　婦人用衣類	12,371	12,498	12,784	12,754	13,011	12,085	11,926	12,130
59　履物・その他の衣類	7,983	8,314	8,218	8,148	8,236	8,010	7,700	7,843
60～61計（保健・医療）	8,395	8,201	8,646	8,376	8,586	8,723	8,392	8,366
60　医薬品	5,753	6,172	6,034	5,761	6,338	5,884	5,469	5,503
61　健康食品	8,434	7,893	8,588	8,588	8,503	8,857	8,668	8,530
62　化粧品	8,352	7,967	8,333	8,515	8,034	8,745	8,152	8,119
63　自動車等関係用品	17,331	17,277	21,153	17,478	15,560	16,369	16,709	18,819
64　書籍	4,407	4,184	4,353	4,669	4,367	4,055	4,222	4,060
65　音楽・映像ソフト、パソコン用ソフト、ゲームソフト	7,858	6,945	8,294	8,261	8,464	7,105	7,534	7,500
66～67計（デジタルコンテンツ）	4,458	4,144	4,451	5,311	5,086	4,378	4,516	4,094
66　電子書籍	4,458	4,144	4,346	4,724	4,511	4,400	3,977	3,665
67　ダウンロード版の音楽・映像、アプリなど	3,979	3,278	3,523	4,252	4,184	3,553	3,983	3,484
68　保険	22,048	22,614	25,306	21,408	25,076	23,351	21,685	21,056
69～70計（旅行関係費）	60,241	54,581	45,247	65,501	47,318	52,489	60,346	58,821
69　宿泊料、運賃、パック旅行費（インターネット上での決済）	60,136	56,916	45,035	65,002	45,777	52,384	58,709	60,388
70　宿泊料、運賃、パック旅行費（上記以外の決済）	45,985	36,541	37,828	49,828	40,696	41,880	48,717	43,491
71　チケット	13,182	12,605	11,776	13,440	13,377	13,655	12,951	13,743
72　上記に当てはまらない商品・サービス	14,377	13,446	14,571	15,260	14,864	13,557	13,313	13,098

当たり1か月間の支出金額（二人以上の世帯）
All Japan, Districts and City Groups (Two-or-more-person Households)

単位 円　In Yen

Districts		都市階級 City Groups				Item
四国	九州・沖縄	大都市	中都市	小都市A	小都市B・町村	
	Kyushu & Okinawa	Major cities	Middle cities	Small cities A	Small cities B, Towns & villages	
Shikoku						
292	1,115	3,097	3,132	2,281	1,491	Distribution of households
						Households expending on specific goods and services (50 items)
577	2,061	4,651	5,604	4,324	2,927	Number of tabulated households
2.85	2.93	2.89	2.91	2.95	2.97	Number of persons per household (persons)
1.45	1.49	1.53	1.49	1.52	1.57	Number of earners per household (persons)
61.4	61.3	59.4	60.6	61.3	62.4	Age of household head (years old)
99,590	95,818	104,189	104,808	105,684	104,362	Total expenditure on specific goods and services (50 items)
						Communication
13,812	13,785	12,936	13,255	13,689	14,430	01 Mobile telephones charges
6,099	6,163	6,262	6,520	6,531	6,321	02 Internet connection charges
57,261	52,562	56,103	55,075	55,612	53,747	03 Mobile telephones unit prices
						Travel-related costs
48,243	63,303	78,100	69,924	63,884	62,441	04 Airplane fares
35,454	38,391	50,903	41,984	43,219	39,549	05 Accommodation services
82,227	101,734	88,091	88,727	83,455	91,988	06 Package tour costs (domestic)
161,247	261,646	394,539	311,636	427,730	428,063	07 Package tour costs (overseas)
						Education, Culture and recreation
33,944	33,360	35,214	33,885	33,589	34,335	08 Tuition (kindergarten-university) (public)
108,729	110,354	170,977	151,424	176,457	184,018	09 Tuition (kindergarten-university) (private)
35,840	33,345	45,852	39,794	36,557	31,233	10 Tutorial fees
116,267	133,126	150,584	121,062	135,985	124,012	11 Lesson fees, driving school
9,940	12,061	13,438	11,718	10,826	11,305	12 Rental fees for sports facilities
						Clothing
41,515	36,825	42,666	36,749	36,894	35,587	13 Men's suits
25,729	19,530	21,990	21,957	20,649	18,231	14 Women's one-piece dresses and suits
30,761	95,474	97,009	93,653	88,530	80,465	15 Japanese clothing
34,308	27,812	40,829	32,261	30,126	46,244	16 Wrist watches
33,498	41,784	44,349	34,064	39,649	45,705	17 Accessories
						Medical care
114,623	225,868	323,447	316,228	320,148	185,897	18 Delivery fees
98,575	79,800	90,738	89,033	91,043	89,235	19 Hospital charges (excluding delivery)
						Furniture, etc.
19,320	20,556	28,012	23,518	25,111	30,564	20 Chests of drawers
76,139	72,503	79,475	67,812	74,958	66,175	21 Beds
21,850	20,009	20,202	23,707	23,032	20,096	22 Quilts
25,159	25,608	29,110	25,357	22,970	19,891	23 Desks and chairs (for work or study)
19,554	42,939	55,884	37,261	44,506	40,396	24 Sideboards
26,404	22,334	34,879	34,762	24,750	21,144	25 Dining tables and chairs
29,632	63,967	78,531	78,259	97,100	80,909	26 Drawing room suites
20,670	29,890	39,801	33,620	54,308	42,921	27 Musical instruments (including parts of instruments)
						Home electric appliances, etc.
116,763	146,513	150,554	141,156	139,147	133,788	28 Refrigerators
31,011	27,928	30,892	29,092	28,373	29,171	29 Vacuum cleaners
97,840	115,055	106,708	115,032	109,185	97,424	30 Washing machines
181,430	172,049	172,928	183,484	167,871	166,483	31 Air conditioners
93,867	94,501	105,545	97,368	91,207	96,709	32 Personal computers (including tablet devices, excluding peripherals and software)
104,213	102,821	103,379	109,707	99,495	90,934	33 TV
31,528	36,068	39,586	37,681	36,270	29,393	34 Video recorders (DVD or Blu-ray recorder, player, etc.)
15,780	35,342	36,750	35,312	34,373	34,096	35 Video game hardware (excluding software)
39,562	52,272	67,957	61,611	74,058	68,584	36 Cameras (including lenses only, excluding disposable cameras)
16,547	34,693	42,704	72,001	52,383	23,601	37 Video cameras
						Housing
304,467	368,282	366,772	378,344	350,309	317,761	38 House-related equipping/ construction/ repair costs
70,377	122,304	126,159	128,807	115,171	129,295	39 Water supply and drainage construction costs
47,509	42,452	41,305	44,213	48,723	45,099	40 Gardens, trees and plants tending costs
						Motor cars-related costs
2,633,896	2,641,026	2,922,263	2,681,069	2,691,698	2,640,372	41 Automobiles (new)
991,873	1,209,779	1,393,647	1,343,543	1,297,147	1,190,580	42 Automobiles (second-hand)
19,802	19,638	20,697	20,409	20,579	20,619	43 Automotive insurance premium (compulsion)
28,690	20,926	24,057	25,512	27,038	26,256	44 Automotive insurance premium (option)
124,786	258,420	236,296	269,039	210,459	301,320	45 Motorized vehicles other than automobiles
64,364	62,445	67,745	63,988	62,238	62,683	46 Automotive maintenance and repairs
						Others
403,055	350,291	754,946	459,095	668,774	303,169	47 Wedding ceremony and reception costs
478,005	416,604	423,029	417,712	416,176	432,701	48 Funeral service costs
34,083	26,633	34,837	31,946	31,858	30,531	49 Religion-related costs
83,952	82,563	78,869	80,331	78,601	92,329	50 Remittance
						Households ordering over the Internet
298	992	3,093	3,286	2,297	1,395	Number of tabulated households
3.07	3.16	3.03	3.08	3.17	3.19	Number of persons per household (persons)
1.70	1.69	1.70	1.68	1.74	1.81	Number of earners per household (persons)
57.1	56.9	55.9	56.9	57.0	58.1	Age of household head (years old)
36,397	38,591	48,325	41,264	39,413	37,433	Total expenditure on goods and services ordered over the Internet (22 items)
						For gift
12,296	13,319	12,274	11,989	12,450	12,504	51 gift items
						For home
35,358	37,299	47,067	40,184	38,361	36,395	Total expenditure for home
17,039	17,977	20,683	19,191	19,053	18,940	52-54 Total (Food)
16,205	18,218	20,154	19,398	19,229	18,927	52 Foods
7,269	7,115	7,794	7,356	7,325	7,758	53 Beverages
11,082	9,590	9,850	9,399	9,350	10,346	54 Deliveries
21,606	20,531	20,989	21,441	21,541	20,019	55 Home electronics
12,775	16,738	17,272	16,053	15,483	16,361	56 Furniture
13,869	12,719	14,932	13,089	13,366	13,466	57-59 Total (Clothing,footwear)
10,832	10,807	11,766	10,580	11,284	11,706	57 Men's clothing
12,564	11,256	13,374	11,784	11,654	11,800	58 Women's clothing
7,539	7,646	8,185	7,766	7,937	7,972	59 Footwears and other clothing
8,114	8,086	8,395	8,326	8,457	8,482	60-61 Total (Medical care)
6,153	5,734	5,744	5,650	5,698	6,177	60 Medicines
8,041	8,007	8,389	8,397	8,578	8,444	61 Health foods
8,658	7,826	8,246	8,402	8,369	8,489	62 Cosmetics
13,380	17,521	16,718	16,893	16,684	20,192	63 Private transportation
4,629	3,956	4,528	4,262	4,520	4,163	64 Books and other reading materials
7,113	7,493	7,844	7,621	8,078	8,112	65 Software (music, video, personal computer, TV game)
4,631	4,465	5,026	4,664	4,897	4,914	66-67 Total (Digital contents)
4,468	4,339	4,507	4,359	4,559	4,412	66 Digital books
3,618	3,592	4,042	3,786	4,068	4,177	67 Download music, video, applications
27,551	20,821	20,186	22,350	23,768	24,889	68 Insurance
50,068	61,131	66,359	57,449	55,922	51,558	69-70 Total (Travel-related costs)
50,616	63,035	65,944	57,946	55,768	50,402	69 Accommodation services, fares, package tours(payment on the Internet)
35,490	40,741	49,561	43,154	43,941	44,490	70 Accommodation services, fares, package tours(payment on-site)
9,856	12,451	13,001	13,398	13,200	13,276	71 Tickets
14,588	13,866	14,801	14,018	14,426	13,988	72 Other goods and services

128

第6-2表　全国・地方・都市階級別支出
Table 6-2　The Ratio of Household Expended on Items by

2023年平均
2023 Average

項　目	全国	地　方						
		北海道	東北	関東	北陸	東海	近畿	中国
	All Japan	Hokkaido	Tohoku	Kanto	Hokuriku	Tokai	Kinki	Chugoku
世帯数分布（抽出率調整）	10,000	438	738	3,721	404	1,176	1,541	595
特定50品目の支出があった世帯								
集計世帯数	19,182	911	1,505	6,404	884	2,244	3,073	1,248
世帯人員（人）	2.25	2.07	2.19	2.23	2.31	2.31	2.32	2.21
有業人員（人）	1.20	1.10	1.18	1.24	1.28	1.23	1.16	1.16
世帯主の年齢（歳）	59.1	60.0	58.7	56.7	60.0	60.1	61.3	60.3
50品目計	8,770	8,718	8,598	8,770	8,899	8,778	8,779	8,679
通信								
01　スマートフォン・携帯電話などの通信、通話使用料	8,337	8,308	8,177	8,339	8,397	8,314	8,335	8,290
02　インターネット接続料	5,825	5,344	5,124	6,192	5,328	5,974	6,290	5,312
03　スマートフォン・携帯電話の本体価格	276	227	210	316	289	272	283	226
旅行関係								
04　航空運賃	180	300	89	233	85	106	136	87
05　宿泊料	667	698	569	796	775	591	605	502
06　パック旅行費（国内）	210	151	151	235	185	246	210	184
07　パック旅行費（外国）	15	6	5	20	5	15	20	11
教育、教養娯楽								
08　国公立授業料等（幼稚園～大学、専修学校）	331	253	249	252	491	426	376	401
09　私立授業料等（幼稚園～大学、専修学校）	284	191	188	322	203	309	275	245
10　補習教育費	584	313	344	678	387	649	647	488
11　自動車教習料	34	27	37	33	40	36	33	27
12　スポーツ施設使用料	755	568	458	900	810	733	864	633
衣類等								
13　背広服	122	84	93	150	86	123	128	107
14　婦人用スーツ・ワンピース	256	158	195	291	198	232	288	226
15　和服	23	23	13	22	17	28	29	17
16　腕時計	77	52	83	89	66	72	78	56
17　装身具（アクセサリー類）	105	61	60	124	65	105	125	64
医療								
18　出産入院料	5	3	3	5	12	5	7	3
19　出産以外の入院料	169	158	162	145	206	179	182	177
家具等								
20　たんす	30	31	22	31	20	26	35	29
21　ベッド	35	25	30	39	27	30	39	25
22　布団	141	104	111	164	102	129	143	122
23　机・いす（事務用・学習用）	49	30	35	59	30	55	49	41
24　食器戸棚	21	20	14	27	12	15	16	14
25　食卓セット	40	20	36	44	28	47	43	33
26　応接セット	17	23	14	18	16	21	18	11
27　楽器（部品を含む）	37	21	30	45	28	34	42	34
家電等								
28　冷蔵庫	52	54	51	51	64	55	46	58
29　掃除機	89	75	85	94	91	90	85	89
30　洗濯機	58	65	68	51	64	59	62	58
31　エアコン	78	51	73	82	79	83	86	60
32　パソコン（タブレット型を含む。周辺機器・ソフトは除く）	98	101	78	124	64	93	89	79
33　テレビ	61	53	59	61	61	70	58	53
34　ビデオデッキ	26	20	18	27	34	28	29	17
35　ゲーム機（ソフトは除く）	39	48	30	46	27	28	45	21
36　カメラ（交換レンズのみを含む。使い捨てのカメラは除く）	15	13	9	16	14	12	19	15
37　ビデオカメラ	5	-	4	7	9	3	8	2
住宅関係								
38　家屋に関する設備費・工事費・修理費	173	127	168	168	205	191	172	157
39　給排水関係工事費	165	130	170	161	203	163	151	192
40　庭・植木の手入れ代	105	60	99	93	127	118	103	126
自動車等関係								
41　自動車（新車）	39	32	38	34	57	53	29	52
42　自動車（中古車）	28	32	35	25	39	25	21	35
43　自動車保険料（自賠責）	253	246	335	212	338	315	207	279
44　自動車保険料（任意）	1,085	1,722	1,390	922	1,099	1,196	718	1,083
45　自動車以外の原動機付輸送機器	11	7	8	10	8	9	10	11
46　自動車整備費	462	391	551	390	640	586	415	504
その他								
47　挙式・披露宴費用	9	6	10	12	12	8	7	7
48　葬儀・法事費用	66	64	64	65	63	59	68	80
49　信仰関係費	333	402	281	226	730	381	402	369
50　仕送り金	244	278	251	216	274	266	206	340
インターネットを通じて注文をした世帯								
集計世帯数	10,691	445	717	4,093	443	1,224	1,768	628
世帯人員（人）	2.44	2.27	2.33	2.36	2.60	2.61	2.57	2.45
有業人員（人）	1.43	1.35	1.38	1.41	1.54	1.50	1.44	1.43
世帯主の年齢（歳）	53.6	54.0	52.7	51.8	54.9	54.9	56.1	53.9
インターネットを利用した支出総額（22品目計）	4,909	4,201	4,206	5,724	4,178	4,558	4,927	4,300
贈答用								
51　贈答品	595	424	498	725	388	474	675	436
自宅用								
自宅用計	4,851	4,128	4,159	5,660	4,125	4,513	4,863	4,254
52～54計（食料）	2,235	1,856	1,776	2,818	1,487	2,043	2,317	1,549
52　食料品	1,557	1,209	1,243	1,933	1,013	1,540	1,624	1,081
53　飲料	1,028	848	826	1,311	713	862	1,087	682
54　出前	621	542	528	896	280	483	585	265
55　家電	536	330	481	646	425	495	569	533
56　家具	251	156	225	312	170	216	252	213
57～59計（衣類・履物）	1,421	1,096	1,240	1,656	1,149	1,313	1,518	1,237
57　紳士用衣類	443	348	417	550	413	380	413	367
58　婦人用衣類	775	559	657	882	541	750	877	684
59　履物・その他の衣類	572	451	484	675	460	526	622	441
60～61計（保健・医療）	1,084	740	873	1,267	785	1,031	1,144	987
60　医薬品	420	272	407	535	252	332	452	300
61　健康食品	785	554	537	897	609	796	822	768
62　化粧品	843	616	688	934	578	862	930	731
63　自動車等関係用品	216	221	166	227	212	249	193	222
64　書籍	839	466	739	1,071	613	686	849	635
65　音楽・映像ソフト、パソコン用ソフト、ゲームソフト	524	581	441	682	394	425	472	448
66～67計（デジタルコンテンツ）	1,009	672	869	1,418	738	783	881	651
66　電子書籍	524	272	375	800	411	341	443	290
67　ダウンロード版の音楽・映像、アプリなど	663	487	655	896	420	558	565	451
68　保険	420	282	337	518	276	376	475	263
69～70計（旅行関係費）	705	576	652	904	558	606	651	432
69　宿泊料、運賃、パック旅行費（インターネット上での決済）	548	407	518	730	393	454	481	309
70　宿泊料、運賃、パック旅行費（上記以外の決済）	209	218	194	238	217	187	225	155
71　チケット	681	394	427	996	350	541	687	353
72　上記に当てはまらない商品・サービス	1,926	1,472	1,736	2,316	1,655	1,748	1,855	1,610

世帯の割合（10000世帯当たり）（総世帯）
All Japan, Districts and City Groups (Total Households)

単位 世帯 Households

Districts 四国 Shikoku	Districts 九州・沖縄 Kyushu & Okinawa	都市階級 City Groups 大都市 Major cities	中都市 Middle cities	小都市A Small cities A	小都市B・町村 Small cities B, Towns & villages	Item
289	1,099	3,049	3,091	2,325	1,535	Distribution of households
						Households expending on specific goods and services (50 items)
634	2,278	5,089	6,134	4,736	3,223	Number of tabulated households
2.21	2.26	2.24	2.25	2.25	2.23	Number of persons per household (persons)
1.12	1.17	1.24	1.18	1.18	1.21	Number of earners per household (persons)
61.3	61.3	57.0	59.4	60.1	61.1	Age of household head (years old)
8,782	8,883	8,836	8,869	8,657	8,616	Total expenditure on specific goods and services (50 items)
						Communication
8,347	8,474	8,452	8,438	8,207	8,101	01 Mobile telephones charges
5,295	5,034	6,301	6,101	5,462	4,870	02 Internet connection charges
195	244	317	292	252	200	03 Mobile telephones unit prices
						Travel-related costs
204	230	270	148	136	128	04 Airplane fares
579	526	822	643	589	526	05 Accommodation services
228	165	261	204	196	138	06 Package tour costs (domestic)
11	9	21	17	9	7	07 Package tour costs (overseas)
						Education, Culture and recreation
505	379	292	394	352	251	08 Tuition (kindergarten-university) (public)
255	306	362	309	237	153	09 Tuition (kindergarten-university) (private)
583	501	714	636	508	334	10 Tutorial fees
48	36	29	34	38	39	11 Lesson fees, driving school
511	520	962	793	655	419	12 Rental fees for sports facilities
						Clothing
78	86	156	110	118	84	13 Men's suits
295	226	307	268	226	174	14 Women's one-piece dresses and suits
30	23	30	25	16	16	15 Japanese clothing
70	61	92	83	68	48	16 Wrist watches
107	95	127	112	93	64	17 Accessories
						Medical care
6	4	7	5	4	4	18 Delivery fees
216	208	157	164	180	189	19 Hospital charges (excluding delivery)
						Furniture, etc.
20	34	36	31	26	20	20 Chests of drawers
25	37	39	38	32	24	21 Beds
126	140	150	141	145	120	22 Quilts
46	43	54	54	44	40	23 Desks and chairs (for work or study)
23	20	28	16	20	16	24 Sideboards
66	30	44	38	35	46	25 Dining tables and chairs
16	17	18	20	16	14	26 Drawing room suites
18	27	48	33	34	27	27 Musical instruments (including parts of instruments)
						Home electric appliances, etc.
71	43	49	55	51	51	28 Refrigerators
100	84	97	92	80	83	29 Vacuum cleaners
71	55	58	55	54	67	30 Washing machines
79	76	67	84	79	88	31 Air conditioners
75	66	115	93	91	83	32 Personal computers (including tablet devices, excluding peripherals and software)
63	60	53	70	58	62	33 TV
26	25	28	26	24	24	34 Video recorders (DVD or Blu-ray recorder, player, etc.)
41	38	57	31	34	28	35 Video game hardware (excluding software)
17	14	16	17	16	9	36 Cameras (including lenses only, excluding disposable cameras)
3	3	7	7	3	4	37 Video cameras
						Housing
202	183	157	174	179	195	38 House-related equipping/ construction/ repair costs
207	171	138	162	171	215	39 Water supply and drainage construction costs
179	121	78	112	113	134	40 Gardens, trees and plants tending costs
						Motor cars-related costs
52	39	27	41	43	52	41 Automobiles (new)
21	33	18	28	30	42	42 Automobiles (second-hand)
330	272	164	259	297	354	43 Automotive insurance premium (compulsion)
1,285	1,522	754	1,105	1,259	1,441	44 Automotive insurance premium (option)
8	20	8	13	11	11	45 Motorized vehicles other than automobiles
559	499	330	477	532	591	46 Automotive maintenance and repairs
						Others
8	8	13	8	7	9	47 Wedding ceremony and reception costs
103	62	58	57	73	91	48 Funeral service costs
302	395	280	326	360	411	49 Religion-related costs
291	276	239	238	265	233	50 Remittance
						Households ordering over the Internet
317	1,057	3,299	3,486	2,434	1,472	Number of tabulated households
2.45	2.55	2.37	2.45	2.51	2.56	Number of persons per household (persons)
1.41	1.44	1.42	1.40	1.44	1.52	Number of earners per household (persons)
54.9	56.1	52.0	54.1	54.4	55.8	Age of household head (years old)
4,273	4,009	5,858	4,996	4,362	3,675	Total expenditure on goods and services ordered over the Internet (22 items)
						For gift
455	507	742	592	517	427	51 gift items
						For home
4,211	3,952	5,795	4,934	4,308	3,625	Total expenditure for home
1,500	1,643	3,006	2,197	1,819	1,406	52-54 Total (Food)
1,079	1,137	2,036	1,547	1,310	998	52 Foods
680	761	1,476	979	745	663	53 Beverages
274	386	972	568	458	273	54 Deliveries
398	361	640	549	487	376	55 Home electronics
206	199	327	239	226	164	56 Furniture
1,225	1,111	1,761	1,431	1,213	1,039	57-59 Total (Clothing,footwear)
356	317	564	432	377	323	57 Men's clothing
716	613	966	786	651	561	58 Women's clothing
471	452	721	563	499	406	59 Footwears and other clothing
1,042	886	1,336	1,065	954	815	60-61 Total (Medical care)
309	302	562	404	344	285	60 Medicines
837	668	931	789	709	604	61 Health foods
791	754	1,001	865	740	638	62 Cosmetics
255	193	197	222	223	229	63 Private transportation
681	656	1,056	801	792	555	64 Books and other reading materials
342	338	703	473	457	375	65 Software (music, video, personal computer, TV game)
888	594	1,420	982	780	593	66-67 Total (Digital contents)
544	256	787	481	375	312	66 Digital books
641	406	894	668	536	386	67 Download music, video, applications
310	337	547	413	351	290	68 Insurance
476	558	995	673	563	407	69-70 Total (Travel-related costs)
369	436	805	514	432	282	69 Accommodation services, fares, package tours(payment on the Internet)
136	166	275	204	173	145	70 Accommodation services, fares, package tours(payment on-site)
455	398	1,066	628	496	304	71 Tickets
1,742	1,514	2,339	1,957	1,672	1,431	72 Other goods and services

129

2023年平均
2023 Average

項　目	全国	地　方						
		北海道	東北	関東	北陸	東海	近畿	中国
	All Japan	Hokkaido	Tohoku	Kanto	Hokuriku	Tokai	Kinki	Chugoku
世帯数分布（抽出率調整）	10,000	419	666	3,702	393	1,190	1,654	571
特定50品目の支出があった世帯								
集計世帯数	17,505	823	1,365	5,889	812	2,030	2,815	1,133
世帯人員（人）	2.92	2.72	3.02	2.90	3.07	3.01	2.89	2.91
有業人員（人）	1.52	1.41	1.58	1.53	1.64	1.58	1.45	1.51
世帯主の年齢（歳）	60.7	60.3	61.5	60.0	61.4	60.3	61.2	61.2
50品目計	9,019	8,970	8,875	9,026	9,190	8,987	9,049	9,038
通信								
01　スマートフォン・携帯電話などの通信、通話使用料	8,641	8,634	8,468	8,657	8,793	8,575	8,694	8,690
02　インターネット接続料	6,677	6,127	5,796	6,982	6,678	6,924	7,035	6,356
03　スマートフォン・携帯電話の本体価格	310	280	279	331	286	320	314	302
旅行関係								
04　航空運賃	175	342	83	208	63	96	145	97
05　宿泊料	739	714	659	864	758	719	691	596
06　パック旅行費（国内）	230	178	175	269	190	239	206	224
07　パック旅行費（外国）	19	9	7	27	4	17	20	10
教育、教養娯楽								
08　国公立授業料等（幼稚園～大学、専修学校）	519	404	412	402	799	667	552	650
09　私立授業料等（幼稚園～大学、専修学校）	442	305	323	504	328	481	397	406
10　補習教育費	896	511	562	1,043	619	975	929	778
11　自動車教習費	47	32	55	34	48	56	44	38
12　スポーツ施設使用料	864	632	513	1,085	739	808	885	691
衣類等								
13　背広服	148	118	133	172	126	147	146	130
14　婦人用スーツ・ワンピース	291	216	219	327	215	292	321	240
15　和服	29	33	20	29	23	37	31	27
16　腕時計	84	60	71	95	80	85	86	59
17　装身具（アクセサリー類）	114	82	78	137	87	114	125	84
医療								
18　出産入院料	8	6	5	8	10	8	10	4
19　出産以外の入院料	208	206	227	189	235	208	212	199
家具等								
20　たんす	38	34	29	39	32	35	44	42
21　ベッド	39	38	38	42	36	40	36	39
22　布団	160	131	150	167	148	165	158	156
23　机・いす（事務用・学習用）	58	41	44	66	40	66	58	58
24　食器戸棚	22	20	25	21	17	22	21	18
25　食卓セット	47	33	49	53	39	51	48	38
26　応接セット	23	39	19	25	20	27	19	18
27　楽器（部品を含む）	43	27	30	52	28	38	52	34
家電等								
28　冷蔵庫	61	63	53	62	70	64	58	68
29　掃除機	109	105	99	117	100	111	105	112
30　洗濯機	73	80	69	72	81	70	72	78
31　エアコン	98	66	103	104	115	103	98	86
32　パソコン（タブレット型を含む。周辺機器・ソフトは除く）	112	108	97	132	90	105	109	109
33　テレビ	72	75	75	74	76	76	69	71
34　ビデオデッキ	33	32	26	35	40	35	34	28
35　ゲーム機（ソフトは除く）	35	28	26	36	34	40	38	30
36　カメラ（交換レンズのみを含む。使い捨てのカメラは除く）	19	7	16	21	17	17	23	18
37　ビデオカメラ	4	−	7	5	6	5	2	3
住宅関係								
38　家屋に関する設備費・工事費・修理費	205	135	233	208	272	217	192	187
39　給排水関係工事費	193	147	211	196	251	201	170	195
40　庭・植木の手入れ代	102	52	98	101	132	105	98	110
自動車等関係								
41　自動車（新車）	50	40	51	45	71	68	41	73
42　自動車（中古車）	33	30	46	29	45	36	26	44
43　自動車保険料（自賠責）	307	306	395	266	421	364	251	361
44　自動車保険料（任意）	1,215	1,933	1,683	1,044	1,385	1,318	861	1,249
45　自動車以外の原動機付輸送機器	12	3	12	11	14	11	14	12
46　自動車整備費	559	503	702	501	783	682	480	587
その他								
47　挙式・披露宴費用	11	9	9	12	19	13	8	11
48　葬儀・法事費用	66	58	76	65	79	61	58	79
49　信仰関係費	353	350	324	269	734	404	422	394
50　仕送り金	280	301	350	230	371	282	224	393
インターネットを通じて注文をした世帯								
集計世帯数	10,072	416	669	3,858	422	1,156	1,670	590
世帯人員（人）	3.10	2.90	3.20	3.04	3.26	3.20	3.08	3.16
有業人員（人）	1.71	1.64	1.77	1.70	1.85	1.78	1.68	1.77
世帯主の年齢（歳）	56.7	55.8	57.5	56.5	57.5	56.3	57.1	56.6
インターネットを利用した支出総額（22品目計）	5,353	4,639	4,451	6,044	4,788	5,212	5,483	4,774
贈答用								
51　贈答品	703	511	515	860	461	606	754	527
自宅用								
自宅用計	5,287	4,574	4,393	5,977	4,725	5,149	5,412	4,710
52～54計（食料）	2,482	2,026	1,838	3,094	1,807	2,218	2,581	1,869
52　食料品	1,738	1,366	1,193	2,181	1,255	1,591	1,845	1,281
53　飲料	1,158	963	922	1,497	835	897	1,188	816
54　出前	633	530	413	859	329	550	635	319
55　家電	592	409	427	705	530	573	616	515
56　家具	281	198	234	329	219	272	287	249
57～59計（衣類・履物）	1,719	1,386	1,305	1,987	1,493	1,702	1,787	1,487
57　紳士用衣類	526	396	430	628	471	500	523	409
58　婦人用衣類	968	759	707	1,133	770	970	1,028	832
59　履物・その他の衣類	749	629	522	870	656	730	781	632
60～61計（保健・医療）	1,232	907	938	1,449	985	1,157	1,276	1,054
60　医薬品	473	341	345	599	312	389	492	351
61　健康食品	904	672	701	1,041	760	880	926	805
62　化粧品	1,013	817	727	1,150	773	1,028	1,081	859
63　自動車等関係用品	264	266	235	271	271	325	242	276
64　書籍	937	571	713	1,196	748	810	939	722
65　音楽・映像ソフト、パソコン用ソフト、ゲームソフト	500	425	380	629	454	456	475	391
66～67計（デジタルコンテンツ）	910	651	654	1,199	781	750	885	673
66　電子書籍	468	282	318	657	369	356	442	308
67　ダウンロード版の音楽・映像、アプリなど	589	468	430	766	549	484	562	460
68　保険	459	355	319	562	260	428	503	312
69～70計（旅行関係費）	744	648	568	919	625	684	712	568
69　宿泊料、運賃、パック旅行費（インターネット上での決済）	560	479	408	705	436	505	525	418
70　宿泊料、運賃、パック旅行費（上記以外の決済）	241	220	194	288	241	223	248	185
71　チケット	720	470	434	990	498	635	753	449
72　上記に当てはまらない商品・サービス	2,130	1,790	1,752	2,470	1,912	2,038	2,137	1,880

世帯の割合 （10000世帯当たり）（二人以上の世帯）
All Japan, Districts and City Groups (Two-or-more-person Households)

単位 世帯 Households

Districts 四国 Shikoku	Districts 九州・沖縄 Kyushu & Okinawa	都市階級 City Groups 大都市 Major cities	中都市 Middle cities	小都市A Small cities A	小都市B・町村 Small cities B, Towns & villages	Item
292	1,115	3,097	3,132	2,281	1,491	Distribution of households
						Households expending on specific goods and services (50 items)
577	2,061	4,651	5,604	4,324	2,927	Number of tabulated households
2.85	2.93	2.89	2.91	2.95	2.97	Number of persons per household (persons)
1.45	1.49	1.53	1.49	1.52	1.57	Number of earners per household (persons)
61.4	61.3	59.4	60.6	61.3	62.4	Age of household head (years old)
9,022	9,023	9,067	9,097	8,989	8,807	Total expenditure on specific goods and services (50 items)
						Communication
8,615	8,617	8,714	8,742	8,594	8,354	01 Mobile telephones charges
6,370	5,851	7,060	6,902	6,460	5,744	02 Internet connection charges
263	277	335	322	295	256	03 Mobile telephones unit prices
						Travel-related costs
211	255	246	163	123	131	04 Airplane fares
584	578	875	754	644	569	05 Accommodation services
230	194	283	227	207	161	06 Package tour costs (domestic)
13	13	28	18	14	10	07 Package tour costs (overseas)
						Education, Culture and recreation
740	588	453	607	563	406	08 Tuition (kindergarten-university) (public)
400	457	555	479	374	235	09 Tuition (kindergarten-university) (private)
887	776	1,079	967	791	524	10 Tutorial fees
58	49	40	48	52	51	11 Lesson fees, driving school
605	651	1,104	883	754	490	12 Rental fees for sports facilities
						Clothing
109	122	181	139	134	120	13 Men's suits
281	249	376	279	243	210	14 Women's one-piece dresses and suits
38	25	36	30	23	23	15 Japanese clothing
96	66	96	85	79	61	16 Wrist watches
96	90	140	114	104	77	17 Accessories
						Medical care
9	7	11	7	6	7	18 Delivery fees
226	243	194	201	222	227	19 Hospital charges (excluding delivery)
						Furniture, etc.
31	41	44	41	34	30	20 Chests of drawers
35	41	42	40	38	35	21 Beds
178	159	166	163	161	143	22 Quilts
56	51	65	60	54	49	23 Desks and chairs (for work or study)
25	26	24	21	20	21	24 Sideboards
39	38	54	49	43	36	25 Dining tables and chairs
11	19	23	25	21	20	26 Drawing room suites
17	34	52	44	35	33	27 Musical instruments (including parts of instruments)
						Home electric appliances, etc.
86	52	61	65	60	58	28 Refrigerators
117	98	118	110	100	104	29 Vacuum cleaners
90	69	76	73	71	69	30 Washing machines
88	85	90	102	100	102	31 Air conditioners
99	84	126	112	105	97	32 Personal computers (including tablet devices, excluding peripherals and software)
60	66	67	76	74	71	33 TV
31	33	35	33	34	29	34 Video recorders (DVD or Blu-ray recorder, player, etc.)
21	32	39	35	33	27	35 Video game hardware (excluding software)
27	17	20	22	19	12	36 Cameras (including lenses only, excluding disposable cameras)
5	4	5	4	4	4	37 Video cameras
						Housing
218	196	186	209	212	228	38 House-related equipping/ construction/ repair costs
194	192	164	193	206	231	39 Water supply and drainage construction costs
148	104	79	106	114	123	40 Gardens, trees and plants tending costs
						Motor cars-related costs
63	46	36	52	59	66	41 Automobiles (new)
33	41	23	34	40	45	42 Automobiles (second-hand)
361	332	209	315	361	410	43 Automotive insurance premium (compulsion)
1,210	1,570	907	1,272	1,353	1,521	44 Automotive insurance premium (option)
13	13	10	13	12	11	45 Motorized vehicles other than automobiles
602	567	413	575	653	685	46 Automotive maintenance and repairs
						Others
12	11	11	12	11	10	47 Wedding ceremony and reception costs
80	66	61	59	68	87	48 Funeral service costs
270	361	310	347	367	436	49 Religion-related costs
386	357	267	291	276	289	50 Remittance
						Households ordering over the Internet
298	992	3,093	3,286	2,297	1,395	Number of tabulated households
3.07	3.16	3.03	3.08	3.17	3.19	Number of persons per household (persons)
1.70	1.69	1.70	1.68	1.74	1.81	Number of earners per household (persons)
57.1	56.9	55.9	56.9	57.0	58.1	Age of household head (years old)
4,700	4,486	6,152	5,424	4,878	4,268	Total expenditure on goods and services ordered over the Internet (22 items)
						For gift
562	608	870	695	603	527	51 gift items
						For home
4,636	4,423	6,084	5,358	4,813	4,204	Total expenditure for home
1,794	1,873	3,197	2,450	2,080	1,679	52-54 Total (Food)
1,254	1,264	2,216	1,724	1,469	1,189	52 Foods
819	861	1,589	1,098	904	777	53 Beverages
378	473	922	586	512	317	54 Deliveries
480	462	674	623	535	446	55 Home electronics
210	237	331	287	250	210	56 Furniture
1,537	1,365	2,081	1,711	1,494	1,328	57-59 Total (Clothing,footwear)
502	406	636	516	464	411	57 Men's clothing
870	729	1,200	959	823	725	58 Women's clothing
650	623	929	729	651	569	59 Footwears and other clothing
1,063	1,046	1,459	1,226	1,117	948	60-61 Total (Medical care)
360	386	584	462	424	337	60 Medicines
792	781	1,060	905	820	706	61 Health foods
882	882	1,211	1,028	862	799	62 Cosmetics
234	224	251	262	279	271	63 Private transportation
779	694	1,188	901	834	645	64 Books and other reading materials
384	353	592	489	462	387	65 Software (music, video, personal computer, TV game)
775	608	1,189	900	764	574	66-67 Total (Digital contents)
388	294	637	453	378	282	66 Digital books
524	395	766	585	497	373	67 Download music, video, applications
334	388	575	461	386	327	68 Insurance
576	590	979	744	590	491	69-70 Total (Travel-related costs)
440	456	751	556	436	359	69 Accommodation services, fares, package tours(payment on the Internet)
182	179	312	243	196	160	70 Accommodation services, fares, package tours(payment on-site)
447	417	1,028	694	565	373	71 Tickets
1,870	1,714	2,474	2,170	1,899	1,684	72 Other goods and services

家計消費状況調査の概要

I 調査の概要

1 調査の目的

　この調査は、個人消費動向の更なる的確な把握に資するため、ICT関連の消費やインターネットを利用した購入状況、購入頻度が少ない高額商品・サービスの消費等の実態を安定的に捉えることを目的とする。

2 調査の対象と調査世帯の選定方法

　この調査は、施設等の世帯を除いた全国の世帯について行っている。調査世帯の選定方法は次のとおりである。なお、標本設計には、令和2年国勢調査の結果を用いている。

(1) 抽出単位

　調査世帯の抽出には、層化2段抽出法を用いている。第1次抽出単位は調査地点（令和2年国勢調査のために設定された調査区で構成される）、第2次抽出単位は世帯としている。

(2) 層化と調査地点数の配分

① 全国を地方（9区分）及び都市階級（4区分）別に区分し、この区分を層とする。層の数は、四国地方で大都市に該当する市がないため、35となっている。地方及び都市階級の区分は次のとおり。

ア 地方…北海道（北海道）、東北（青森県、岩手県、宮城県、秋田県、山形県、福島県）、関東（茨城県、栃木県、群馬県、埼玉県、千葉県、東京都、神奈川県、山梨県、長野県）、北陸（新潟県、富山県、石川県、福井県）、東海（岐阜県、静岡県、愛知県、三重県）、近畿（滋賀県、京都府、大阪府、兵庫県、奈良県、和歌山県）、中国（鳥取県、島根県、岡山県、広島県、山口県）、四国（徳島県、香川県、愛媛県、高知県）、九州・沖縄（福岡県、佐賀県、長崎県、熊本県、大分県、宮崎県、鹿児島県、沖縄県）の9地方

イ 都市階級…大都市（政令指定都市及び東京都区部）、中都市（大都市を除く人口15万以上の市）、小都市A（人口5万以上15万未満の市）、小都市B・町村（人口5万未満の市及び町村）の4階級

② 調査地点数は全国で3,000とし、層別の調査地点数は各層の令和2年国勢調査に基づく一般世帯数により比例配分した数とする。

(3) 調査地点の選定

① 各層から、配分された調査地点数の4分の1の数の国勢調査の調査区（以下「基準地点」という。）を無作為に抽出し、抽出された基準地点が含まれる市町村を調査市町村とする。

② 選定された市町村において、抽出された基準地点が一つの場合は、当該市町村を担当ブロックとし、抽出された基準地点が二つ以上の場合は、当該市町村の国勢調査区を基準地点の数で分割し、それぞれを担当ブロックとする。分割に当たっては、分割された各ブロックに含まれる調査対象世帯数がほぼ同数になるようにする。

　担当ブロックは、一人の調査員が担当する範囲を示し、全国で750の担当ブロックを設定する。

③ 各担当ブロックは5年間継続して調査を行うため、それぞれのブロックに含まれる国勢調査区を五つに分割し、調査年ごとの担当ブロックとする。分割に当たっては、分割された各ブロックに含まれる調査対象世帯数がほぼ同数になるようにする。

④ 一人の調査員が調査開始月の異なる四つの調査地点を受け持つため、③で分割した調査年ごとの担当ブロックを更に四つに分割の上、それぞれから無作為に国勢調査区を抽出し、調査地点とする。

(4) 調査世帯の選定

　調査世帯の選定に当たっては、住民基本台帳（又は選挙人名簿）から、調査地点の世帯をリストにした調査対象世帯名簿を作成する。この名簿から、一定の統計上の抽出方法に基づき、調査世帯を10世帯（うち二人以上の世帯は9世帯、単身世帯は1世帯）抽出する。これにより、全国3,000地点から合計30,000世帯を抽出する。

　地方・都市階級別の調査対象世帯数及び調査世帯数は、「表1 地方・都市階級別調査対象世帯数、調査世帯数」のとおり。

(5) 調査世帯の交替

　調査世帯は、12か月間継続して調査し、(3)③及び④で抽出された別の調査地点の世帯に交替する。

また調査世帯は、12 のグループに分けており、原則として毎月 1 グループずつ調査世帯を交替している。個々のグループに含まれる調査世帯数は、調査世帯全体の 12 分の 1 の 2,500 世帯としている。

住居の移転等で調査を継続することができなくなった世帯は、調査予定期間が 3 か月以上残されている場合には、臨時的に代替の世帯を選定して残りの月の調査を行う。

3　調査事項

次に掲げる事項を調査する。

(1) 世帯の状況に関する事項（調査票Ａ）

・世帯に関する事項

・電子マネーの利用状況

・インターネットを利用した購入状況

(2) 毎月の特定の財（商品）・サービスの消費等に関する事項（調査票Ｂ）

・世帯に関する事項（前月との変更）

・特定の財（商品）・サービスの購入金額

・インターネットを利用した財（商品）・サービスの購入金額

4　調査の方法

調査は、民間の調査機関に委託し、調査員による留置き調査法（オンラインも併用）とする。なお、調査票の回収は調査員による回収、郵送による回収及びオンライン調査システムによる回収の併用により実施する。

調査票は調査協力依頼時と調査員による調査票回収時に配布する。原則として、調査員による回収、郵送による回収は、調査 1 か月目分及び 6 か月目分は調査員による回収、それ以外の月分は郵送による回収とする。また、調査票は調査月の翌月上旬に回収する。

5　調査の時期

調査は毎月実施する。

6　集計

(1) 主な集計事項

・世帯に関する事項

・電子マネーの利用状況

・インターネットを利用した購入状況

・特定の財（商品）・サービスへの 1 世帯当たり 1 か月間の支出金額

・インターネットを利用した 1 世帯当たり 1 か月間の支出金額

(2) 集計の手順

回収した調査票の内容は、独立行政法人 統計センターの電子計算機により集計する。

(3) 推定式

全国平均や地方別平均の推計は、層別の抽出率の逆数（線形乗率）に対して労働力調査の世帯分布結果を基に補正を行ったものをウェイトに用いて行う。

ただし、単身世帯については、線形乗率を 1 として、労働力調査の世帯分布結果を基に補正を行って、結果を推定する。

四半期及び年平均については、月別結果の単純平均として算出する。

・世帯数の推定式

$$N = \sum_i \sum_j \sum_k \alpha_{ij} C_{ik}$$

N　：世帯数

α_{ij}　：i 地方、j 都市階級の線形乗率

C_{ik}　：i 地方、k 世帯人員別（単身世帯は男女年齢階級別）補正係数

・支出金額の月平均の推定式

$$\overline{X} = \frac{\sum_i \sum_j \sum_k \sum_p X_{ijkp} \alpha_{ij} C_{ik}}{N}$$

$\overline{X}$　：m 月の支出金額の平均

X_{ijkp}　：i 地方、j 都市階級、k 世帯人員別（単身世帯は男女年齢階級別）p 世帯のある項目の支出金額

(4) 推定値の標本誤差

毎月分の集計データを用いて、2023 年平均値に対する標本誤差の推定を行った結果は、「表2 標準誤差及び標準誤差率」のとおり。

なお、標準誤差の推定方法は、以下のとおり。

① 月平均の標準誤差

月平均の標準誤差の推定は、副標本による推定方法で行っている。調査の対象世帯は、調査開始月により 12 のグループに分割できるため、これらのグループを副標本として、標準誤差を月別に以下の算式により算出する。

$$\hat{\sigma}\left(\overline{X}\right) = \sqrt{\frac{1}{12 \times (12-1)} \sum_{w=1}^{12} \left(\hat{X}_w - \overline{X}\right)^2}$$

$\hat{\sigma}\left(\overline{X}\right)$　：月平均の標準誤差

$$\hat{X}_w \qquad : w副標本の月平均$$

$$\overline{X} \qquad : 全標本の月平均$$

②　年平均の標準誤差

　　月平均の標準誤差を用いて、以下の算式により算出する。

$$\hat{\sigma}_{year}\left(\overline{X}\right) = \sqrt{\frac{\sum_{m=1}^{12} \hat{\sigma}\left(\overline{X}\right)_m{}^2}{(12)^2}}$$

$$\hat{\sigma}_{year}\left(\overline{X}\right) : 年平均の標準誤差$$

$$\hat{\sigma}\left(\overline{X}\right)_m \qquad : m月平均の標準誤差$$

なお、標準誤差率の算出は以下による。

$$標準誤差率 \quad r_X = \hat{\sigma}\left(\overline{X}\right) \div \overline{X} \times 100$$

(5)　有効回答率

　　2023年平均の有効回答率は71.7%であった。

　　2023年12月までの有効回答率の推移は「図　有効回答率の推移」のとおり。

7　調査結果の利用

　　この調査の結果は、内閣府が作成する国民経済計算（GDP）の四半期別速報（QE）において、民間消費最終支出のうち「国内家計最終消費支出」の推計に用いられている。

　　また、家計調査結果のうち購入頻度が少なく結果が安定しにくい高額消費部分について、家計消費状況調査結果等で補完して新たな結果を作成した後、指数化した「世帯消費動向指数（CTIミクロ）」の作成に用いられている。

　　なお、2023年の結果を用いて作成した結果表は、「表3　結果表一覧」のとおり。

8　その他

　　この調査は、統計法（平成19年法律第53号）に基づく一般統計調査として実施した。

表 1 地方・都市階級別調査対象世帯数、調査世帯数

地方	都市階級	調査対象世帯数 (注1)	調査世帯数 (注2)
01 北海道	1 大都市	967,372	480
	2 中都市	517,070	280
	3 小都市A	360,037	200
	4 小都市B・町村	624,584	320
02 東北	1 大都市	524,651	240
	2 中都市	1,056,627	600
	3 小都市A	965,472	600
	4 小都市B・町村	954,688	600
03 関東	1 大都市	9,058,198	4,080
	2 中都市	6,720,728	3,640
	3 小都市A	3,840,967	2,240
	4 小都市B・町村	1,680,465	1,040
04 北陸	1 大都市	330,697	200
	2 中都市	725,123	400
	3 小都市A	493,248	320
	4 小都市B・町村	476,262	320
05 東海	1 大都市	1,737,012	880
	2 中都市	1,922,295	1,120
	3 小都市A	1,762,940	1,080
	4 小都市B・町村	812,060	480
06 近畿	1 大都市	3,292,985	1,480
	2 中都市	3,080,050	1,720
	3 小都市A	2,056,701	1,200
	4 小都市B・町村	793,446	480
07 中国	1 大都市	881,448	440
	2 中都市	1,077,074	600
	3 小都市A	563,782	320
	4 小都市B・町村	603,351	360
08 四国	1 大都市	－	－
	2 中都市	769,093	400
	3 小都市A	325,830	200
	4 小都市B・町村	532,768	320
09 九州・沖縄	1 大都市	1,591,555	720
	2 中都市	1,402,261	760
	3 小都市A	1,675,663	960
	4 小都市B・町村	1,528,446	920
合計		55,704,949	30,000

（注1） 「調査対象世帯数」は令和2年国勢調査に基づく一般世帯数。なお、令和2年国勢調査（令和2年10月1日）から令和4年4月1日までの間に廃置分合のあった市町村については、都市階級を組み替えて算出している。

（注2） 「調査世帯数」は、標本として配分した世帯数である。

表2-1 標準誤差及び標準誤差率(特定の財(商品)・サービス)

(全国)

2023年平均	総世帯			二人以上の世帯			単身世帯		
	支出金額(円)	標準誤差(円)	標準誤差率(%)	支出金額(円)	標準誤差(円)	標準誤差率(%)	支出金額(円)	標準誤差(円)	標準誤差率(%)
世帯人員(人)	2.20	0.00	0.0	2.90	0.00	0.0	1.00	0.00	0.0
有業人員(人)	1.17	0.00	0.0	1.50	0.00	0.0	0.60	0.00	0.0
世帯主の年齢(歳)	59.8	0.1	0.2	61.2	0.0	0.0	57.4	0.2	0.3
50品目計	75,182	732	1.0	94,485	648	0.7	42,221	1,629	3.9
01 スマートフォン・携帯電話などの通信、通話使用料	9,274	42	0.5	11,600	45	0.4	5,301	61	1.2
02 インターネット接続料	3,606	13	0.4	4,282	14	0.3	2,451	28	1.1
03 スマートフォン・携帯電話の本体価格	1,404	51	3.6	1,721	37	2.1	863	108	12.5
04 航空運賃	1,185	49	4.1	1,265	34	2.7	1,050	114	10.9
05 宿泊料	2,716	55	2.0	3,384	48	1.4	1,578	118	7.5
06 パック旅行費(国内)	1,627	43	2.6	2,026	42	2.1	945	82	8.7
07 パック旅行費(外国)	572	46	8.0	710	52	7.3	336	87	25.9
08 国公立授業料等(幼稚園~大学、専修学校)	1,193	35	2.9	1,796	41	2.3	163	71	43.6
09 私立授業料等(幼稚園~大学、専修学校)	5,204	110	2.1	7,920	165	2.1	565	160	28.3
10 補習教育費	2,389	53	2.2	3,638	61	1.7	256	102	39.8
11 自動車教習料	408	19	4.7	638	30	4.7	15	5	33.3
12 スポーツ施設使用料	876	14	1.6	1,052	13	1.2	575	28	4.9
13 背広服	456	19	4.2	584	15	2.6	238	42	17.6
14 婦人用スーツ・ワンピース	528	18	3.4	622	16	2.6	367	34	9.3
15 和服	203	16	7.9	263	22	8.4	100	25	25.0
16 腕時計	244	17	7.0	307	22	7.2	136	29	21.3
17 装身具(アクセサリー類)	374	23	6.1	470	27	5.7	211	40	19.0
18 出産入院料	159	15	9.4	243	21	8.6	15	19	126.7
19 出産以外の入院料	1,443	34	2.4	1,872	36	1.9	709	65	9.2
20 たんす	69	4	5.8	96	5	5.2	24	5	20.8
21 ベッド	225	15	6.7	282	14	5.0	127	32	25.2
22 布団	295	12	4.1	351	11	3.1	200	29	14.5
23 机・いす(事務用・学習用)	120	7	5.8	151	7	4.6	68	15	22.1
24 食器戸棚	70	6	8.6	97	9	9.3	25	6	24.0
25 食卓セット	109	8	7.3	149	10	6.7	40	13	32.5
26 応接セット	136	11	8.1	187	14	7.5	49	17	34.7
27 楽器(部品を含む)	136	19	14.0	173	14	8.1	73	47	64.4
28 冷蔵庫	689	27	3.9	870	31	3.6	380	48	12.6
29 掃除機	259	8	3.1	325	9	2.8	145	16	11.0
30 洗濯機	578	19	3.3	782	23	2.9	228	36	15.8
31 エアコン	1,311	42	3.2	1,647	45	2.7	738	85	11.5
32 パソコン(タブレット型を含む。周辺機器・ソフトは除く)	1,009	61	6.0	1,133	30	2.6	797	157	19.7
33 テレビ	616	25	4.1	744	26	3.5	398	52	13.1
34 ビデオデッキ	91	5	5.5	123	5	4.1	37	9	24.3
35 ゲーム機(ソフトは除く)	163	16	9.8	125	5	4.0	228	41	18.0
36 カメラ(交換レンズのみを含む。使い捨てのカメラは除く)	101	8	7.9	128	9	7.0	55	16	29.1
37 ビデオカメラ	29	8	27.6	24	3	12.5	39	20	51.3
38 家屋に関する設備費・工事費・修理費	6,214	303	4.9	7,400	242	3.3	4,189	701	16.7
39 給排水関係工事費	1,945	83	4.3	2,371	84	3.5	1,219	167	13.7
40 庭・植木の手入れ代	467	24	5.1	451	18	4.0	495	56	11.3
41 自動車(新車)	10,480	475	4.5	13,704	426	3.1	4,974	1,072	21.6
42 自動車(中古車)	3,565	203	5.7	4,372	185	4.2	2,187	446	20.4
43 自動車保険料(自賠責)	516	10	1.9	634	9	1.4	314	20	6.4
44 自動車保険料(任意)	2,553	32	1.3	3,136	32	1.0	1,556	63	4.0
45 自動車以外の原動機付輸送機器	305	65	21.3	302	27	8.9	312	174	55.8
46 自動車整備費	2,918	57	2.0	3,584	44	1.2	1,780	144	8.1
47 挙式・披露宴費用	404	45	11.1	595	69	11.6	78	38	48.7
48 葬儀・法事費用	2,873	149	5.2	2,746	117	4.3	3,093	368	11.9
49 信仰関係費	1,014	53	5.2	1,137	54	4.7	803	105	13.1
50 仕送り金	2,064	63	3.1	2,278	44	1.9	1,698	150	8.8

注)1世帯1か月当たり支出金額

表2－2 標準誤差及び標準誤差率（インターネットを利用した財（商品）・サービス）

（全国）

2023年平均	総世帯 支出金額(円)	総世帯 標準誤差(円)	総世帯 標準誤差率(%)	二人以上の世帯 支出金額(円)	二人以上の世帯 標準誤差(円)	二人以上の世帯 標準誤差率(%)	単身世帯 支出金額(円)	単身世帯 標準誤差(円)	単身世帯 標準誤差率(%)
世帯人員(人)	2.20	0.00	0.0	2.90	0.00	0.0	1.00	0.00	0.0
有業人員(人)	1.17	0.00	0.0	1.50	0.00	0.0	0.60	0.00	0.0
世帯主の年齢(歳)	59.8	0.1	0.2	61.2	0.0	0.0	57.4	0.2	0.3
インターネットを利用した支出総額(22品目計)	20,132	196	1.0	23,021	133	0.6	15,196	426	2.8
51 贈答品	769	19	2.5	891	13	1.5	560	46	8.2
自宅用計	19,363	191	1.0	22,130	133	0.6	14,636	413	2.8
52 食料品	2,796	32	1.1	3,419	28	0.8	1,733	72	4.2
53 飲料	744	11	1.5	878	8	0.9	514	26	5.1
54 出前	556	14	2.5	614	9	1.5	458	32	7.0
55 家電	1,182	47	4.0	1,252	31	2.5	1,062	116	10.9
56 家具	405	27	6.7	458	11	2.4	315	68	21.6
57 紳士用衣類	527	19	3.6	595	11	1.8	410	44	10.7
58 婦人用衣類	955	17	1.8	1,200	16	1.3	537	34	6.3
59 履物・その他の衣類	453	9	2.0	599	8	1.3	205	19	9.3
60 医薬品	233	6	2.6	272	4	1.5	167	15	9.0
61 健康食品	646	9	1.4	763	9	1.2	446	18	4.0
62 化粧品	701	15	2.1	847	9	1.1	453	34	7.5
63 自動車等関係用品	376	15	4.0	459	13	2.8	233	33	14.2
64 書籍	399	11	2.8	413	5	1.2	374	29	7.8
65 音楽・映像ソフト、パソコン用ソフト、ゲームソフト	451	17	3.8	393	6	1.5	550	44	8.0
66 電子書籍	280	11	3.9	210	3	1.4	401	29	7.2
67 ダウンロード版の音楽・映像、アプリなど	371	17	4.6	234	4	1.7	603	45	7.5
68 保険	809	18	2.2	1,012	21	2.1	463	37	8.0
69 宿泊料、運賃、パック旅行費（インターネット上での決済）	2,829	70	2.5	3,377	55	1.6	1,892	158	8.4
70 宿泊料、運賃、パック旅行費（上記以外の決済）	862	21	2.4	1,121	25	2.2	420	43	10.2
71 チケット	868	21	2.4	950	12	1.3	727	50	6.9
72 上記に当てはまらない商品・サービス	2,921	61	2.1	3,065	42	1.4	2,675	144	5.4

注）1世帯1か月当たり支出金額

138

図　有効回答率の推移

表3　結果表一覧

表番号	表　名	月					四半期					年					年度				
		総世帯		二人以上の世帯		単身世帯	総世帯		二人以上の世帯		単身世帯	総世帯		二人以上の世帯		単身世帯	総世帯		二人以上の世帯		単身世帯
		全	勤	全	勤	全	全	勤	全	勤	全	全	勤	全	勤	全	全	勤	全	勤	全
	支出関連項目① インターネットを利用した1世帯当たり1か月間の支出																				
1−1	全国・地方・都市階級別			●	●		●		●		●	●	●	●	●	●	●	●	●	●	●
1−2	世帯主の年齢階級別			●	●		●		●		●	●		●		●					
1−3	世帯主の勤めか自営かの別			●			●				●	●				●					
1−4	世帯人員・就業者数別			●	●		●		●		●	●		●		●					
1−5	年間収入階級別			●	●		●		●		●	●		●		●					
1−6	住居の種類別			●	●		●		●		●	●		●		●					
1−7	世帯主の勤め先企業規模別				●			●		●			●		●						
1−8	世帯構成別											●		●							
	ICT関連項目① 電子マネーの利用状況																				
2−1	全国・地方・都市階級別						●		●		●	●		●							
2−2	世帯主の年齢階級別											●		●							
2−3	世帯主の勤めか自営かの別											●		●							
2−4	世帯人員・就業者数別											●		●							
2−5	年間収入階級別											●		●							
2−6	住居の種類別											●		●							
2−7	世帯主の勤め先企業規模別												●		●						
2−8	世帯構成別											●									
	支出関連項目② 特定の財（商品）・サービスの1世帯当たり1か月間の支出																				
3−1	全国・地方・都市階級別			●	●		●	●	●	●	●	●	●	●	●	●	●	●	●	●	●
3−2	世帯主の年齢階級別			●	●		●	●	●	●	●	●		●		●					
3−3	世帯主の勤めか自営かの別			●			●				●	●				●					
3−4	世帯人員・就業者数別			●	●		●		●		●	●		●		●					
3−5	年間収入階級別			●	●		●	●	●	●	●	●		●		●					
3−6	住居の種類別			●	●		●	●	●	●	●	●		●		●					
3−7	世帯主の勤め先企業規模別				●			●		●			●		●						
3−8	世帯構成別											●		●							
	ICT関連項目② インターネットを利用した購入状況																				
4−1	全国・地方・都市階級別											●		●		●					
4−2	世帯主の年齢階級別											●		●		●					
4−3	世帯主の勤めか自営かの別											●		●		●					
4−4	世帯人員・就業者数別											●		●							
4−5	年間収入階級別											●		●		●					
4−6	住居の種類別											●		●		●					
4−7	世帯主の勤め先企業規模別												●		●						
4−8	世帯構成別											●									
	世帯分布																				
5−1	全国・地方・都市階級別			●	●		●	●	●	●	●	●	●	●	●	●					
5−2	世帯主の年齢階級別			●	●		●	●	●	●	●	●	●	●	●	●					
5−3	世帯主の勤めか自営かの別			●			●				●	●				●					
5−4	世帯人員・就業者数別			●	●		●		●		●	●		●		●					
5−5	年間収入階級別			●	●		●	●	●	●	●	●	●	●	●	●					
	支出世帯1世帯当たり1か月間の支出金額及び支出世帯の割合																				
6−1	全国・地方・都市階級別支出世帯1世帯当たり1か月間の支出金額			●	●		●	●	●	●	●	●	●	●	●	●					
6−2	全国・地方・都市階級別支出世帯の割合（10000世帯当たり）			●	●		●	●	●	●	●	●	●	●	●	●					

II　用語の説明

総世帯
　二人以上の世帯と単身世帯を合わせたもの

地方
　北海道
　　北海道
　東北
　　青森県、岩手県、宮城県、秋田県、山形県、福島県
　関東
　　茨城県、栃木県、群馬県、埼玉県、千葉県、東京都、
　　神奈川県、山梨県、長野県
　北陸
　　新潟県、富山県、石川県、福井県
　東海
　　岐阜県、静岡県、愛知県、三重県
　近畿
　　滋賀県、京都府、大阪府、兵庫県、奈良県、和歌山県

　中国
　　鳥取県、島根県、岡山県、広島県、山口県
　四国
　　徳島県、香川県、愛媛県、高知県
　九州・沖縄
　　福岡県、佐賀県、長崎県、熊本県、大分県、宮崎県、
　　鹿児島県、沖縄県

都市階級
　全国の市町村及び東京都区部を人口規模により、四つ
　の階級に分けて集計（人口は、令和2年国勢調査による。）
　大都市（政令指定都市及び東京都区部）
　中都市（大都市を除く人口15万以上の市）
　小都市A（人口5万以上15万未満の市）
　小都市B・町村（人口5万未満の市及び町村）

（支出関連項目①）

インターネットを利用して購入した財（商品）・サービス
　インターネット上で財（商品）・サービスの注文や予約をした場合をいう。
　店頭で直接注文や予約をした場合は除く。

【贈答用】
［贈答品］
　自分の世帯（住居と生計を共にする人）以外の他の世帯へ贈与する品物。お中元・お歳暮、他の世帯へのお祝い品など。

【自宅用】
［食料］
　食料品
　　飲料・出前以外の食用のもの。健康食品は除く。
　飲料
　　乳製品、薬用品以外の飲み物（素材となる茶の葉や、粉末なども含む。）。酒類を含む。また、缶・瓶・パック・ペットボトル入りも含む。
　出前
　　飲食店から提供されるもの。弁当、宅配のピザなど。インターネット予約による外食も含む。

［家電］
　家電
　　掃除機などの家事用耐久財、冷暖房用器具、パソコンなどの教養娯楽用耐久財、ゲーム機本体などの教養娯楽用品、携帯電話などの通信機器、ガス器具、電子楽器、周辺機器や部品、消耗品を含む。

［家具］
　家具
　　一般家具（食卓セットなど。）、室内装備・装飾品（照明器具、カーテンなど。）、寝具類（ベッド、布団など。）など。

［衣類・履物］
　紳士用衣類
　　中学生以上の男性用の衣類。和服も含む。
　婦人用衣類
　　中学生以上の女性用の衣類。和服も含む。アクセサリーは除く。
　履物・その他の衣類
　　履物類、紳士用衣類及び婦人用衣類以外の身に着けるもの（帽子、ネクタイ、靴下など。）。乳児から小学生までを対象とした子供用衣類（和服も含む。）

［保健・医療］
　医薬品
　　医薬品及び医薬部外品。錠剤、ドリンク剤など形状は問わない。
　健康食品
　　栄養成分の補給など保健・健康増進のために用いる食品であって、錠剤、カプセル、か粒状、粉末状、粒状、液（エキス）状など通常の医薬品に類似する形態をとるもの。サプリメントなど。

［化粧品］
　化粧品
　　化粧クリーム、化粧水、ファンデーション、口紅、

香水、白髪染めなど。洗顔石けん、シャンプーなど
は除く。

[自動車等関係用品]
　自動車等関係用品
　　　自動車、オートバイ、自転車などの輸送機器（中
　　古品も含む。）。それらの維持、使用のために必要な
　　商品及びサービスに関する支出を含む。部品も含む。

[書籍]
　書籍
　　　新聞、雑誌、カレンダーなどの印刷物や書籍。古
　　本も含む。電子書籍は除く。

[音楽・映像ソフト、パソコン用ソフト、ゲームソフト]
　音楽・映像ソフト、パソコン用ソフト、ゲームソフト
　　　録音・録画されている各種記録媒体。レンタルし
　　たものも含む。

[デジタルコンテンツ]
　電子書籍
　　　パソコンや携帯電話、タブレット型端末などで読
　　むタイプの書籍（新聞・雑誌などを含む。）

　ダウンロード版の音楽・映像、アプリなど
　　　ダウンロードした音楽・映像、ソフト・アプリ。
　　レンタルしたものも含む。

[保険]
　保険
　　　生命保険、医療保険、自動車保険、火災保険など。
　　保険掛金は、掛け捨て型のみ。積立型は除く。イン
　　ターネットで購入又は手続した各種保険（コンビニ
　　エンスストアなどでの支払も含む。）

[旅行関係費]
　宿泊料、運賃、パック旅行費（インターネット上での
　決済）
　　　ホテル、旅館などの宿泊料、鉄道、航空運賃など
　　の運賃、パック旅行費（インターネットで決済まで
　　済ませた場合）。出張のために支払った費用は除く。

　宿泊料、運賃、パック旅行費（上記以外の決済）
　　　ホテル、旅館などの宿泊料、鉄道、航空運賃など
　　の運賃、パック旅行費（インターネットでは予約の
　　みで決済を行わなかった場合）。出張のために支払
　　った費用は除く。

[チケット]
　チケット
　　　映画、演劇、コンサート、スポーツ観戦などの入
　　場チケット料金や、観覧チケット料金。商品券など
　　は除く。

[その他]
　上記に当てはまらない商品・サービス
　　　上記の贈答品からチケットまでに該当しない全
　　てのもの。財産の購入・移動・投資・寄付に当たる
　　ものは除く。

（ICT関連項目）

電子マネー
　　　この調査での「電子マネーの利用」とは、事前に
　　現金と引換えに金銭的価値が発行されたICカー
　　ドやプリペイドカードなどの利用をいう。
　　　後払い（ポストペイ）方式のICカードなどの利
　　用は含めない。また、電子マネーにチャージ（入金）
　　しただけ又は定期券としての利用だけで、他の利用
　　がなかった場合も電子マネーの利用に含めない。

＜電子マネーに含める例＞
Suica、ICOCA、PASMO、nanaco、WAON、楽天
Edy、WebMoney、BitCash、クオカードなど。

[電子マネーの利用金額のうち鉄道及びバスでの
1世帯当たり平均利用金額]
　　定期券の購入金額を除く。

（支出関連項目②）

特定の財（商品）・サービス
　[通信]
　　スマートフォン・携帯電話などの通信、通話使用料
　　　スマートフォン・携帯電話などの基本使用料
　　　及び通話料、オプションサービスの利用料。パ
　　　ケット料金を含む。

インターネット接続料
　　　インターネット接続料（ADSL、ISDN、
　　光ファイバーなど。）の利用料や、プロバイダー
　　料金（加入料及びプロバイダーの契約が通信料
　　込みも含む。）。ケーブルテレビなどとセット契
　　約している場合も含む。モバイルWi-Fi通信料
　　も含む。

スマートフォン・携帯電話の本体価格
プリペイド携帯、機種変更に関する費用を含む。レンタル・リースは除く。

[旅行関係]
航空運賃
航空機利用に係る各種料金。燃油サーチャージを含む。回数券も含む。出張のために支払った費用は除く。

宿泊料
宿泊に係る各種料金。出張のために支払った費用は除く。

パック旅行費（国内・外国）
交通費、宿泊費など一括のもの。出張のために支払った費用は除く。

[教育、教養娯楽]
国公立授業料等（幼稚園～大学、専修学校）
私立授業料等（幼稚園～大学、専修学校）
幼稚園・保育園・認定こども園（3歳以上）、小学校、中学校、高校、大学（短期大学、高等専門学校、大学院を含む。）、専修学校（高等専修学校、専門学校）が対象

補習教育費
学習塾、予備校、補習のための通信添削の費用（教材を含む。）、家庭教師への月謝、模擬テスト代

自動車教習料
自動車学校や自動車教習所の入学金、入所料及び合宿料

スポーツ施設使用料
スポーツクラブの入会金・会員権・会費、フィットネスクラブ使用料など。

[衣類等]
背広服
中学生以上の男性用のスーツ、礼服。制服や単品（上着のみ、ズボンのみ。）は除く。

婦人用スーツ・ワンピース
中学生以上の女性用のスーツ、ワンピース、ドレス。制服や単品（上着のみ、スカートのみ、スラックスのみ。）は除く。

和服
男性・女性用の和服（着物、帯など。）。祭り用、和服用下着、帯地、子供用着物を含む。

腕時計
懐中時計、ペンダント時計、指輪時計を含む。

装身具（アクセサリー類）
指輪、ネックレス、イヤリング、ブローチ、ピアス、宝石、貴金属類、ネクタイピン、装身具用造花（コサージュ）など。

[医療]
出産入院料
出産に伴う入院に係る一切の費用（出産育児一時金を差し引かない金額）

出産以外の入院料
出産以外の入院に係る一切の費用。長期入院（3か月以上）している世帯員以外の親族などへの入院費を直接支払っている場合を含む。人間ドックなどの健康診断のための入院は除く。

[家具等]
たんす
和・洋だんす、整理だんす、ベビーダンス、チェスト、ワードローブなど。

ベッド
ウォーターベッド、パイプベッド、子供用ベッドを含む。ソファーベッドは除く。

布団
組ふとん、かいまき、肌掛ふとんなど。乳児用寝具は除く。

机・いす（事務用・学習用）
座机、事務用机、事務用いす、学習机、学習用いすなど。食卓及び座卓などは除く。

食器戸棚
サイドボード、茶だんす、ダイニングボード、リビングボード、カップボードなど。

食卓セット
主に食事用として利用するもの。単品（食卓のみ、食卓用いすのみ。）を含む。

応接セット
主に応接用として利用するもの。単品（ソファーのみ、テーブルのみ。）を含む。

楽器（部品を含む）
アップライトピアノ、オルガン、ギター、ギター弦、電子楽器、バイオリン、トランペット、ハーモニカ、ドラム、琴、三味線など。部品を含む。

[家電等]
冷蔵庫
冷蔵冷凍庫、低温貯蔵庫（米蔵、ワインセラー）など。冷凍庫を含む。

掃除機
　ロボット型・スティック型・ハンディ型、充電式を含む。

洗濯機
　乾燥機付き洗濯機、ガス乾燥機、脱水機を含む。

エアコン
　冷房、暖房機能を備えたもの、冷房専用を含む。取付代は除く。

パソコン（タブレット型を含む。周辺機器・ソフトは除く）
　本体を購入した際にセットで購入したディスプレイやキーボード、バッテリーなどを含む。その他の周辺機器・パソコン用ソフト・消耗品を別に購入した場合は除く。

テレビ
　携帯型は除く。

ビデオデッキ
　ＤＶＤやブルーレイのレコーダー、再生機など、テレビに接続して映像の録画・再生に使用するもの。携帯型は除く。オーディオ系機器との一体型及びスピーカー付きなどのセットは除く。

ゲーム機（ソフトは除く）
　携帯型、据置き型のテレビゲーム機本体。また、ソフトや付属品（コントローラーなど。）とのセット販売のものも含む。ゲームソフトは除く。

カメラ（交換レンズのみを含む。使い捨てのカメラは除く）
　交換レンズのみを含む。周辺機器及び修理代は除く。

ビデオカメラ
　周辺機器及び修理代は除く。

[住宅関係]
家屋に関する設備費・工事費・修理費
　家屋の内装・外装（門、塀、柵などを含む。）に関する設備、器具類及び設備工事、修理のための費用（修繕材料費は除く。）。増改築は除く。

給排水関係工事費
　台所、浴室、洗面所、トイレ、水道、排水管などの水回り設備に関する工事費、修繕維持費、保守点検費

庭・植木の手入れ代
　植木や庭の維持、管理に必要なサービスに関するもの。庭・植木のせん定代、造園料金など。

[自動車等関係]
自動車（新車・中古車）
　購入時の標準装備品を含めた本体価格（環境性能割を含む。）。買替えによる下取がある場合は、下取り額を差し引いた金額。新古車は中古車に含む。

自動車保険料（自賠責）
　自動車損害賠償責任保険（自賠責）の保険料。購入時及び車検時にかかる自動車保険料

自動車保険料（任意）
　自賠責以外の任意加入保険の保険料

自動車以外の原動機付輸送機器
　自動車以外の原動機付きの乗物（オートバイなど）で、購入時の標準装備品を含めた本体価格（取得税を含む。）。中古購入を含む。

自動車整備費
　自動車本体の整備、修理に必要なサービスに関するもの。車検などの技術料を含む。自動車関連用品の取付代・修理代や自動車部品代は除く。

[その他]
挙式・披露宴費用
　新郎・新婦にかかる婚礼費用。世帯員以外の新郎又は新婦のために、直接式場などに支払った場合を含む。宿泊費、交通費、お祝い金は除く。

葬儀・法事費用
　葬儀・法事の施主として行った費用。宿泊費、交通費、香典料は除く。

信仰関係費
　信仰関係にかかる一切の費用。寺・神社などへの寄付、仏壇、神棚、祭具、墓石等を含む。

仕送り金
　世帯員以外の方に対し、生活費、家賃、授業料などのために継続的に送金したお金。家賃や授業料などを直接支払った場合は除く。

III 調査票様式 調査票 A

政府統計
統計法に基づく国の統計調査です。調査票情報の秘密の保護に万全を期します。

㊙ 一般統計調査

単位区符号	市町村番号	地点番号	世帯番号

調査開始年月	年 月	調査員氏名	

総務省統計局

この調査は、総務省統計局が(一社)新情報センターに委託して実施する統計調査です。
秘密の保護には万全を期していますので、ありのままをご記入ください。

調査実施:(一社)新情報センター
住所:東京都渋谷区恵比寿1-19-15
電話: 0120-00-4612(通話料無料)

家 計 消 費 状 況 調 査

調 査 票 A

（ 二 人 以 上 の 世 帯 ）

● 記入に当たっては『調査世帯のみなさまへ』などを参考にし、黒のボールペン又は鉛筆で記入してください。

● 選択肢に番号が付されている項目については、**当てはまるものの番号を〇で囲んでください。**

◎「**世帯**」とは、住居と生計を共にする人の集まりをいいます。家族であっても、3か月以上、学業あるいは仕事の関係などで自宅を不在にしている方や、入院をしている方は、この調査でいう「あなたの世帯」の世帯員には含めないでください。

---

1. あなたの世帯について

あなたの世帯の調査開始月の15日の状況についてお答えください。

（1）**世帯主の男女の別**（「世帯主」とは、**家計の主たる収入を得ている人**をいいます）

1 男	2 女

（2）**世帯主の年齢**

歳

（3）**世帯主の就業・非就業の別**
（ふだんパートタイムやアルバイト、内職をしている方は「**就業**」とします）

1 就業	2 非就業

「1 就業」と答えた方は、**(4)へ**、「2 非就業」と答えた方は、**次ページ(6)へ**進んでください

（4）**世帯主の勤めか自営かの別**

1	雇用されている人
2	会社などの役員
3	自営業主・その他

「2 会社などの役員」「3 自営業主・その他」と答えた方は、**次ページ(6)へ**進んでください

[「自営業主・その他」とは、個人で事業を経営している人（農家などを含む）や自由業の人などをいいます]

「1 雇用されている人」と答えた方のみ**(5)へ**進んでください

（5）**勤め先の企業全体の従業者数**

1	1人～4人	2	5人～9人	3	10人～29人
4	30人～99人	5	100人以上	6	官 公

[労働者派遣事業所の派遣社員の方は、**派遣先**の企業全体の従業者数をお答えください]

次ページへ進んでください

（6）世帯主の配偶者の有無

1　有	2　無

「2 無」と答えた方は**(8)**へ
進んでください

（7）世帯主の配偶者の就業・非就業の別

1　就業	2　非就業

（ふだんパートタイムやアルバイト、内職を
している方は「**就業**」とします）

（8）年齢別世帯員の人数（<u>記入者を含む</u>**世帯全体の状況**を記入してください）

	19歳以下	20歳〜39歳	40歳〜64歳	65歳以上
世帯員数	人	人	人	人
世帯員のうち 就業者の数	人	人	人	人
世帯員のうち 在学者の数	人	人	人	人

※学業や仕事の関係、又は入院などで3か月以上自宅に不在の方は、**含めないで**ください
※**就業者**には、ふだんパートタイムやアルバイト、内職をしている方も含みます
※**在学者**には、3歳未満の保育園児、予備校生、遊学中の学生・生徒は**含めないで**ください
※ふだん**アルバイトをしている在学者**は、<u>就業者及び在学者の**それぞれに含めます**</u>

（9）世帯全体の年間収入（過去1年間の税込みの収入総額）

1	100万円未満	8	700万円 〜 800万円未満
2	100万円 〜 200万円未満	9	800万円 〜 900万円未満
3	200万円 〜 300万円未満	10	900万円 〜 1000万円未満
4	300万円 〜 400万円未満	11	1000万円 〜 1250万円未満
5	400万円 〜 500万円未満	12	1250万円 〜 1500万円未満
6	500万円 〜 600万円未満	13	1500万円 〜 2000万円未満
7	600万円 〜 700万円未満	14	2000万円以上

（10）住居の種類

1	持ち家	4	民営の賃貸住宅
2	都道府県・市区町村営の賃貸住宅	5	給与住宅（社宅・公務員住宅など）
3	都市再生機構・公社などの賃貸住宅	6	その他

（11）住宅ローンの有無

1　有	2　無

２．電子マネーの利用状況について

あなたの世帯における電子マネーの利用状況についてお答えください。

● ここでの「電子マネーの利用」とは、事前に現金と引き換えに金銭的価値が発行されたＩＣカードやプリペイドカードなど（次の例を参照）の利用をいいます。

例）Suica、PiTaPa（チャージ利用分のみ）、PASMO、nanaco、WAON、Edy、WebMoney、BitCash、クオカード

● なお、ここでの「電子マネーの利用」には、キャッシュカード、クレジットカード、デビットカードの利用や後払い（ポストペイ）方式のＩＣカードなどの利用は**含めない**でください。

また、図書カードなどのように特定の商品・サービスしか購入できないプリペイドカードなどの利用も含めないでください。

● 事業を営んでいる世帯で、事業で利用したものは含めないでください。

（１）電子マネーを持っている方がいますか。

（２）今月１か月間（１日～末日）に電子マネーを利用した方がいますか。

次ページへ進んでください

3．インターネットを利用した購入状況について

（1）あなたの世帯では、今月１か月間（１日～末日）に、インターネットを利用して商品・サービスを購入しましたか。　（インターネットを情報収集のみに利用した場合は**含めない**でください）

● スマートフォン・携帯電話・タブレット型端末などからの利用も含みます。

| 1　した | 2　しなかった | ⟹ | 「2しなかった」と答えた方は、**記入は終わり**です |

（2）インターネットを利用して購入した方別に、インターネットを利用して商品・サービスを購入した際の、今月１か月間の購入金額（消費税込み）及び**最も多く購入に使用した機器**を記入してください。

● 購入金額の合計は、調査票B「3．インターネットを利用した商品・サービスの購入金額」の（2）の購入金額の合計と一致します。
● 購入金額の記入に当たっては、支払明細書やネット上の購入履歴を参照してください。
● 送料は除きます。（ただし、送料を除けない場合は、送料込みの購入金額を記入してください）
● 事業を営んでいる世帯で、事業用に購入したものは購入金額には含めないでください。

	購入金額	最も多く購入に使用した機器
世帯主	円	1　パソコン(家族所有) 2　パソコン(家族所有以外。公共スペースに置いてあるものなど) 3　スマートフォン・携帯電話 4　タブレット型端末 5　その他(インターネットに接続できるテレビ、家庭用ゲーム機など)
世帯主の配偶者	円	1　パソコン(家族所有) 2　パソコン(家族所有以外。公共スペースに置いてあるものなど) 3　スマートフォン・携帯電話 4　タブレット型端末 5　その他(インターネットに接続できるテレビ、家庭用ゲーム機など)
その他の世帯員(合計)	円	1　パソコン(家族所有) 2　パソコン(家族所有以外。公共スペースに置いてあるものなど) 3　スマートフォン・携帯電話 4　タブレット型端末 5　その他(インターネットに接続できるテレビ、家庭用ゲーム機など)
世帯合計	円	

〔購入金額の合計は、調査票B「3．インターネットを利用した商品・サービスの購入金額」の（2）の購入金額の合計と**一致**します。〕

ご協力ありがとうございました。記入もれがないかもう一度確認をお願いいたします。

通信欄(お気付きの点がありましたら、ご記入ください)

⑬

単位区符号	市町村番号	地点番号	世帯番号

調査開始年月	年　　月	調査員氏名	

政府統計
統計法に基づく国の
統計調査です。調査票
情報の秘密の保護に
万全を期します。

㊙　一般統計調査

総務省統計局

この調査は、総務省統計局が民間調査機関
に委託して実施する統計調査です。
秘密の保護には万全を期していますので、ありのままをご記入ください。

調査実施:
住所:
電話:

家 計 消 費 状 況 調 査

調 査 票　Ａ

（ 単 身 世 帯 ）

● 記入に当たっては『調査世帯のみなさまへ』などを参考にし、黒のボールペン又は鉛筆で記入してください。

● 選択肢に番号が付されている項目については、**当てはまるものの番号を〇で囲んでください。**

■1．あなたについて

あなたの調査開始月の15日の状況についてお答えください。

（1）**男女の別**

1　男	2　女

（2）**年齢**

	歳

（3）**就業・非就業の別**
（ふだんパートタイムやアルバイト、内職をしている方は「**就業**」とします）

1　就業	2　非就業

「1 就業」と答えた方は、(4)へ、「2 非就業」と答えた方は、**次ページ(6)へ**進んでください

（4）**勤めか自営かの別**

1	雇用されている人
2	会社などの役員
3	自営業主・その他

「2 会社などの役員」「3 自営業主・その他」と答えた方は、
次ページ(6)へ進んでください

「自営業主・その他」とは、個人で事業を経営している人
（農家などを含む）や自由業の人などをいいます

「1 雇用されている人」と答えた方のみ**(5)へ**進んでください

（5）**勤め先の企業全体の従業者数**

1　　1人～4人	2　　5人～9人	3　　10人～29人
4　　30人～99人	5　　100人以上	6　　官　公

労働者派遣事業所の派遣社
員の方は、**派遣先**の企業全
体の従業者数をお答えくださ
い

次ページへ進んでください

（6）年間収入（過去1年間の税込みの収入総額）

1	100万円未満
2	100万円　〜　200万円未満
3	200万円　〜　300万円未満
4	300万円　〜　400万円未満
5	400万円　〜　500万円未満
6	500万円　〜　600万円未満
7	600万円　〜　700万円未満
8	700万円　〜　800万円未満
9	800万円　〜　900万円未満
10	900万円　〜　1000万円未満
11	1000万円　〜　1250万円未満
12	1250万円　〜　1500万円未満
13	1500万円　〜　2000万円未満
14	2000万円以上

（7）住居の種類

1	持ち家
2	都道府県・市区町村営の賃貸住宅
3	都市再生機構・公社などの賃貸住宅
4	民営の賃貸住宅
5	給与住宅（社宅・公務員住宅など）
6	その他

（8）住宅ローンの有無

1	有
2	無

■2．電子マネーの利用状況について

あなたの電子マネーの利用状況についてお答えください。

● ここでの「電子マネーの利用」とは、事前に現金と引き換えに金銭的価値が発行されたＩＣカードやプリペイドカードなど（次の例を参照）の利用をいいます。

　例）Suica、PiTaPa（チャージ利用分のみ）、PASMO、nanaco、WAON、Edy、WebMoney、BitCash、クオカード

● なお、ここでの「電子マネーの利用」には、キャッシュカード、クレジットカード、デビットカードの利用や後払い（ポストペイ）方式のＩＣカードなどの利用は**含めない**でください。

　また、図書カードなどのように特定の商品・サービスしか購入できないプリペイドカードなどの利用も含めないでください。

● 事業を営んでいる世帯で、事業で利用したものは含めないでください。

（1）電子マネーを持っていますか。

1　いる	2　いない

「2 いない」と答えた方は次ページ「■3. インターネットを利用した購入状況について」へ進んでください

（2）今月1か月間（1日〜末日）に電子マネーを利用しましたか。

1　した	2　しなかった

「2 しなかった」と答えた方は次ページ「■3. インターネットを利用した購入状況について」へ進んでください

① 利用金額はおよそいくらでしたか。

十万　万　千　百　十　一
　　　　　　　　0　0　円

※電子マネーの利用が**すべて**対象となります
※百円単位で記入してください

② 利用金額のうち、鉄道及びバスでの利用金額はいくらでしたか。

十万　万　千　百　十　一
　　　　　　　　　　　円

※**交通機関で利用できる**ICカード（Suica など）が対象となります
※定期券を購入した分は**除いて**ください
※利用がなかった場合は、「0」を記入してください

次ページへ進んでください

３．インターネットを利用した購入状況について

（１）あなたは、今月１か月間（１日～末日）に、インターネットを利用して商品・サービスを購入しました
か。　（インターネットを情報収集のみに利用した場合は**含めない**でください）

● スマートフォン・携帯電話・タブレット型端末などからの利用も含みます。

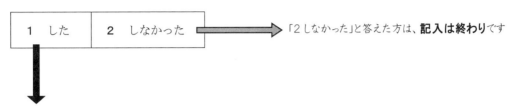

1　　した	2　　しなかった

「２しなかった」と答えた方は、**記入は終わり**です

（２）インターネットを利用して商品・サービスを購入した際の、今月１か月間の購入金額（消費税込み）
及び<u>最も多く</u>購入に使用した機器を記入してください。

● 購入金額の合計は、調査票Ｂ「３．インターネットを利用した商品・サービスの購入金額」の（２）
の購入金額の合計と一致します。
● 購入金額の記入に当たっては、支払明細書やネット上の購入履歴を参照してください。
● 送料は除きます。　（ただし、送料を除けない場合は、送料込みの購入金額を記入してください）
● 事業を営んでいる世帯で、事業用に購入したものは購入金額には含めないでください。

購入金額	最も多く購入に使用した機器
円	1　パソコン（あなたの所有） 2　パソコン（上記以外。公共スペースに置いてあるものなど） 3　スマートフォン・携帯電話 4　タブレット型端末 5　その他（インターネットに接続できるテレビ、家庭用ゲーム機など）

（購入金額の合計は、調査票Ｂ「３．インターネットを利用した商品・
サービスの購入金額」の（２）の購入金額の合計と**一致**します。）

ご協力ありがとうございました。記入もれがないかもう一度確認をお願いいたします。

通信欄（お気付きの点がありましたら、ご記入ください）

⑬

調査票　B

単位区符号	市町村番号	地点番号	世帯番号

	調査開始年月	年　　月	調査員氏名	

政府統計 ㊙ 一般統計調査

総務省統計局

この調査は、総務省統計局が民間調査機関
に委託して実施する統計調査です。
秘密の保護には万全を期していますので、ありのままをご記入ください。

調査実施:
住所:
電話:

家 計 消 費 状 況 調 査

調 査 票　B

□□ 月分

（ 訪問 ・ 郵送 ）

（二人以上の世帯、単身世帯共通）

● 記入に当たっては『**調査世帯のみなさまへ**』などを参考にし、黒のボールペン又は鉛筆で記入してください。
● 選択肢に番号が付されている項目については、**当てはまるものの番号を〇で囲んでください。**

◎ 「**世帯**」とは、住居と生計を共にする人の集まりをいいます。家族であっても、3か月以上、学業あるいは仕事
の関係などで自宅を不在にしている方や、入院をしている方は、この調査でいう「あなたの世帯」の世帯員には
含めないでください。

■1. 「あなたの世帯について」の前月からの変更　　　調査開始月は、このページには何も記入しないでください

調査開始月に調査票Aでお答えいただいた、次の事項について、前月16日から今月15日の間に変更がありましたか。

＜調査票A　「■1. あなたの世帯について」でお答えいただいた事項＞
世帯主の男女の別、世帯主の年齢、世帯主の就業・非就業の別、世帯主の勤めか自営かの別、世帯主の勤め先の企業
全体の従業者数、世帯全体の年間収入、住居の種類、住宅ローンの有無、(以下二人以上の世帯のみ) 世帯主の配偶者
の有無、世帯主の配偶者の就業・非就業の別、年齢別世帯員の人数

1	変 更 は な い（**世帯主や世帯員の加齢による年齢の変更の場合は「1」とします**）
2	単身世帯から二人以上の世帯となった、又は二人以上の世帯から単身世帯となった　＊
3	世帯主や配偶者に関する事項に変更があった　＊
4	次の(1)～(3)の事項についての変更があった （「2」・「3」の変更もあった場合は、「2」・「3」も〇で囲んでください）

「1」「2」「3」と答えた方は、
次ページへ進んでください

＊「2」「3」と答えた方には、
後日、確認のための問い
合わせをいたします

（「4」の場合は、変更があった項目にのみ変更後の状況を記入してください）

（1）年齢別世帯員の人数

	19歳以下	20歳～39歳	40歳～64歳	65歳以上
世帯員数	人	人	人	人
世帯員のうち 就業者の数	人	人	人	人
世帯員のうち 在学者の数	人	人	人	人

※学業や仕事の関係、又は入院などで3か月以上自宅に不在の方は、**含めないで**ください
※**就業者**には、ふだんパートタイムやアルバイト、内職をしている方も含みます
※**在学者**には、3歳未満の保育園児、予備校生、遊学中の学生・生徒は**含めない**でください
※ふだん**アルバイトをしている在学者**は、就業者及び在学者の**それぞれに含めます**

（2）住居の種類

1	持ち家	4	民営の賃貸住宅
2	都道府県・市区町村営の賃貸住宅	5	給与住宅（社宅など）
3	都市再生機構・公社などの賃貸住宅	6	その他

（3）住宅ローンの有無

1	有	2	無

次ページへ進んでください

２．特定の商品・サービスの購入金額

（１）あなたの世帯では、今月１か月間（１日～末日）に、０１から５０までの商品・サービスを購入しましたか。

1　した	2　しなかった

➡ 「２しなかった」と答えた方は **4ページ「3. インターネットを利用した商品・サービスの購入金額」**へ進んでください

（２）０１から５０までの商品・サービスを購入した際の、今月１か月間の「購入金額」（世帯全体の合計。消費税込み）と「支払い方法、購入日など」を記入してください。

● クレジットカード、掛買い又は月賦で購入した場合は、月々の支払い金額ではなく、**購入した商品・サービスの総額を、購入した月**に記入してください。

● 事業を営んでいる世帯で、事業用に購入したものは購入金額には含めないでください。

商品・サービス名		購入金額（円） （　　　月分）	支払い方法、購入日　など
◇　通信、旅行関係　（０１、０２については、支払いの有無のいずれかを〇で囲んでください）			
０１	スマートフォン・携帯電話などの通信、通話使用料　有・無 →		
０２	インターネット接続料（ケーブルテレビなどとセット契約している場合も含む）　有・無 →		
０３	スマートフォン・携帯電話の本体価格		
０４	航空運賃（燃油サーチャージを含む）		
０５	宿泊料		
０６	パック旅行費　国内		
０７	パック旅行費　外国		
◇　教育、教養娯楽			
０８	授業料等（幼稚園～大学、専修学校）　国公立		
０９	私立		
１０	補習教育費（学習塾・予備校・通信添削などにかかる費用）		
１１	自動車教習料		
１２	スポーツ施設使用料		
◇　衣類など			
１３	背広服（上着のみ、ズボンのみは除く）		
１４	婦人用スーツ・ワンピース（上着のみ、スカートのみは除く）		
１５	和服（着物、帯など）		
１６	腕時計		
１７	装身具（宝石、貴金属類、ネクタイピンなどを含むアクセサリー類）		
◇　医療			
１８	入院料　出産入院料		
１９	出産以外の入院料		

商品・サービス名	購入金額（円）	支払い方法、購入日　など
◇　家具、家電		
20 たんす（チェスト、ワードローブ）		
21 ベッド		
22 布団		
23 机・いす（事務用・学習用）		
24 食器戸棚（サイドボード、茶だんす、カップボード）		
25 食卓セット（単品のみを含む）		
26 応接セット（単品のみを含む）		
27 楽器（部品を含む）		
28 冷蔵庫（冷凍庫を含む）		
29 掃除機（ロボット型・スティック型・ハンディ型を含む）		
30 洗濯機（乾燥機、脱水機を含む）		
31 エアコン		
32 パソコン（タブレット型を含む。周辺機器・ソフトは除く）		
33 テレビ		
34 ビデオデッキ（DVDやブルーレイのレコーダー、再生機など）		
35 ゲーム機（ソフトは除く）		
36 カメラ（交換レンズのみを含む。使い捨てのカメラは除く）		
37 ビデオカメラ		
◇　住宅、自動車		
38 家屋に関する設備費・工事費・修理費（内装、外装、門・塀・柵など。増改築は除く）		
39 給排水関係工事費（台所、浴室、トイレ、配水管の修繕維持・保守点検など）		
40 庭・植木の手入れ代（庭・植木のせん定代、造園料金など）		
41 自動車　新車　※購入月に全額を記入		
42 自動車　中古車　※購入月に全額を記入		
43 自動車保険料　自賠責　※車検・購入時に要記入		
44 自動車保険料　任意		
45 自動車以外の原動機付輸送機器（オートバイなど）		
46 自動車整備費（修理代、車検などの技術料）		
◇　冠婚葬祭、仕送り金		
47 挙式・披露宴などの婚礼費用（宿泊費、交通費、お祝い金は除く）		
48 葬儀・法事費用（施主にかかる費用。宿泊費、交通費、香典料は除く）		
49 信仰関係費（仏壇、神棚、墓石の費用、寺・神社などへの寄付など）		
50 仕送り金（世帯外の人への生活費、家賃、授業料などの継続的な送金。家賃や授業料を直接支払った場合は除く）		

次ページへ進んでください

3．インターネットを利用した商品・サービスの購入金額

（1）あなたの世帯では、今月1か月間（1日～末日）に、<u>インターネットを利用して</u>何か商品・サービスを購入しましたか。（スマートフォン・携帯電話・タブレット型端末などからの利用も含みます）

1	した	2	しなかった

➡ 「2しなかった」と答えた方は、**記入は終わりです**

（2）<u>インターネットを利用して</u>商品・サービスを購入した際の、今月1か月間の購入金額（消費税込み）の総額を記入してください。（ポイント利用での支払い分は**含めず**、現金やクレジットカードなどでの購入分を記入してください）

● 購入金額の記入に当たっては、支払明細書やネット上の購入履歴を参照してください。
● 送料は除きます。（ただし、送料を除けない場合は、送料込みの購入金額を記入してください）
● 事業を営んでいる世帯で、事業用に購入したものは購入金額には含めないでください。

まず、贈答用として購入したものを記入してください

		（　　　　月分）	購入金額（円）
5 1	贈答品（お中元・お歳暮、他の世帯へのお祝い品など）		

以下は自宅用として購入したものを記入してください

		商品・サービス名	購入金額（円）
5 2	食料	食料品（健康食品は61へ）	
5 3		飲料（酒類を含む）	
5 4		出前（弁当、宅配のピザなど。外食を含む）	
5 5	家電（ガス器具、電子楽器、周辺機器や部品、消耗品を含む）		
5 6	家具（一般家具、照明器具、カーテン、寝具類など）		
5 7	衣類・履物	紳士用衣類（中学生以上、和服を含む）	
5 8		婦人用衣類（中学生以上、和服を含む。アクセサリーは72へ）	
5 9		履物・その他の衣類（子供用衣類、帽子、ネクタイ、靴下など）	
6 0	保健・医療	医薬品（医薬部外品を含む）	
6 1		健康食品（サプリメントなど）	
6 2	化粧品（洗顔石けん、シャンプーなどは72へ）		
6 3	自動車等関係用品（自動車、オートバイ、自転車などの本体や部品を含む）		
6 4	書籍（新聞、雑誌、カレンダーなどの印刷物を含む。電子書籍は66へ）		
6 5	音楽・映像ソフト（CD、DVDなど）、パソコン用ソフト、ゲームソフト		
6 6	デジタルコンテンツ	電子書籍（新聞・雑誌などを含む）	
6 7		ダウンロード版の音楽・映像、アプリなど	
6 8	保険（生命保険、医療保険、自動車保険、火災保険など）※掛け捨て型のみ		
6 9	宿泊料（ホテル、旅館など）、運賃（鉄道、航空運賃など）、パック旅行費	インターネット上での決済	
7 0		上記以外の決済（インターネットでは予約のみ）	
7 1	チケット（映画、演劇、コンサート、スポーツ観戦など。商品券は72へ）		
7 2	上記に当てはまらない商品・サービス（アクセサリー、家事雑貨など）		
		自宅用（52～72）支出総額	円

ご協力ありがとうございました。記入もれがないかもう一度確認をお願いいたします。

通信欄（お気付きの点がありましたら、ご記入ください）

⑬

Outline of the Survey of Household Economy

I Outline of the Survey

1. Objectives

This survey is intended to grasp conditions surrounding consumption in terms of products related to information and communication technology, and goods and services ordered over the Internet, and expensive products and services with low frequency of consumption.

2. Universe and sampling

The survey unit is a household in Japan except institutional households. The sample households are selected as follows based on the 2020 Population Census:

a. Sampling Unit

The sample households are selected based on the two-stage stratified sampling method. The sampling units at two stages are namely, primarily the survey unit area composed of the Enumeration District (abbreviated as ED hereinafter) of the 2020 Population Census, and secondly the household.

b. Stratification and Allocation of Survey Unit Areas to Strata

i) Households in Japan are stratified by 9 districts and 4 city groups. The number of strata is 35 because there is no city corresponding to Major cities in the Shikoku district. The criteria of the districts and the city groups are as follows:

a) Districts
Hokkaido: Hokkaido;
Tohoku: Aomori-ken, Iwate-ken, Miyagi-ken, Akita-ken, Yamagata-ken and Fukushima-ken;
Kanto: Ibaraki-ken, Tochigi-ken, Gumma-ken, Saitama-ken, Chiba-ken, Tokyo-to, Kanagawa-ken, Yamanashi-ken and Nagano-ken;
Hokuriku: Niigata-ken, Toyama-ken, Ishikawa-ken and Fukui-ken;
Tokai: Gifu-ken, Shizuoka-ken, Aichi-ken and Mie-ken;
Kinki: Shiga-ken, Kyoto-fu, Osaka-fu, Hyogo-ken, Nara-ken and Wakayama-ken;

Chugoku: Tottori-ken, Shimane-ken, Okayama-ken, Hiroshima-ken and Yamaguchi-ken;
Shikoku: Tokushima-ken, Kagawa-ken, Ehime-ken and Kochi-ken;
Kyushu and Okinawa: Fukuoka-ken, Saga-ken, Nagasaki-ken, Kumamoto-ken, Oita-ken, Miyazaki-ken, Kagoshima-ken and Okinawa-ken

b) City groups
Major cities: designated cities under the article 252-19 of the Local Autonomy Law and Ku-areas (ward) of Tokyo;
Middle cities: cities with population of 150,000 or more, excluding Major cities;
Small cities A: cities with population of 50,000 more but less than 150,000;
Small cities B and Towns and villages: cities with population of less than 50,000, towns and villages

ii) The number of the survey unit areas is 3,000. The survey unit areas are allocated to each stratum in proportion to the number of households in the stratum which is based on the 2020 Population Census.

c. Sampling the Survey Unit Areas

i) The same number of EDs are randomly selected from each stratum (abbreviated as standard area hereinafter) as a quarter of the number of survey unit areas allocated in b. The municipalities with selected standard areas are selected municipalities.

ii) When the standard area in a selected municipality is only one, the selected municipality is a survey block, which is the area one enumerator covers. When two or more, the selected municipality is divided into the same number of survey blocks as the number of the standard areas so that each block contains nearly equal number of households. The number of the survey blocks reaches 750 in

Japan.

iii) Since the survey is conducted for five years in a survey block, the EDs contained in the blocks are divided into five areas, for each survey year so that each area contains nearly equal number of households.

iv) A divided survey block in iii) is divided again into four areas. An enumerator covers four survey unit areas in which the beginning month of the survey differs.

d. Sampling the Households

When sample households are selected from a survey unit area, the list of the households in a survey unit area is prepared from the basic resident resister or the electoral roll. Ten households (of the two-or-more-person household is nine, one-person household is one) are randomly sampled from this list. As a result, 30,000 households in total are selected from 3,000 survey unit areas nationwide in Japan.

e. Rotation of sample

The sample households are continuously surveyed for 12 months, and then substituted with other households in another region divided in c. iii) and c. iv).

The sample households are divided into 12 groups. As a rule, one of the groups is replaced every month. Each group is composed of 2,500 households which are one-twelfth of all sample households.

Any household unable to continue with the survey due to moving or some other reasons is replaced by a substitute household for the remaining survey period if it is 3 months or more.

3. Survey items

The following items are surveyed:

a. Items related to the household conditions (Questionnaire A)
- Items related to the household
- Use state related to electronic money
- Purchase situation using the internet

b. Items related to consumption of specific goods and services each month (Questionnaire B)
- Items related to the household (changes from the previous month)
- Expenditure over one month for specific goods and services
- Expenditure over one month for goods

and services through the internet

4. Survey method

The survey is entrusted to a private survey institution. Enumerators will leave questionnaires with target households for them to answer, which will be collected later on. (On-line submission is also used.) Questionnaires shall be collected by enumerators, mailed by households, or answered through an on-line survey system by households.

Questionnaires are distributed when cooperation for the survey is requested and questionnaires of the previous month are collected. For paper questionnaires submission, as a rule, enumerators collect questionnaires in the first and sixth months of the survey and households mail private survey institution in the other months. Also, questionnaires are collected in the beginning of the following month of the survey.

5. Survey period

The survey is conducted every month.

6. Tabulation

a. Major tabulation items
- Items related to the household
- Use state related to electronic money
- Purchase situation using the internet
- Amount paid for specific goods and services
- Amount paid purchase of goods and services through the internet (internet shopping)

b. Process for tabulation

The data are tabulated at the National Statistics Center, Japan.

c. Estimate formula

The national and regional averages are estimated as follows: There are differences in the sampling ratios of the covered households by stratum. Therefore, the reciprocals of the sampling ratios are used as the multiplication ratios (linear multiplication ratios) for the tabulation of the items used for the estimation of the household ratios. Using these ratios, the correction coefficients are obtained from the results of the Labour Force Survey. The results are estimated using these two multiplication ratios namely the linear multiplication ratios and the correction coefficients.

In case of one-person households, the linear multiplication ratio is fixed at one.

The quarterly and annual averages are obtained by the simple mean of monthly averages.

Monthly averages are estimated in the following formula:

· The number of households

$$N = \sum_i \sum_j \sum_k \alpha_{ij} C_{ik}$$

N : Number of households

α_{ij} : Linear multiplication ratio of district i and city group j

C_{ik} : Correction coefficient by district i and household members k (one-person households by sex and age)

· The expenditure of monthly average

$$\overline{X} = \frac{\sum_i \sum_j \sum_k \sum_p X_{ijkp} \alpha_{ij} C_{ik}}{N}$$

$\overline{X}$: Total expenditure

X_{ijkp} : Expenditure on given item by districts i, city group j, household members k and household p (one-person households by sex and age)

d. Sampling error of estimate

The result of the sampling error for 2023 annual average by using monthly tabulated data is shown in the table at the end titled "Standard error and standard error ratio".

The estimation method of the standard errors is as follows:

i) Standard error of monthly average

Standard error of monthly average is calculated by the following formula, regarding as the sample was composed of 12 sub-samples by the beginning month of the survey:

$$\hat{\sigma}(\overline{X}) = \sqrt{\frac{1}{12 \times (12-1)} \sum_{w=1}^{12} (\hat{X}_w - \overline{X})^2}$$

$\hat{\sigma}(\overline{X})$: Standard error of monthly average

$\hat{X}_w$: Estimation value by w sub-sample

$\overline{X}$: Estimation value by all samples

ii) Standard error of annual average

Standard error of annual average is calculated by the following formula using the standard errors of monthly average:

$$\hat{\sigma}_{year}(\overline{X}) = \sqrt{\frac{\sum_{m=1}^{12} \hat{\sigma}(\overline{X})_m^2}{(12)^2}}$$

$\hat{\sigma}_{year}(\overline{X})$: Standard error of annual average

$\hat{\sigma}(\overline{X})_m$: Standard error of monthly average in month m

Calculation of the ratio of standard error is as follows:

$$r_X = \frac{\hat{\sigma}(\overline{X})}{\overline{X}} \times 100$$

r_X : Ratio of standard error

e. Effective response rate

The effective response rate of 2023 is 71.7%.

7. Utilization of the results

The results of this survey are utilized as basic data for the Quarterly Estimates of GDP and the Household Consumption Trend Index for the Family Income and Expenditure Survey.

8. Notes

The survey was conducted as a general statistical survey in compliance with the Statistics Act (Act No. 53, 2007).

Table Standard error and Standard error ratio (Specific goods and services)

(All Japan)

2023 Average	Total Households			Two-or-more-person Households			One-person Households		
	Expenditure (In yen)	Standard error (In yen)	Standard error ratio (%)	Expenditure (In yen)	Standard error (In yen)	Standard error ratio (%)	Expenditure (In yen)	Standard error (In yen)	Standard error ratio (%)
Number of persons per household (persons)	2.20	0.00	0.0	2.90	0.00	0.0	1.00	0.00	0.0
Number of earners per household (persons)	1.17	0.00	0.0	1.50	0.00	0.0	0.60	0.00	0.0
Age of household head (years old)	59.8	0.1	0.2	61.2	0.0	0.0	57.4	0.2	0.3
Total expenditure on specific goods and services (50 items)	75,182	732	1.0	94,485	648	0.7	42,221	1,629	3.9
01 Mobile telephones charges	9,274	42	0.5	11,600	45	0.4	5,301	61	1.2
02 Internet connection charges	3,606	13	0.4	4,282	14	0.3	2,451	28	1.1
03 Mobile telephones unit prices	1,404	51	3.6	1,721	37	2.1	863	108	12.5
04 Airplane fares	1,185	49	4.1	1,265	34	2.7	1,050	114	10.9
05 Accommodation services	2,716	55	2.0	3,384	48	1.4	1,578	118	7.5
06 Package tour costs (domestic)	1,627	43	2.6	2,026	42	2.1	945	82	8.7
07 Package tour costs (overseas)	572	46	8.0	710	52	7.3	336	87	25.9
08 Tuition (kindergarten-university) (public)	1,193	35	2.9	1,796	41	2.3	163	71	43.6
09 Tuition (kindergarten-university) (private)	5,204	110	2.1	7,920	165	2.1	565	160	28.3
10 Tutorial fees	2,389	53	2.2	3,638	61	1.7	256	102	39.8
11 Lesson fees, driving school	408	19	4.7	638	30	4.7	15	5	33.3
12 Rental fees for sports facilities	876	14	1.6	1,052	13	1.2	575	28	4.9
13 Men's suits	456	19	4.2	584	15	2.6	238	42	17.6
14 Women's one-piece dresses and suits	528	18	3.4	622	16	2.6	367	34	9.3
15 Japanese clothing	203	16	7.9	263	22	8.4	100	25	25.0
16 Wrist watches	244	17	7.0	307	22	7.2	136	29	21.3
17 Accessories	374	23	6.1	470	27	5.7	211	40	19.0
18 Delivery fees	159	15	9.4	243	21	8.6	15	19	126.7
19 Hospital charges (excluding delivery)	1,443	34	2.4	1,872	36	1.9	709	65	9.2
20 Chests of drawers	69	4	5.8	96	5	5.2	24	5	20.8
21 Beds	225	15	6.7	282	14	5.0	127	32	25.2
22 Quilts	295	12	4.1	351	11	3.1	200	29	14.5
23 Desks and chairs (for work or study)	120	7	5.8	151	7	4.6	68	15	22.1
24 Sideboards	70	6	8.6	97	9	9.3	25	6	24.0
25 Dining tables and chairs	109	8	7.3	149	10	6.7	40	13	32.5
26 Drawing room suites	136	11	8.1	187	14	7.5	49	17	34.7
27 Musical instruments (including parts of instruments)	136	19	14.0	173	14	8.1	73	47	64.4
28 Refrigerators	689	27	3.9	870	31	3.6	380	48	12.6
29 Vacuum cleaners	259	8	3.1	325	9	2.8	145	16	11.0
30 Washing machines	578	19	3.3	782	23	2.9	228	36	15.8
31 Air conditioners	1,311	42	3.2	1,647	45	2.7	738	85	11.5
32 Personal computers (including tablet devices, excluding peripherals and software)	1,009	61	6.0	1,133	30	2.6	797	157	19.7
33 TV	616	25	4.1	744	26	3.5	398	52	13.1
34 Video recorders (DVD or Blu-ray recorder, player, etc.)	91	5	5.5	123	5	4.1	37	9	24.3
35 Video game hardware (excluding software)	163	16	9.8	125	5	4.0	228	41	18.0
36 Cameras (including lenses only, excluding disposable cameras)	101	8	7.9	128	9	7.0	55	16	29.1
37 Video cameras	29	8	27.6	24	3	12.5	39	20	51.3
38 House-related equipping/ construction/ repair costs	6,214	303	4.9	7,400	242	3.3	4,189	701	16.7
39 Water supply and drainage construction costs	1,945	83	4.3	2,371	84	3.5	1,219	167	13.7
40 Gardens, trees and plants tending costs	467	24	5.1	451	18	4.0	495	56	11.3
41 Automobiles (new)	10,480	475	4.5	13,704	426	3.1	4,974	1,072	21.6
42 Automobiles (second-hand)	3,565	203	5.7	4,372	185	4.2	2,187	446	20.4
43 Automotive insurance premium (compulsion)	516	10	1.9	634	9	1.4	314	20	6.4
44 Automotive insurance premium (option)	2,553	32	1.3	3,136	32	1.0	1,556	63	4.0
45 Motorized vehicles other than automobiles	305	65	21.3	302	27	8.9	312	174	55.8
46 Automotive maintenance and repairs	2,918	57	2.0	3,584	44	1.2	1,780	144	8.1
47 Wedding ceremony and reception costs	404	45	11.1	595	69	11.6	78	38	48.7
48 Funeral service costs	2,873	149	5.2	2,746	117	4.3	3,093	368	11.9
49 Religion-related costs	1,014	53	5.2	1,137	54	4.7	803	105	13.1
50 Remittance	2,064	63	3.1	2,278	44	1.9	1,698	150	8.8

Monthly Expenditure per Household by All Japan

Table Standard error and Standard error ratio （Goods and services ordered over the Internet）

(All Japan)

2023 Average	Total Households			Two-or-more-person Households			One-person Households		
	Expenditure (In yen)	Standard error (In yen)	Standard error ratio (%)	Expenditure (In yen)	Standard error (In yen)	Standard error ratio (%)	Expenditure (In yen)	Standard error (In yen)	Standard error ratio (%)
Number of persons per household (persons)	2.20	0.00	0.0	2.90	0.00	0.0	1.00	0.00	0.0
Number of earners per household (persons)	1.17	0.00	0.0	1.50	0.00	0.0	0.60	0.00	0.0
Age of household head (years old)	59.8	0.1	0.2	61.2	0.0	0.0	57.4	0.2	0.3
Total expenditure on goods and services ordered over the Internet(22 items)	20,132	196	1.0	23,021	133	0.6	15,196	426	2.8
51 Gift items	769	19	2.5	891	13	1.5	560	46	8.2
Total expenditure for home	19,363	191	1.0	22,130	133	0.6	14,636	413	2.8
52 Foods	2,796	32	1.1	3,419	28	0.8	1,733	72	4.2
53 Beverages	744	11	1.5	878	8	0.9	514	26	5.1
54 Deliveries	556	14	2.5	614	9	1.5	458	32	7.0
55 Home electronics	1,182	47	4.0	1,252	31	2.5	1,062	116	10.9
56 Furniture	405	27	6.7	458	11	2.4	315	68	21.6
57 Men's clothing	527	19	3.6	595	11	1.8	410	44	10.7
58 Women's clothing	955	17	1.8	1,200	16	1.3	537	34	6.3
59 Footwear and other clothing	453	9	2.0	599	8	1.3	205	19	9.3
60 Medicines	233	6	2.6	272	4	1.5	167	15	9.0
61 Health foods	646	9	1.4	763	9	1.2	446	18	4.0
62 Cosmetics	701	15	2.1	847	9	1.1	453	34	7.5
63 Private transportation	376	15	4.0	459	13	2.8	233	33	14.2
64 Books and other reading materials	399	11	2.8	413	5	1.2	374	29	7.8
65 Software (music, video, personal computer, TV game)	451	17	3.8	393	6	1.5	550	44	8.0
66 Digital books	280	11	3.9	210	3	1.4	401	29	7.2
67 Download music, video, applications	371	17	4.6	234	4	1.7	603	45	7.5
68 Insurance	809	18	2.2	1,012	21	2.1	463	37	8.0
69 Accommodation services, fares, package tours(payment on the Internet)	2,829	70	2.5	3,377	55	1.6	1,892	158	8.4
70 Accommodation services, fares, package tours(payment on-site)	862	21	2.4	1,121	25	2.2	420	43	10.2
71 Tickets	868	21	2.4	950	12	1.3	727	50	6.9
72 Other goods and services	2,921	61	2.1	3,065	42	1.4	2,675	144	5.4

Monthly Expenditure per Household by All Japan

Ⅱ Explanation of Terms

Total households
The sum of two-or-more-person households plus one-person households.

Districts
Hokkaido
Hokkaido
Tohoku
Aomori-ken, Iwate-ken, Miyagi-ken, Akita-ken, Yamagata-ken, Fukushima-ken
Kanto
Ibaraki-ken, Tochigi-ken, Gumma-ken, Saitama-ken, Chiba-ken, Tokyo-to, Kanagawa-ken, Yamanashi-ken, Nagano-ken
Hokuriku
Niigata-ken, Toyama-ken, Ishikawa-ken, Fukui-ken
Tokai
Gifu-ken, Shizuoka-ken, Aichi-ken, Mie-ken
Kinki
Shiga-ken, Kyoto-fu, Osaka-fu, Hyogo-ken, Nara-ken, Wakayama-ken
Chugoku
Tottori-ken, Shimane-ken, Okayama-ken, Hiroshima-ken, Yamaguchi-ken

Shikoku
Tokushima-ken, Kagawa-ken, Ehime-ken, Kochi-ken
Kyushu & Okinawa
Fukuoka-ken, Saga-ken, Nagasaki-ken, Kumamoto-ken, Oita-ken, Miyazaki-ken, Kagoshima-ken, Okinawa-ken

City Groups
Cities and Ku-area of Tokyo are classified into the following four groups by the size of population based on the result of 2020 Population Census
Major cities
Designated cities under article 252-19 of the Local Autonomy Law and Ku-areas (ward) of Tokyo
Middle cities
Cities with population of 150,000 or more (excluding Major cities)
Small cities A
Cities with population of 50,000 or more, but less than 150,000
Small cities B・Towns and villages
Cities with population of less than 50,000, towns and villages

(Items Related to Expenditure 1)

Goods and services ordered over the internet
Total expenditure for goods and services ordered or reserved through the internet. Goods and services ordered or reserved at a store counter are excluded.

For gift
[Gift items]
Gifts for other households which do not share housing or living with gift givers.

For home
[Food]
Foods
"Beverages", "Deliveries" and health food are excluded.

Beverages
Drinks other than dairy products and medicinal beverages (including raw materials for making drink products, such as tea leaves and powder). Alcoholic beverages are included.

Canned, bottled, packed, and plastic-bottled beverages are included as well.

Deliveries
What eating and drinking places provide, including cases of eating out reserved via the internet. Packed lunch, home-delivered pizzas, etc.

[Home electronics]
Home electronics
Durable goods assisting housework including Vacuum cleaners, heating and cooling appliances, recreational durable goods including personal computers, recreational goods including game consoles, and communication equipment including mobile telephones. Gas cooking appliances, electronic musical instruments, peripheral equipment and parts, expendables are included.

[Furniture]
Furniture
General furniture (dining tables etc.), interior furnishings and decorations (lighting appliances, curtains etc.), bedding (beds, futon etc.) etc.

[Clothing, footwear]
Men's clothing
Men's clothes for seventh graders and upward, including Japanese clothing.

Women's clothing
Women's clothes for seventh graders and upward, including Japanese clothing but excluding accessories.

Footwear and other clothing
Footwear such as shoes, and clothing other than "Men's clothing" or "Women's clothing" (hats, neckties, socks, etc.). Children's dresses refers to clothing for babies to elementary school students　(including Japanese clothing).

[Medical care]
Medicines
Medicines and quasi-drugs of all forms, including pills and health drinks.

Health foods
Food for maintenance and promotion of health by replenishing nutrition in forms similar to those of medicines, including pills, capsules, granules, powder, grains, liquid (extract), etc.

[Cosmetics]
Cosmetics
Skin cream, skin lotion, makeup foundation, lipsticks, perfume, hair color, etc. (excluding facial soap, shampoo, etc.)

[Private transportation]
Private transportation
Vehicles such as automobiles, motorbikes, bicycles, etc. (including their parts, second hand goods).　Expenditure related to goods and services necessary for maintenance and use of such vehicles is also included.

[Books and the other reading materials]
Books and the other reading materials
Reading materials and books, such as newspapers, magazines, calendars, including used books. Digital books are excluded.

[Software (music, video, personal computer, TV game)]
Software
(music, video, personal computer, TV game)
Various forms of storage media with sound and/or images, including rented goods.

[Digital contents]
Digital books
Types of books read on personal computers, mobile telephones, tablet computers, etc. (including newspapers, magazines etc.)

Download music, video, applications
Downloaded music/ video, and software/ applications, including rented contents.

[Insurance]
Insurance
Life insurance, medical insurance, automotive insurance, fire insurance, etc. (only non-saving type insurance). Various types of insurance purchased or applied for through the internet (including types for which payment is made at a convenience store).

[Travel-related costs]
Accommodation services, fares, package tours (payment on the Internet)
Charges for accommodation services (hotels, inns, etc.), fares (railways, airplanes, etc.), and package tour costs (in case of payment on the internet). Charges paid for business trips are excluded.

Accommodation services, fares, package tours (payment on-site)
Charges for accommodation services (hotels, inns, etc.), fares (railways, airplanes, etc.), and package tour costs (in cases where payment is not made through the internet). Charges paid for business trips are excluded.

[Tickets]
Tickets
Fees for entrance and viewing (including those for movies, plays, concerts, sports, etc., excluding shopping vouchers, etc.).

[Others]
Other goods and services
Everything that does not fall under any category of the above from "Gift items" to "Tickets." Purchase, move, investment, and donation of assets are excluded.

(Items Related to Information and Communication Technology)

Electronic money

In this survey, the definition of electronic money is currency value stored in media, like the such as IC cards and pre-paid card, etc. Post pay IC cards are excluded. Recharging only and using electronic money only as a season ticket for railways and bus are excluded.
e.g.) Suica, ICOCA, PASMO, nanaco, WAON, Rakuten Edy, WebMoney, BitCash, QuoCard, etc.

[Average amount of money per household using electronic money by railways and bus]

Amount used to purchase a season ticket is excluded.

(Items Related to Expenditure 2)

[Communication]

Mobile telephones charges

Basic fees, call charges, and optional service fees for smartphones, cell phones, etc. Data communication charges are included.

Internet connection charges

Internet connection charges (ADSL, ISDN, optical fiber, etc.), provider fees (including entry fees, and line usage charge if provider contracts include it), mobile Wi-Fi charges, and combined contracts with cable TV services, etc.

Mobile telephones unit prices

Prepaid cell phones, and charges related to switching phones are included as well. Rental or leased phones are excluded.

[Travel-related costs]

Airplane fares

Various fares for use of aircrafts, including fuel surcharge. Books of tickets are included as well. Charges paid for business trips are excluded.

Accommodation services

Various charges for overnight accommodation. Charges paid for business trips are excluded.

Package tour costs (domestic/ overseas)

Package fees covering transportation and hotel charges. Charges paid for business trips are excluded.

[Education, Culture and recreation]

Tuition (kindergarten-university) (public)
Tuition (kindergarten-university) (private)

Tuition and other fees payable for education at school. Such schools as kindergartens, nursery schools and centers for early childhood education (age 3 or over), elementary schools, junior high schools, high schools and universities (including junior colleges, technical colleges and graduate schools) and special schools (including vocational schools and technical schools).

Tutorial fees

Fees for cram school, correspondence study, home tutor to supplemental study of main scholastic curricula and mock examinations, etc.

Lesson fees, driving school

Fees for entrance and training camp at driving school.

Rental fees for sports facilities

Entry fees, membership fees, and dues for gyms, as well as charges for fitness centers.

[Clothing]

Men's suits

Suits and formal wear for men from seventh grade of school and upward. Uniforms and single items (jacket only or trousers only) are excluded.

Women's one-piece dresses and suits

Suits and one-piece dresses and formal dresses for women from seventh grade of school and upward. Uniforms and single items (jacket only, skirt only, or slacks only) are excluded.

Japanese clothing

Japanese clothes (kimonos, obis, etc.) for men, women and children including festival wear, underwear for Japanese clothes, and fabric for making obi.

Wrist watches

Including pocket watches, pendant watches, ring watches.

Accessories

Rings, necklaces, earrings, brooches, jewels, precious metals, necktie-pins, corsages, etc.

[Medical care]
Delivery fees

All costs of hospitalization in connection with child delivery (amount before deducting childbirth lump-sum allowance).

Hospital charges (excluding delivery)

All costs of hospitalization not connected to child delivery. Direct payment of hospital charges for family members those who are non-members of the household hospitalized for a long period (3 months or longer) are included as well. Hospitalization for a routine health checkup, such as a scheduled thorough physical checkup is excluded.

[Furniture, etc.]
Chests of drawers

Japanese- and Western-style chest, chest of drawers, chest of drawers for baby clothes, wardrobes, etc.

Beds

Including water beds, pipe beds, beds for kids.

Quilts

Set of comforters, sleeved quilts, thinner comforters, etc.
Bedding for babies is excluded.

Desks and chairs (for work or study)

Desks and chairs for office or study use, etc.
Exclude tables for dining or use on *tatami* mats.

Sideboards

Sideboard, etc. (including those in dining room, living room, etc.)

Dining tables and chairs

Items mainly used for meal, including single items (such as dining tables only or dining chairs only).

Drawing room suites

Items mainly used for receiving guests, including single items (such as sofa only or table only).

Musical instruments
(including parts of instruments)

Upright pianos, organs, electronic instruments, violins, trumpets, harmonicas, drums, koto, shamisen, etc.

[Home electric appliances, etc.]
Refrigerators

Refrigerator/freezers, low-temperature storage containers (rice granaries and wine cellars), etc.

Vacuum cleaners

Robot vacuum cleaners, stick vacuum cleaners, handheld vacuum cleaners, etc., including rechargeable type.

Washing machines

Including washing machines with a dryer, gas dryers and dehydrators.

Air conditioners

Those with both cooling and heating functions as well as those only with a cooling function, excluding installation fees.

Personal computers
(including tablet devices, excluding peripherals and software)

Displays, keyboards, and batteries are included as well if they are purchased together with computers as part of a package. Other peripherals, computer software, and non-durable goods purchased separately from computers are excluded.

TV

Portable types are excluded.

Video recorders

Devices hooked up with a TV set for recording and playing back (DVD or Blu-ray recorders / player, etc.), excluding portable types. Types which make up part of an audio device or come with speakers are excluded.

Video games hardwares (excluding softwares)

Video game consoles, including portable types. In addition, those which are sold together with software and accessories (such as controllers) are included. Video game software is excluded.

Cameras (including lenses only, excluding disposable cameras)

Purchase of interchangeable lenses only is included as well. Peripheral items and repair cost are excluded.

Video cameras
Peripheral items and repair cost are excluded.

[Housing]
House-related equipping/ construction/ repair costs
Costs of equipment and appliances for house interiors/exteriors (including gates/ external walls/ fences), and for their installation and repair of same, excluding cost of materials for repair.

Water supply and drainage construction costs
Costs of construction, repair, maintenance and inspection of water supply and drainage facilities for kitchen, bathroom and toilet.

Gardens, trees and plants tending costs
Costs of services necessary for maintenance and management of plants and garden.

[Motor cars - related costs]
Automobiles (new, second-hand)
Base price covering standard equipment at the time of purchase plus Environmental Performance-Based Tax (less trade-in price if any).

Automobile (second-hand) include deregistered new cars (shinkosya).

Automotive insurance premium (compulsion)
Premium for compulsory automobile liability insurance charged at the time of purchase or periodic official car inspection.

Automotive insurance premium (option)
Premiums for voluntary insurance, not compulsory automobile insurance.

Motorized vehicles other than automobiles
Base price for motorized vehicles other than automobiles (motorbikes, etc.), covering standard equipment at the time of purchase plus automobile acquisition tax. Secondhand purchase is included.

Automotive maintenance and repairs
Cost of services necessary for maintenance and repair of automobiles, excluding fitting or repair fees for automobile-related articles and cost of automobile parts.

[Others]
Wedding ceremony and reception costs
Wedding costs, including those for ceremony, reception, etc., payable by the bridegroom or bride, including direct payment to party organizers on behalf of the bridegroom or bride who is not a member of the household. Costs of lodging, transportation, and congratulatory monetary gifts are excluded.

Funeral service costs
Cost borne by the host of a funeral service. Costs of lodging, transportation, and monetary gifts of condolence are excluded.

Religion-related costs
All costs pertaining to religious services, including ritual implements, gravestones, etc.

Remittance
Money remitted to non-members of the household to pay for livelihood, house rent, tuition fee, etc. excluding cases where house rent or school fees are paid directly.

調査結果の利用について

家計消費状況調査については、次の方法により利用（閲覧・入手等）することができます。

・インターネット

家計消費状況調査の結果は、インターネットを通じても提供しています。

総務省統計局ホームページのＵＲＬは、https://www.stat.go.jp/data/joukyou/index.html です。

「政府統計の総合窓口（e-Stat）」（https://www.e-stat.go.jp/）でも、統計データ等の各種統計情報が御覧いただけます。

「政府統計の総合窓口（e-Stat）」の
詳細結果表のページ

※ 結果の概要については、統計メールニュースでも配信しています。

お申込みは、統計局ホームページ（https://www.stat.go.jp/）から。

Survey of Household Economy (in English)

https://www.stat.go.jp/english/data/joukyou/index.html

Portal Site of Official Statistics of Japan (in English)

https://www.e-stat.go.jp/en

総務省統計局編集等・（一財）日本統計協会発行の新刊案内

新版 日本長期統計総覧（全5巻）		A4判 586頁〜746頁 CD-ROM付				
我が国の統計を集大成した「日本長期統計総覧」を20年ぶりに抜本的に改訂。 第1巻〜第4巻は定価22,000円、第5巻は定価23,100円						
第 73 回 日 本 統 計 年 鑑　令和6年	B5判	794 頁	電子データ提供	定 価	16,500	円
統 計 で み る 日 本 2024	A5判	338 頁		定 価	2,750	円
日 本 の 統 計 2024	A5判	306 頁		定 価	2,420	円
世 界 の 統 計 2024	A5判	300 頁		定 価	2,420	円
STATISTICAL HANDBOOK OF JAPAN 2023	A5判	214 頁		定 価	3,960	円
社 会 生 活 統 計 指 標 2024	A4判	526 頁	電子データ提供	定 価	9,900	円
統 計 で み る 都 道 府 県 の す が た 2024	A4判	172 頁	電子データ提供	定 価	3,300	円
統 計 で み る 市 区 町 村 の す が た 2024	A4判	324 頁	電子データ提供	定 価	5,830	円
データ 分 析 の た め の 統 計 学 入 門	A4判	428 頁		定 価	1,980	円
GDP 統計を知る 国民経済計算の基礎 －改訂第2版－	A5判	190 頁		定 価	2,420	円
公 的 統 計 に よ る 統 計 入 門	A5判	178 頁		定 価	1,650	円
2019 年 全 国 家 計 構 造 調 査 報 告	A4判	656 頁	電子データ提供	定 価	8,470	円
令 和 2 年 国 勢 調 査 報 告						
ライフステージでみる日本の人口・世帯	A4判	66 頁		定 価	1,210	円
第1巻 人口等基本集計結果 その1 全国編	A4判	382 頁	CD-ROM付	定 価	7,590	円
第1巻 人口等基本集計結果 その2 都道府県・市区町村編(6分冊)	A4判 390頁〜644頁 CD-ROM付 定 価 5,830円〜7,150円					
第2巻 就業状態等基本集計結果 その1 全国編	A4判	454 頁	CD-ROM付	定 価	7,480	円
第2巻 就業状態等基本集計結果 その2 都道府県・市区町村編(6分冊)	A4判 378頁〜538頁 CD-ROM付 定 価 7,590円〜8,360円					
第3巻 従業地・通学地集計結果及び人口移動集計結果						
その1　全国編	A4判	228 頁	CD-ROM付	定 価	8,140	円
その2　都道府県・市区町村編(6分冊)	A4判 406頁〜566頁 CD-ROM付 定 価 7,920円〜8,360円					
第4巻 抽出詳細集計結果 その1 全国編	A4判	334 頁	電子データ提供	定 価	7,150	円
第4巻 抽出詳細集計結果 その2 都道府県・市区町村編(6分冊)	A4判 368頁〜598頁 電子データ提供 定 価 8,250円〜9,900円					
最終報告書 日本の人口・世帯	A4判	540 頁	電子データ提供	定 価	10,120	円
令 和 3 年 社 会 生 活 基 本 調 査 報 告						
第1巻 全国・地域　生活時間編	A4判	610 頁	CD-ROM付	定 価	10,230	円
第2巻 全国・地域　生活行動編	A4判	534 頁	CD-ROM付	定 価	9,900	円
第3巻 詳細行動分類による生活時間編	A4判	368 頁	電子データ提供	定 価	9,240	円
令 和 3 年 経 済 セ ン サ ス - 活 動 調 査 報 告						
第1巻 解説・資料編	A4判	410 頁	電子データ提供	定 価	8,360	円
第2巻 統計表編	A4判	262 頁	電子データ提供	定 価	8,030	円
令 和 4 年 就 業 構 造 基 本 調 査 報 告						
第1巻 全 国 編	A4判	636 頁	電子データ提供	定 価	10,450	円
第2巻 地 域 編	A4判	628 頁	電子データ提供	定 価	10,450	円
労 働 力 調 査 年 報　令和5年	A4判	342 頁	電子データ提供	定 価	6,820	円
人口推計資料№.97 人口推計 -令和5年10月1日現在-	A4判	118 頁		定 価	3,300	円
住 民 基 本 台 帳 人 口 移 動 報 告 年 報　令和4年	A4判	280 頁	電子データ提供	定 価	3,960	円
家 計 消 費 状 況 調 査 年 報　令和5年	A4判	178 頁		定 価	3,630	円
家 計 調 査 年 報〈Ⅰ 家 計 収 支 編〉　令和5年	A4判	426 頁	電子データ提供	定 価	7,810	円
家 計 調 査 年 報〈Ⅱ 貯 蓄 ・ 負 債 編〉　令和4年	A4判	246 頁	電子データ提供	定 価	5,390	円
小 売 物 価 統 計 調 査 年 報　令和4年	A4判	288 頁	電子データ提供	定 価	7,260	円
サ ー ビ ス 産 業 動 向 調 査 年 報　令和4年	A4判	126 頁		定 価	3,080	円
科 学 技 術 研 究 調 査 報 告　令和5年	A4判	346 頁	電子データ提供	定 価	4,620	円
消 費 者 物 価 指 数 年 報　令和5年	A4判	226 頁	電子データ提供	定 価	6,380	円
個 人 企 業 経 済 調 査 報 告　令和5年	A4判	300 頁		定 価	4,290	円
経 済 構 造 実 態 調 査 報 告　2022年	A4判	216 頁		定 価	7,480	円
「 月 刊 統 計 」‥‥年間購読(割引あり)もできます。	B5判			定 価	990	円

（定価は、税込価格です）

家計消費状況調査年報
令和5年

Annual Report on the Survey of Household Economy
2023

令和6年7月発行　　　定価:3,630円（本体価格 3,300円 + 税10%）
Issued in July 2024　　Price:3,630yen (3,300yen + tax10%)
編集: 総 務 省 統 計 局

発 行　一般財団法人 日 本 統 計 協 会
Published by Japan Statistical Association
東京都新宿区百人町2丁目4番6号メイト新宿ビル内
Meito Shinjuku Bldg, 2-4-6, Hyakunincho, Shinjuku-ku,
Tokyo, 169-0073
ＴＥＬ：(03)5332-3151　ＦＡＸ：(03)5389-0691
E-mail : jsa@jstat.or.jp
振　替 : 00120-4-1944
印　刷:株 式 会 社 和 幸 印 刷

ISBN978-4-8223-4230-2　C0033　　¥3300E